25 ans en droit du dommage corporel

Vie quotidienne

Logiques Juridiques

Fondée par Gérard Marcou
Dirigée par Jean-Claude Némery et Thomas Perroud

Le droit n'est pas seulement un savoir, il est d'abord un ensemble de rapports et pratiques que l'on rencontre dans presque toutes les formes de sociétés. C'est pourquoi il a toujours donné lieu à la fois à une littérature de juristes professionnels, produisant le savoir juridique, et à une littérature sur le droit, produite par des philosophes, des sociologues ou des économistes notamment.

Parce que le domaine du droit s'étend sans cesse et rend de plus en plus souvent nécessaire le recours au savoir juridique spécialisé, même dans des matières où il n'avait jadis qu'une importance secondaire, les ouvrages juridiques à caractère professionnel ou pédagogique dominent l'édition, et ils tendent à réduire la recherche en droit à sa seule dimension positive. À l'inverse de cette tendance, la collection « Logiques juridiques » des éditions L'Harmattan est ouverte à toutes les approches du droit. Tout en publiant aussi des ouvrages à vocation professionnelle ou pédagogique, elle se fixe avant tout pour but de contribuer à la publication et à la diffusion des recherches en droit, ainsi qu'au dialogue scientifique sur le droit. Comme son nom l'indique, elle se veut plurielle.

Dernières parutions

Hugues RABAULT, *La constitution financière de la France Sources fondamentales du droit des finances publiques, Seconde édition actualisée et augmentée*, 2024.
Eric FÈVRE, *Comparaison du chef de l'Etat et du chef du Gouvernement en France et en Allemagne*, 2024.
Henri BOUILLON, *Droit de la laïcité*, 2024.
Nadine NAJEM, *Théorie des intérêts moratoires*, 2024.
Caroline PELOSO, *L'autorité de la chose jugée au pénal à l'égard des décisions européennes, Essai de droit comparé franco-italien*, 2023.
Bamba Nonféni Michel ZARATIONON, *Les mesures provisoires de la CourADHD. Le contentieux du provisoire*

Catherine Meimon Nisenbaum

25 ans en droit du dommage corporel

Vie quotidienne

L'Harmattan

DU MEME AUTEUR

Catherine MEIMON NISENBAUM

Avocat a la Cour d'appel de PARIS

Certificat de spécialisation en Droit du dommage corporel
Certificat de spécialisation en Droit des assurances
Diplôme interuniversitaire Personnes Handicapées : Etique et Déontologie
Diplôme interuniversitaire Traumatismes Craniocérébraux
Diplôme universitaire Responsabilité Médicale

Publications :

2006 HARMATTAN « *Le Guide de l'Indemnisation : juridique, médical et social* », Catherine MEIMON NISENBAUM, Etienne GRONDARD ;

2011 réédition HARMATTAN « *Le Guide de l'Indemnisation : juridique, médical et social* », Catherine MEIMON NISENBAUM, Nicolas MEIMON NISEBAUM, Etienne GRONDARD ;

2011, HARMATTAN « *Indemnisations et handicaps : l'avocat et le journaliste* » Catherine MEIMON NISENBAUM, Nicolas MEIMON NISENBAUM, Laurent LEJARD.

5-7, rue de l'École-Polytechnique – 75005 Paris
www.editions-harmattan.fr
ISBN : 978-2-336-48154-8
EAN : 9782336481548

A mes petits-enfants adorés, Yossi et Ava

PRESENTATION DE L'AUTEUR

Catherine MEIMON NISENBAUM, avocate au Barreau de Paris depuis 1981.

J'assure depuis 30 ans exclusivement la défense de personnes victimes d'un grave dommage corporel consécutif à un accident de la circulation et à une agression en France et à l'étranger, d'une erreur médicale, d'un accident de la vie contre les compagnies d'assurances, les mutuelles et Fonds de Garantie. Je n'assure jamais la défense des régleurs.

Mon objectif est d'obtenir toujours une indemnisation meilleure et plus juste pour les victimes d'un dommage corporel, pour leur permettre de continuer leur vie en toutes sérénité et sécurité et pour leur permettre une meilleure information de leurs droits.

J'ai été titulaire en 2001 du premier certificat en Droit des personnes délivré "*pour la réparation en justice du préjudice corporel*".

En 2012, dès que le certificat de spécialisation en Droit du dommage corporel a été créé, je l'ai obtenu ainsi que le certificat de spécialisation en Droit des assurances, et d'autres diplômes : DU Personnes Handicapées : Éthique et déontologie des pratiques ; DUI Traumatismes Cranio-cérébraux ; DU responsabilité médicale.

En 2005, j'ai été membre et co-responsable du forum "*Vie autonome et citoyenne*" concernant l'accessibilité lors des premiers états généraux du handicap organisés à l'UNESCO par le Conseil National Handicap, sous la Présidence de Julia KRISTEVA.

J'ai enseigné ma matière à l'Institut Suzanne Fouché, j'ai fait partie du jury de mon Ordre pour ma spécialisation pendant plusieurs années. J'ai participé à de nombreux groupes de travail, notamment à la Commission Nationale des avocats pour la conférence sur l'indemnisation des victimes, et en qualité de membre du groupe de travail de la CNAV pour la prévention routière.

A mon initiative, j'ai publié en 2006 avec le Docteur Etienne Grondard le " *Guide de l'Indemnisation : juridique, médical et social"*, réédité en 2011 avec Maître Nicolas Meimon Nisenbaum et le Docteur Etienne Grondard. Ce guide comprend plus de 700 définitions de vulgarisation du vocabulaire juridique médical et social qui définit un même mot dans la réparation du dommage corporel. C'est le seul Guide à ce jour qui a cette particularité de définitions multiples et simples.

J'ai publié en 2011 " *Indemnisations et handicaps: l'avocat et le journaliste*" avec Laurent Lejard et Maître Nicolas Meimon Nisenbaum.

J'ai publié plus de 130 articles - dont une grande partie en collaboration avec mon confrère Nicolas Meimon Nisenbaum - dédiés à l'information des victimes sur leurs droits : 80 articles sur leur vie quotidienne objet du présent ouvrage, ainsi qu'une cinquantaine d'articles qui relatent nos procès et transactions avec des indemnisations record et délicates pour informer les victimes de leurs droits.

En 2002, j'ai créé un site internet(www.meimonnisenbaum.com) qui est très documenté et qui a été visité par plusieurs millions de personnes depuis sa création, relatant notamment toutes mes publications, et notamment les articles objets de ce livre.

J'ai toujours combattu pour que les victimes ne soient pas doublement victimes: de leur accident et de leur régleur, les compagnies d'assurances, mutuelles et fonds.

La spécialisation en droit du dommage corporel est essentielle, elle seule permets une parfaite connaissance du droit du dommage corporel et de l'indemnisation. En médecine, si l'on a un problème cardiaque, on consulte un cardiologue. Cela devrait être la même chose en droit, conformément aux certificats de spécialisation délivrés par l'EFB, qui ne sont pas souvent bien connus du public.

25 ANS EN DROIT DU DOMMAGE CORPOREL : VIE QUOTIDENNE

Première Partie

Je suis avocate au Barreau de Paris depuis janvier 1981. Spécialisée exclusivement depuis plus de 25 ans dans le Droit du dommage corporel et le Droit des assurances, je n'assure que la défense des victimes d'un dommage corporel important occasionné notamment par un accident de la circulation et une agression en France et à l'étranger, une erreur médicale ou un aléa thérapeutique, ou un accident de la vie quotidienne, jamais celle des compagnies d'assurance, mutuelles et fonds de garantie, couramment appelés « les régleurs ».

J'ai commencé ma carrière comme stagiaire au cabinet de mon père, Maître André MEIMON, qui a été mon seul patron de stage et qui m'a tout appris. Il assurait la défense essentiellement des personnes victimes d'un dommage corporel et de sociétés de construction. A l'époque le certificat de spécialisation n'existait pas, et on ne pouvait pas mentionner sur son papier en-tête la notion de spécialiste. Il avait été clerc d'avoué, et connaissait à la perfection les règles de procédure, l'art de gagner un procès dans les formes sans discuter du fond du droit, l'art de saisir les bonnes juridictions, l'art de manier la forme avant le fond. Je lui serai toujours reconnaissante de tout ce qu'il m'a appris, tant la forme que le fond, et qui constitue les fondements de mon métier d'avocat depuis 43 ans. il ne renonçait jamais à une quelconque défense, il savait ce qu'assumer veut dire, il était un battant au grand cœur et un grand avocat, il plaidait remarquablement bien. J'ai donc appris à ses côtés le droit du dommage corporel et le droit de la construction, ainsi que la procédure civile. Il n'a aussi transmis beaucoup d'amour.

En 1989, je crée mon cabinet spécialisé en droit immobilier, construction et travaux publics essentiellement, avec une clientèle renommée, notamment d'importantes sociétés de construction et travaux publics, notamment les sociétés LEVAUX et FAYOLLE et Fils, la chaîne hôtelière InterContinental, une société d'économie mixte représentant tout un département en matière d'aménagement du territoire la SIDEC, ainsi que la première compagnie d'assurances de construction la SMABTP. J'obtenais en 1994 un certificat de spécialisation en Droit immobilier. J'ai eu la chance de travailler pendant plusieurs années avec deux personnalités exceptionnelles, représentantes de deux grandes sociétés de construction de travaux publics renommées, Monsieur Christian BERTEAU pour la Société LEVAUX et Monsieur Thierry CHAMBERNAGOR pour la société FAYOLLE et Fils qui n'ont appris à perfectionner la rigueur et la gestion d'importants contentieux comprenant de multiples parties et de nombreuses pièces, ainsi que la pratique de l'expertise judicaire, où tout peut se jouer. La préparation et l'assistance du client à l'expertise m'ont permis de mieux comprendre l'enjeu de mes dossiers, leurs technicités, leurs points forts et faibles et par la suite le droit qui en découle, et ce d'autant plus que le droit de la construction est complexe. Je remercie aussi Monsieur Léon ODIER, co-fondateur des magasins Go Sport, un homme d'une compétence exceptionnelle dans le monde des affaires avec un cœur en or qui m'a donné ma chance alors que j'étais un jeune avocat dans des litiges complexes. Mais le droit immobilier ne me satisfaisait pas. J'assurais la défense d'importantes sociétés privées et publiques, les enjeux financiers étaient colossaux mais l'humain n'était pas au rendez-vous.

En 1995, après avoir fait une rencontre essentielle, celle du Docteur Etienne LAULLA, médecin chef d'un centre de rééducation fonctionnelle pour personnes traumatisées crâniennes, et Président de l'Institut Suzanne FOUCHE, je décidais d'arrêter mon cabinet en droit de la construction, je rendis tous mes dossiers à mes clients, pour créer mon cabinet en droit du dommage corporel et assurer exclusivement la défense des victimes. A l'époque, on m'avait pris pour folle ! Comment décider de tout arrêter quand tout fonctionne si bien ! Quand on a la chance d'avoir jeune un tel cabinet. J'ai rendu donc plus de 170 dossiers à la compagnie d'assurances de construction, sans compter tous les beaux dossiers en cours de contentieux en construction, et notamment tout le contentieux du Parc des Princes, qui constituait à lui seul plus de 40 cartons d'archives, un contentieux exceptionnel, que bien des confères auraient aimé avoir un jour. J'avais décidé enfin de n'assurer que la défense des humains, des victimes et de ne plus défendre le béton et les sociétés. J'emportai avec moi toute l'expérience acquise en droit immobilier et en droit des assurances. C'est ce que voulait le Docteur LAULLA et il avait raison, c'était un visionnaire. Il fut mon premier médecin conseil, c'est lui qui me forma avec talent sur les personnes traumatisées crâniennes et le monde du handicap, qui m'expliqua leurs problèmes et les difficultés spécifiques de ce préjudice invisible. Le Docteur LAULLA était un humaniste, un médecin d'une grande valeur, il était l'instigateur d'un diplôme Universitaire *« Personnes handicapées : Éthique et déontologie des pratiques* » à l'U.F.R. Santé Médecine et Biologie Humaine Léonard de Vinci à Bobigny, où je fus élève puis enseignante. L'important pour le Docteur LAULLA était la transmission des savoirs dans le monde du handicap pour le bien des personnes handicapées. Il m'a transmis sa passion. C'est ainsi aussi que grâce à lui, je commençais en1998 à publier mes premiers articles de vulgarisation en droit du dommage corporel destinés à l'information des victimes, et notamment « *La justice au service des accidentés de la route* » (MNH - Mutuelle Nationale des Hospitaliers n°121 – 1998) « *Le droit à l'accessibilité : ne pas banaliser les dérogations* (MNH - n°123 – 02/1999) « *La tierce personne : une indemnité due aux personnes handicapées* » (MNH – n°129 – 8/2000). Depuis cette date je n'ai cessé d'écrire et de publier des articles de vulgarisation sur le droit du dommage corporel et de raconter notamment mes procès et transactions pour informer des victimes de leurs droits et éviter qu'elles ne soient doublement victimes : de leur accident et de leurs régleurs, mais surtout de leur défaut d'information. Les victimes d'un dommage corporel acceptent souvent les offres transactionnelles des régleurs, par peur de la justice et faute d'information, et elles ne peuvent plus ensuite revenir en arrière. Il était donc essentiel qu'elles soient informées.

En 2001, j'obtenais de l'EFB (Ecole de formation professionnelle des barreaux de la cour d'appel de Paris) le premier certificat de spécialisation en Droit des personnes dans le cadre particulier de ma spécialisation dans la réparation du dommage corporel, tandis que le certificat de spécialisation du Droit du dommage corporel n'existait pas encore, il a été créé en 2011 et je l'obtenais en 2012. En 2013 j'obtenais également un certificat de spécialisation en droit des assurances et je renonçais à mon certificat de spécialisation en Droit immobilier, la loi permet d'être titulaire que de deux certificats de spécialisation.

En 2002, toujours dans le souhait d'informer et de diffuser les savoirs, je créais un site internet : www .meimonnisenbaum.com, dédié au droit du dommage corporel. Ce site est très documenté et consulté. Il relate notamment le droit du dommage corporel, un grand nombre de publications de personnalités du monde du handicap : écrivains, professeurs, médecins, para médicaux, journalistes, personnes handicapées, ainsi que mes publications, dont les présents articles, objet de ce livre.

En 2006 à mon initiative, (mes clients me sollicitaient sans cesse pour avoir des définitions simples en droit du dommage corporel) avec le Docteur Etienne GRONDARD nous avons publié chez l'HARMATTAN « *Le Guide de l'Indemnisation : juridique, médical et social* », qui a été réédité et très largement complété en 2011 avec le Docteur Etienne GRONDARD et surtout avec la participation de mon fils et confrère Nicolas MEIMON NISENBAUM. Ce guide comprend plus de 700 définitions de vulgarisation du vocabulaire juridique médical et social qui définit un même mot. C'est le seul Guide à ce jour qui a cette particularité et cette importance. Toujours dans le même souci de vulgarisation, d'information et de partage, en 2011, j'ai publié chez l'HARMATTAN avec Laurent LEJARD et Maître Nicolas MEIMON NISENBAUM : *« Indemnisations et handicaps: l'avocat et le journaliste ».*

Le Docteur Etienne GRONDARD était chef de service d'un important centre de rééducation fonctionnelle pour personnes traumatisées crâniennes, et Expert judiciaire près le Tribunal Judiciaire de VERSAILLES. Il a été mon médecin conseil pendant plusieurs années, j'ai eu la chance de parfaire mes connaissances à ses côtés. C'était un médecin exceptionnel, un humanisme, toujours présent pour les victimes qu'il accompagnait, travaillant sans compter son temps, avec un bon diagnostic et une compétence et humanité sans pareille.

J'ai aussi la chance d'avoir plus tard à mes côtés mon fils et confrère Nicolas MEIMON NISENBAUM passionné par son métier et par la même spécialisation. Il y a baigné depuis son enfance dans cet univers. Nous avons collaboré et plaidé ensemble dans de très nombreux dossiers, et avons écrit de très nombreux articles qui sont publiés dans le présent ouvrage. Il a toujours été là pour moi et pour me remplacer avec une grande compétence lorsque j'ai rencontré notamment des problèmes de santé. Un fils et confrère remarquable, d'une droiture sans pareille et d'une compétence exceptionnelle, je suis fière de lui, de tout ce qu'il est. Lui aussi ne s'avoue jamais battu, et avec détermination il fera toujours tout pour obtenir la meilleure décision pour son client.

Comment ne pas parler dans le cadre de mon livre de Laurent LEJARD, journaliste et fondateur du magazine en ligne de référence sur le Handicap et les personnes handicapées « YANOUS.com ». Il m'a permis depuis 2003 de publier plus de 130 articles et procès dans son magazine YANOUS qui sont publiés en partie dans ce livre. Je le remercie de m'avoir toujours laissé libre de mes sujets essentiels et variés. Laurent LEJARD est un érudit et un professionnel hors pair qui connaît parfaitement tous ses dossiers et le monde de l'handicap.

C'est ainsi que depuis plus de 25 ans, j'assure la défense de personnes gravement handicapées, elles m'ont donné la force de me battre pour elles, pour leur vie, pour leurs projets, pour la justice. Mes clients et leurs familles n'ont fait confiance, c'est ainsi que grâce à eux j'ai pu gagner mes procès. Les personnes gravement handicapées et leurs familles sont exceptionnelles, ils ne se plaignent jamais de leur sort, bien sûr leur accident les affecte, mais ils sont d'une dignité, d'un courage et d'une force qui manquent à bien des personnes, ils n'ont beaucoup appris, non pas la résilience mais l'acceptation de la maladie et de la vie.

C'est grâce à eux, que j'ai écrit depuis plus de 25 ans, plus de 130 articles (un grand nombre en collaboration avec mon fils et confrère Nicolas MEIMON NISENBAUM) dédiés à l'information des victimes d'un dommage corporel sur leurs droits qui sont publiés notamment sur notre site et nom de domaine www.meimonnisenbaum.com, et sur le site de Maître Nicolas MEIMON NISENNBAUM www.meimonnisenbaum-avocat-victime.fr et sur celui de Yanous.com et aussi ceux de : www.anmrs.asso.fr, La lettre ANMSR, MNH-Mutuelle Nationale des Hospitaliers, www.mnh.fr; Editions ERES, Reliance ; Les annonces de la Seine.

Le présent livre relate une partie de ces 130 articles, soit 80 que j'ai écrit souvent en collaboration avec Maitre Nicolas MEIMON NISENBAUM, sur la vie quotidienne en droit du dommage corporel, à travers ses lois, sa jurisprudence, ses pratiques sur des sujets les plus variés pour permettre aux victimes d'avoir une information large dans un langage simple et accessible à tous de leurs droits. Ces articles concernent essentiellement les personnes traumatisées crâniennes et les personnes tétraplégiques et paraplégiques, victimes d'un accident corporel dans le cadre d'un accident de la circulation et d'une agression en France ou à l'étranger et d'un accident médical.

J'ai donc repris ces 80 articles écrits ou co-écrits ces 25 dernières années que j'ai classé en grandes thématiques : accident de la circulation, accidents médicaux et aléa thérapeutique, agressions, barèmes, expertises médicale, logements, loi sur les malades, mesures de protection, PCH, préjudices, tierce personne, transactions, la famille, vie quotidienne, puis par ordre chronologique, J'ai actualisé certains articles, mais en réalité très peu car je me suis rendue compte que la loi n'avait pas beaucoup évolué en 25 ans concernant les grands sujets de mes publications. Cependant, lorsque ces derniers avaient été modifiés de manière significative, j'ai rajouté en bas de l'article un « nota bene » intitulé « PS : mai 2024 ».

Le droit évolue lentement, c'est en partie sa force, il prend le temps de la réflexion. Le droit du dommage corporel ces 25 dernières années a été très inventif, fructueux, et vivant, grâce à la jurisprudence des juges, à leur courage et à leur compétence et aussi grâce aux avocats spécialisés qui la font vivre, c'est une matière riche est particulière car elle touche l'être humain sous tous ses aspects de sa vie quotidienne et de ses droits.

Par ces articles, les victimes sont informées de leurs droits et de leur intérêt aussi à saisir la justice et ne pas accepter une offre transactionnelle négligeable qui les rendra deux fois victimes, et cette fois-ci de leurs régleurs.

Bref, je dis souvent que l'on ne s'improvise pas médecin, enseignant ou autre, mais on ne peut pas non plus s'improviser avocat spécialisé en droit du dommage corporel pour assurer la défense de victimes gravement handicapées. La connaissance de ces matières spécifiques, le droit, la jurisprudence, la pratique, un bagage médical et l'expérience ne s'inventent jamais.

Spécialisation, information et confiance, et ne jamais renoncer, c'est bien le secret d'un procès réussi et l'accompagnement sans faille que la victime est en droit d'attendre.

J'entends souvent dire à tort, que nous sommes dans une société victimaire, où la victime est roi, je ne trouve pas cette réflexion objective. Dans la presse, à la télévision on parle toujours très longuement de l'agresseur, du délinquant de sa famille, de son passé et motivations mais hélas très rarement des victimes, de leur devenir, de leurs vies brisées et de celles de leur famille, de leurs courages et de leurs parcours, ces derniers sont les laisser pour compte que la société qui sous couvert d'indemnisation, les maintient dans l'ombre. C'est inadmissible.

Que de même, on oublie aussi de mettre en valeur, le travail et la place immense des médecins, des paramédicaux, des hôpitaux des centres de rééducation fonctionnelle, de toutes ces personnes qui donnent une partie de leur vie pour les autres, qui sauvent des vies, qui donnent des soins, toujours avec une grande compétence, gentillesse, et fidélité et pourtant, ils sont rarement à l'honneur, peu d'articles de presse, de télévision notamment leur sont consacrés, ils sont hélas ni reconnus ni bien réénumérés. C'est tout aussi inadmissible.

Je ne peux terminer sans évoquer mes amis de toujours, Christine BENHARROS, Georges KOCH, le Docteur Michel DUBOSQ, Edith et Laurent DAHAN qui depuis des années sont toujours là avec moi et pour moi, avec une amitié sans faille, une écoute, des conseils avisés, un soutien et beaucoup d'affection. Nos discussions, nos joies et nos peines, sans compter les bons soins exceptionnels du Docteur Michel DUBOSQ qui m'ont permis de me battre et de trouver la force d'aller toujours de l'avant. Merci mes amis. Je remercie aussi Madame Marie-Paule DOUSSEAUX et le docteur Nadia VOLF qui m'accompagnent avec compétence et une grande gentillesse dans ce parcourt de vie.

Et bien sûr à mes côtés depuis toujours, mon époux, Georges NISENBAUM, l'homme de ma vie. Sans lui ce livre n'aurait pas été possible, pas plus ma carrière professionnelle et ma vie, sans son accompagnement depuis toutes ces années, sa confiance et son soutien infaillibles dans toutes mes décisions, avec patience et amour. Merci pour tout.

Et enfin, la chance d'avoir eu des parents merveilleux, qui n'ont donné de l'amour, une éducation, des valeurs et une confiance en soit, qui toute ma vie m'a accompagné, ils seront toujours dans mon cœur avec moi. Ma mère, Arlette MEIMON a 96 ans, elle est d'une intelligence et d'une vivacité exceptionnelles, je lui dois notamment ma force de vie, c'est souvent l'essentiel.

A la vie : à ma mère, à Georges, à Nicolas, à Jessica ma fille de cœur, à mes deux amours, Yossi et Ava.

A la mémoire d'André Meimon

Catherine Meimon Nisenbaum rend hommage à son père récemment disparu, qui a guidé ses pas dans la vocation d'avocat dédié à la défense des victimes d'accidents corporels.

A mon père, Maître André Meimon, qui a exercé pendant 56 ans sa profession, avocat spécialisé au Barreau de Paris dans la réparation du préjudice corporel, qui toute sa vie n'a défendu que les victimes d'un dommage corporel et qui fut un pionner dans cette spécialisation.

Sa profession d'avocat était toute sa vie, il l'a aimée et défendue avec force et vigueur jusqu'à l'extrémité de ses possibilités.

Il y a plus de trente ans – j'étais avocat stagiaire au cabinet de mon père à cette époque -, cette spécialisation n'était que balbutiement, mais il avait déjà arrêté les points essentiels pour défendre ses clients atteints d'un dommage corporel. Il fallait toujours tenter de rétablir, disait-il inlassablement, l'équilibre si difficile entre les deux plateaux de la balance de la Justice, entre les droits des victimes et les droits des compagnies d'assurances.

Aussi Maître André Meimon était-il toujours l'avocat des victimes. Il ne fallait pas mélanger les genres, on ne pouvait être l'avocat de victimes un jour et l'avocat d'une compagnie d'assurances, d'une mutuelle, d'un fonds, un autre jour.

Déontologiquement, l'amalgame est autorisé : un avocat doit défendre toutes les causes. Mais mon père avait choisi la sienne et n'a jamais failli, et j'en ai fait de même avec fierté.

Maître André Meimon était toujours présent pour ses clients, il leur rendait visite dans les centres de rééducation fonctionnelle, dans les hôpitaux, à domicile. Il était présent, car ses dossiers étaient longs et il savait que le contact avec son client était essentiel. Il avait une grande humanité.

Maître André Meimon estimait aussi que l'assistance à l'expertise médicale était primordiale. Très tôt, il organisait des expertises médicales où ses clients étaient assistés par un médecin-conseil choisi par lui (donc un médecin-conseil de victimes) et il assistait aussi son client aux expertises médicales amiables ou judiciaires. Cette bonne pratique est aujourd'hui essentielle pour l'indemnisation d'un préjudice corporel. La victime ne doit pas être seule à une expertise, elle doit être assistée selon le dossier par deux professionnels, un avocat spécialisé et un médecin-conseil de victimes. Cela aussi, mon père l'avait compris depuis longtemps.

Par ailleurs, Maître André Meimon transigeait très peu, car il estimait que les tribunaux étaient plus à même d'apprécier et d'évaluer un dommage corporel. L'évolution de la jurisprudence lui a donné ô combien raison.

Aujourd'hui, si un avocat spécialisé peut effectivement transiger avec une compagnie d'assurances, une mutuelle ou un fonds, c'est bien en raison de la jurisprudence que les régleurs redoutent. Cette jurisprudence n'existerait plus si les avocats transigeaient tous leurs dossiers sans se battre devant les tribunaux pour faire valoir encore et encore les droits des victimes.

Maître André Meimon avait foi en la Justice. Il a beaucoup contribué à l'évolution de la jurisprudence, surtout en ce qui concerne la tierce personne. Il aimait plaider devant la 19ème Chambre du Tribunal et la 17ème de la Cour d'appel de Paris. Il avait un immense respect notamment pour les Présidentes et Juges de ces deux Chambres, et c'était toujours pour lui un honneur de plaider devant elles. Ces chambres spécialisées ont une compétence exceptionnelle en la matière.

Maître André Meimon plaidait très bien, parfois un peu trop longuement, à l'ancienne, mais toujours avec conviction, force et respect.

Pionnier dans la réparation du préjudice corporel, il l'était indiscutablement.

Maître André Meimon était aussi un travailleur acharné. Il avait beaucoup d'humour et était d'une grande bonté humaine.

Mon père aimait son prochain pour lui-même et non pour soi-même.

Après 7 ans de stage, j'ai créé mon propre cabinet, emmenant avec moi tous ses acquis, tous ses trésors de conseils et d'amour. J'exerce mon métier d'une manière différente avec ma personnalité, mais la base reste et restera celle que mon père m'a apprise.

Après avoir exercé son métier pendant 56 années, il était depuis cinq ans avocat honoraire. Au lieu de profiter de sa retraite, chaque jour, il venait à mon cabinet pour continuer à vivre son métier à travers mes dossiers, c'était sa vie.

Je lui dois de m'avoir appris mon métier, ma spécialisation et surtout de ne jamais abdiquer. Mon père ne renonçait jamais, il était de ces avocats qui vont toujours de l'avant : il ne renonçait jamais à une cause à laquelle il croyait.

Pour être avocat, il faut bien sûr obtenir des diplômes, mais aussi avoir de l'étoffe, avoir l'audace d'aller jusqu'au bout des défenses que l'on nous a confiées.

Maître André Meimon était un procédurier dans l'âme. Il avait été avoué, il connaissait donc parfaitement la procédure qu'il m'a enseignée.

Lorsqu'il assurait la défense d'un dossier compliqué, il examinait toutes les failles de celui-ci et il savait souvent qu'il faudrait plusieurs années pour obtenir gain de cause, mais il avait la conviction qu'il y arriverait, et qu'il gagnerait.

Je lui dois ce que je suis, je lui dois de m'avoir toujours aidée, et de m'avoir aimée.

Aujourd'hui, mon père nous a quittés. Rien ne peut être dit, si ce n'est que je ne l'oublierai jamais, et que chaque jour j'entends sa voix et ses conseils amicaux et confraternels.

Merci de m'avoir tout donné et de m'avoir appris aussi à aimer.

Aujourd'hui, un des piliers de ma vie s'est effondré. Heureusement, mon fils et confrère Nicolas Meimon Nisenbaum est là, près de moi, il est maintenant mon unique conseiller.

Mon père ne voulait pas quitter la barre, il ne voulait pas s'en aller. Maintenant, chaque matin, avec Nicolas, nous l'entendons franchir avec joie la porte du cabinet.

Ta fille et Confrère Catherine.

Me Catherine MEIMON NISENBAUM

Avocate à la Cour d'Appel de PARIS

www.meimonnisenbaum.com – 11/2011

www.yanous.com – *11/2011*

Une Avocate pour les victimes

Engagée dans l'indemnisation du préjudice corporel, Catherine Meimon Nisenbaum revient sur ses 40 années de carrière.

Question : Qu'est-ce qui fait que, dans votre carrière professionnelle, vous avez orienté votre activité vers l'indemnisation du préjudice corporel, après avoir travaillé pendant quelques années dans une autre spécialité ?

Catherine Meimon Nisenbaum : D'abord, j'ai été collaboratrice dans le cabinet d'avocat de mon père, André Meimon, qui exerçait dans la réparation du dommage corporel et également dans le droit immobilier. Quand j'étais stagiaire chez lui, j'ai appris ces deux domaines de droit. J'ai prêté serment en 1981, et quelques années après j'ai eu un grave accident médical avec une longue hospitalisation et un parcours médical pas facile. Je n'aime pas en parler mais je m'en suis sortie. J'ai donc été confrontée, comme mes clients, au vocabulaire médical que je ne comprenais pas, et qui fait peur quand on est malade. C'est pourquoi, plus tard, que j'ai eu l'idée d'écrire avec mon fils et confrère Nicolas Meimon Nisenbaum et le Docteur Étienne Grondard le Guide de l'indemnisation juridique-médical-social pour aider les victimes à comprendre le vocabulaire médical et juridique auquel elles étaient confrontées. Puis j'ai continué à écrire des articles juridiques de vulgarisation en droit du dommage corporel pour une meilleure compréhension et information des victimes. Une fois remise, je n'ai pas pu aborder tout de suite le droit médical. En 1989, j'ai donc créé mon propre cabinet en droit immobilier, ce qui m'a aidée à me reconstruire. Le droit immobilier est rigide et peu personnel. J'avais un cabinet important constitué d'importantes sociétés.

Question : Votre cabinet marchait bien, alors pourquoi vous réorienter ?

Catherine Meimon Nisenbaum : En 1995, j'ai rencontré un médecin qui m'a fasciné, un grand médecin et un humaniste, le Docteur Jean-Étienne Laulla, qui était président de l'institut Suzanne Fouché, maintenant décédé ; c'était le médecin chef d'un grand centre de rééducation fonctionnelle pour personnes traumatisées crâniens, on a passé toute une après-midi à Giverny, je me le rappellerai toujours. Il m'a dit : « Tu réussis très bien dans l'immobilier. Pourquoi tu continues dans cette branche qui ne te plaît pas vraiment et tu ne t'orientes pas vers le dommage corporel que tu as connu et dont tu es le plus proche ? Si tu décides de le faire, je t'aiderai. » Il m'a fait préparer le diplôme universitaire Personnes handicapées : Éthique et déontologie des pratiques pour apprendre les approches du dommage corporel, et surtout des personnes handicapées et le monde du handicap. Il m'a proposé d'être mon médecin-conseil pour les victimes traumatisées crâniennes, et on a commencé comme ça. Il m'a appris ce qu'était une personne traumatisée crânienne, quels étaient ses handicaps, ses problèmes, comment on pouvait voir ce handicap invisible, le comprendre et l'évaluer en expertise médicale. Je me suis passionnée, et finalement j'ai laissé tomber mon cabinet en droit immobilier et rendu tous mes dossiers.

Question : C'était une rupture, ou un nouveau départ ?

Catherine Meimon Nisenbaum : Un nouveau départ ! A l'époque, on m'a pris pour une folle quand j'ai dit : « J'arrête le béton, pour faire quelque chose pour les humains. » Je me suis orientée vers le dommage corporel grave, parce que la vie des personnes m'intéressait, pas pour un petit bobo mais pour une reconstruction. Le droit de la construction m'avait beaucoup appris, notamment pour l'importance de l'expertise judiciaire qui conditionne une grande partie de la finalité d'un dossier, et que j'ai mis en pratique pour le dommage corporel. Cela m'a aussi beaucoup aidé pour l'adaptation des logements, la compréhension des compagnies d'assurances et leur manière de voir les choses : j'avais été moi-même avocate d'une des plus grandes compagnies d'assurances construction. C'était un nouveau départ aussi avec mes clients, les personnes gravement handicapées m'ont beaucoup appris de l'humain, elles se plaignent très peu malgré leur grande souffrance, elles ont beaucoup de dignité. Lorsqu'elles me voyaient fatiguée, elles avaient un mot pour moi, et pourtant elles vivaient des situations bien plus graves que les miennes.

A l'époque, le droit de l'indemnisation était à ses débuts, il y avait presque tout à créer, la loi Badinter sur les accidents de la circulation ne datait que de 1985, et la jurisprudence était bien pauvre. La spécialisation en droit du dommage corporel n'existait pas encore, les victimes avaient besoin qu'on les assiste, et qu'elles apprennent à mieux se défendre et à connaître leur droit. Il ne faut pas se tromper : on vit dans un monde où on nous dit que tout est pris en charge, qu'il y a des assurances, des Fonds de garantie. Pourtant, dès qu'on s'y intéresse de plus près on s'aperçoit que les assurances et les fonds de garantie gèrent leurs intérêts et ne sont pas vraiment là pour indemniser correctement les victimes, mais plutôt le moins possible. On peut peut-être comprendre cette attitude des assurances qui sont des sociétés commerciales dont la vocation est de faire des bénéfices, mais on la comprend moins de la part des différents Fonds de garantie des victimes !

Question : Donc les victimes sont forcément mal indemnisées, même par les Fonds de Garantie qui font partie de la solidarité nationale, si elles ne se défendent pas en recourant à des professionnels ?

Catherine Meimon Nisenbaum : Je constate, en tant qu'avocate, que ces dernières années les jurisprudences qui nous sont opposées sont assez sévères pour les victimes, et très souvent elles viennent notamment du Fonds de Garantie. Je le déplore énormément. On ne doit pas se voiler la face : les indemnisations coûtent de plus en plus cher aux compagnies d'assurances et aux fonds de garanties, et l'argent entraîne très souvent, hélas, des comportements de défense qui ne sont pas très agréables ni fondés. Les victimes ont besoin de plus en plus d'être assistées par un avocat spécialisé pour pouvoir se défendre, elles ne connaissent pas la loi, la jurisprudence, ni les indemnisations.

Question : Justement, pendant longtemps les gens considéraient qu'obtenir une indemnisation, obtenir de l'argent en compensation d'un handicap résultant d'une agression ou d'un accident c'était vénal, pratiquement immoral, que c'était arrivé et qu'il fallait passer à autre chose…

Catherine Meimon Nisenbaum : L'indemnisation n'est pas un profit, c'est une réparation. Donc on ne profite pas de quelque chose, on a été victime, et je ne vois même pas où est la discussion. Mes clients trouvent normal qu'ils soient réparés, et on leur doit cette réparation : ils sont victimes, pas autre chose ! La difficulté d'accepter une indemnisation vient parfois des ayants-droits, c'est-à-dire les familles. Très souvent, elles sont indemnisées au titre de leur préjudice moral, avec des montants variables et, à mon avis, insuffisamment élevés. Elles ont parfois honte de prendre cette réparation financière parce qu'elles estiment qu'elles n'ont pas subi le handicap, et elles ne veulent pas prendre l'argent de ce mal qui a touché un proche.

Question : Il y a quelques années, les assureurs et le Gouvernement ont fait planer la menace de forfaitisation des différents postes de préjudice, menace éloignée actuellement. Obtenir une juste indemnisation est encore un sujet de société ?

Catherine Meimon Nisenbaum : Oui, il y a eu une tendance dans le passé à vouloir instaurer des barèmes, actuellement heureusement on n'en parle presque plus. A mon avis, c'était la fin de la réparation intégrale et individuelle et retirait aux juges leur pouvoir d'appréciation. J'ai beaucoup lutté contre la barémisation, beaucoup écrit, ça a été un grand combat pour moi et il a été gagné. Je ne pense pas que rentrer des gens dans des cases soit bénéfique pour eux, on indemnise des humains, pas des machines.

Question : Après quasiment quarante années de pratique, qu'est-ce qui vous fait encore travailler et agir ?

Catherine Meimon Nisenbaum : Ce qui me fait agir et continuer, c'est d'abord que j'adore mon métier et mes clients. Ils m'ont rendu beaucoup de bonheur, et j'ai eu le sentiment d'avoir fait quelque chose pour eux, d'avoir été utile, ce qui est quand même très important et donne un sens à sa vie. Et puis, c'est la notion de justice : je ne comprends pas et je ne supporte pas que les régleurs contestent et minimisent des dommages corporels qui sont importants alors que les victimes ont besoin de leurs indemnisations pour vivre, pour leur sécurité, pour leur avenir et leur bien-être physique et moral, sans compter les familles qui les assistent et qui ont une vie très difficile. Là est vraiment mon combat, le pourquoi j'ai choisi l'humain plutôt que le béton. Je suis heureuse que la relève soit assurée **:** mon père, Maître André Meimon, m'a passé le relais, et je le passe à mon fils, Maître Nicolas Meimon Nisenbaum. Une vie bien remplie.

Propos recueillis par Laurent Lejard, février 2024.

Me Catherine MEIMON NISENBAUM

Avocate à la Cour d'Appel de PARIS

www.meimonnisenbaum.com – 02/2024

www.yanous.com – *02/2024*

PRESENTATION

- ACCIDENTS DE LA CIRCULATION
- ACCIDENTS MEDICAUX ET ALEA THERAPEUTIQUE
- AGRESSIONS ATTENTATS ET CIVI
- BAREMES ET BAREMISATION
- EXPERTISE MEDICALE
- LOGEMENT : ACCESSIBILITE
- LOI SUR LES MALADES ET AUTRES LOIS
- MESURES DE PROTECTION
- PCH – PRESTATION COMPENSATOIRE DU HANDICAP
- PREJUDICES
- TIERCE PERSONNE : AIDES HUMAINES
- TRANSACTION
- VICTIMES PAR RICOCHET : LA FAMILLE
- VIE QUOTIDENNE

ACCIDENT DE LA CIRCULATION

Victime à l'étranger, indemnisation en France

Les Français victimes à l'étranger d'un accident corporel de la circulation, d'une agression ou d'un attentat peuvent être indemnisés de leurs dommages par la France. Analyse de la loi et de la procédure, et cas pratique concernant un accident survenu au Maroc.

Les Français qui sont victimes à l'étranger de dommages corporels suite à un accident de la circulation, une agression ou un attentat peuvent être indemnisés en France et obtenir une bien meilleure indemnisation que celle du pays de l'accident. Cette information peut paraître étonnante, toutefois elle est légalement fondée mais peu connue des Français vivants temporairement ou définitivement à l'étranger.

La loi et la jurisprudence française indemnisent sous certaines conditions ces nationaux et binationaux vivant à l'étranger, qu'ils soient résidants ou non, qu'ils vivent définitivement ou provisoirement, ou même qu'ils soient de simples touristes à l'étranger. Mon cabinet a défendu et obtenu de très bonnes indemnisations pour des victimes françaises gravement handicapées, à la suite d'accidents corporels graves au Brésil, en Côte d'ivoire, en Inde, en Israël, au Maroc, au Pérou, en Tunisie… Elles ont ainsi bénéficié d'une indemnisation nettement supérieure à celle qu'elles auraient pu obtenir à l'étranger, parfois même dix fois supérieure.

On ne peut pas être deux fois victime, il faut connaitre ses droits, les revendiquer et solliciter l'indemnisation intégrale de son dommage corporel en France et non à l'étranger, car un certain nombre de pays indemnisent beaucoup moins que la loi française et parfois pas du tout. C'est dire l'intérêt que les victimes de nationalité française ont, sans discussion aucune, d'être indemnisées en France, et en l'espèce par le FGTI (Fonds de Garantie des Victimes des actes de Terrorisme et autres Infractions) et de saisir la CIVI (Commission d'Indemnisation des Victimes d'Infraction) en France pour demander l'indemnisation de leur dommage corporel.

Cette différence de traitement dans l'indemnisation s'explique notamment pour les raisons suivantes :

La loi française applique le principe de l'indemnisation intégrale de tous les préjudices qui sont retenus sans aucune limitation, tandis qu'un grand nombre de pays utilisent des barèmes d'indemnisation et des systèmes de compensation, et limitent les chefs de préjudices indemnisables, ce qui empêche toujours d'être intégralement indemnisé ;

La loi française indemnise exclusivement les victimes de manière totale ou partielle, tandis que certains pays indemnisent toutes les victimes, mais également les conducteurs totalement fautifs de leur accident. Dès lors, le montant des indemnisations se répartit sur un plus grand nombre ;

Mieux encore, dans certains pays étrangers, l'indemnisation n'existe même pas ;

Le droit français est riche de sa Jurisprudence qui depuis des années se développe en faveur du droit des victimes d'un accident corporel. Son ancienneté et sa pratique sont sources de qualité et d'excellence ;

Enfin, la France est un pays riche, il est la 5e puissance mondiale et à ce titre, il peut se permettre de mieux indemniser ses victimes que d'autres pays.

Victimes françaises d'un accident de la circulation à l'étranger :

Pour bénéficier de l'application de la loi française et de son système indemnitaire beaucoup plus généreux que le système d'indemnisation d'un grand nombre de pays, il faut :

Avoir la nationalité française au jour de l'accident corporel ;

Les accidents de la circulation non soumis à la loi Badinter;

Etablir l'infraction dont on a été victime ;

Et bien sûr, procéder à l'évaluation de son dommage corporel par la réalisation d'une expertise médicale et parfois technique pour le logement, le véhicule adapté et les aides techniques, puis plaider contre le FGTI devant la CIVI tous les postes de préjudices qui, en application de la nomenclature Dintilhac et du principe de la réparation intégrale, sont très nombreux ;

Un accord transactionnel est toujours possible.

Victimes françaises d'une agression à l'étranger :

Là encore, les Français, sous certaines conditions, s'ils ont été victimes d'un dommage corporel grave à l'étranger peuvent saisir la CIVI en France pour obtenir réparation de l'intégralité de leur dommage corporel. Dans certains pays, cette indemnisation par un fonds d'indemnisation n'existe même pas. Pour être indemnisé et saisir la CIVI, il faut :

Avoir la nationalité française au jour de l'accident corporel ;

Etre victime : Soit d'un fait, volontaire ou non, qui présente le caractère matériel d'une infraction ayant entrainé la mort, une incapacité permanente ou une incapacité de travail d'un mois minimum. Soit être victime de la mort d'un proche à la suite d'une atteinte grave. Soit être victime, de faits tels que viol, agression sexuelle, atteinte sexuelle sur mineur, ou traite d'êtres humains ;

Etablir l'agression dont on a été victime. Là encore, il est tenu compte de l'éventuelle faute de la victime pour apprécier son droit à indemnisation qui peut dès lors être total, limité ou exclu ;

Et bien sûr, procéder à l'évaluation de son dommage corporel par la réalisation d'une expertise médicale et parfois technique pour le logement, le véhicule adapté et les aides techniques, puis plaider contre le FGTI devant la CIVI tous les postes de préjudices qui, en application de la nomenclature Dintilhac et du principe de la réparation intégrale, sont très nombreux ;

Un accord transactionnel est toujours possible.

Victimes françaises d'un attentat à l'étranger :

Là encore, et cela peut paraître surprenant, les Français résidants ou non à l'étranger, victimes d'un attentat à l'étranger peuvent également être indemnisés en France par le FGTI de l'intégralité de leurs dommages corporels sur le fondement de l'indemnisation intégrale des préjudices.

En France, on peut se défendre seul devant la CIVI mais cette défense n'est pas envisageable lorsque le dommage corporel est important, car le Fonds de Garantie travaille bien sûr avec des inspecteurs, des avocats et des médecins spécialisés, qui connaissent parfaitement le droit et cette matière spécifique, ce que la victime elle ignore totalement. La mise en place d'une expertise médicale contradictoire est gratuite devant la CIVI, elle est prise en charge par le Trésor Public. Mais, là encore, la victime d'un dommage corporel grave doit être assistée par un médecin conseil de victime et par son avocat spécialisé en réparation du dommage corporel, c'est indispensable.

Concernant les chefs de préjudices indemnisables, ils sont très nombreux, mais là encore, connaitre la loi et la jurisprudence permet d'obtenir à l'évidence une meilleure indemnisation de ses préjudices corporels. Il est certain que l'on n'obtient pas une indemnisation conséquente et représentative de tous ses préjudices en se défendant seul, sans connaitre ses droits, la procédure et la jurisprudence des tribunaux, face à des professionnels de l'indemnisation, à savoir le FGTI. L'indemnisation des dommages corporels graves met en cause l'avenir de la personne, sa dignité, sa sécurité. Il convient de faire le maximum pour faire valoir l'intégralité de ses droits et être assisté par un avocat spécialisé, constitue donc un atout indiscutable.

Aucune bataille ne se gagne sans se défendre. Il ne suffit pas simplement de demander pour obtenir une indemnisation, encore faut-il connaître ses droits et les faire valoir par le biais d'un avocat spécialisé en droit du dommage corporel qui connait parfaitement la procédure en la matière. Je défends depuis plus de 25 ans des victimes de dommages corporels d'une certaine gravité : traumatisés crâniens, tétraplégiques, paraplégiques, brûlés, amputés. Toutes ces victimes ne peuvent se permettre d'être deux fois victime, leur avenir, leur sécurité dépendent de leur indemnisation qui doit être intégrale et elles doivent se donner toutes les chances de l'obtenir : si elles ont la chance d'être françaises, victimes à l'étranger, elles peuvent très souvent être beaucoup mieux indemnisées en France qu'à l'étranger, mais encore faut-il le savoir.

Les victimes qui aimeraient connaitre les droits des victimes et indemnisations en France peuvent consulter notamment, le site internet meimonnisenbaum.com qui existe depuis 2002, et qui relate de très nombreux procès, dont les faits et montants leur permettront de se faire une idée des indemnisations en France.

Cas pratique : un accident à l'étranger indemnisé par la France :

En 2012, un Français, en qualité de passager, a été victime d'un accident de la circulation au Maroc et a subi un traumatisme crânien grave. Il sollicitait les conseils d'un avocat spécialisé en réparation du dommage corporel afin d'obtenir la réparation de son dommage corporel. L'avocat spécialisé en France réunissait toutes les pièces du dossier ainsi que la procédure au Maroc, et demandait à un médecin conseil de victimes d'examiner le jeune homme et de rédiger un rapport médical.

En février 2013, l'avocat spécialisé, une fois son dossier étayé, saisissait la Commission d'Indemnisation des Victimes d'Infractions (CIVI) de Pontoise (Val d'Oise), à l'effet de solliciter une expertise médicale contradictoire ainsi qu'une première provision. En effet, la France indemnise directement ses nationaux (même non-résidents en France) victimes d'un accident de la route à l'étranger, ce qui leur évite d'engager des poursuites dans des pays où ils n'auraient pas obtenu grand-chose. En septembre 2013, après d'une part un échange d'écritures entre l'avocat spécialisé et le Fonds de Garantie, et d'autre part une audience de plaidoirie, une ordonnance était rendue par le président de la CIVI de Pontoise qui allouait une première provision de 100.000€ à la victime et désignait un expert judiciaire neurologue afin de donner son avis sur son dommage corporel.

En février 2014, une première expertise médicale avait lieu, organisée par l'expert judiciaire et en présence, notamment, de la victime, de son avocat spécialisé et de son médecin conseil de victimes, du Fonds de Garantie et de son médecin conseil. Préalablement à cette expertise, plus d'une soixantaine de pièces médicales avaient été communiquées par l'avocat spécialisé, à l'expert judiciaire et au Fonds de Garantie, pièces qui relataient le parcours médical de la victime et qui furent examinées et discutées durant l'expertise. L'expert judiciaire décidait de s'adjoindre deux experts sapiteurs, l'un pour un examen ORL, l'autre ophtalmologique. Ces derniers examinèrent également la victime et déposèrent leurs rapports en juin et août 2014.

L'expert judiciaire, après avoir tenu compte des discussions et désaccords des parties, déposait son pré-rapport en novembre 2014, estimant que la victime n'était pas consolidée. En décembre 2014, fort du pré-rapport d'expertise de l'expert judiciaire, l'avocat spécialisé saisissait à nouveau la Commission d'Indemnisation des Victimes d'Infractions de Pontoise et obtenait une nouvelle provision de 100.000€, portant à 200.000€ le montant total des provisions, permettant ainsi à la victime de vivre sans difficulté financière et ce d'autant plus qu'au moment de l'accident, la victime était étudiant en 3e année universitaire et effectuait un CDI à temps partiel, un tiers temps pour payer ses études.

La victime était suivie tout au long du processus d'indemnisation par l'avocat spécialisé qui obtenait les pièces complémentaires, confortait son dossier, assurait la communication des pièces et organisait l'expertise du médecin conseil de la victime. En février 2016, une deuxième expertise médicale fut à nouveau organisée par l'expert judiciaire, en présence notamment de la victime, de son avocat spécialisé et du médecin conseil de victimes et également du Fonds de Garantie et de son médecin conseil. Préalablement à cette expertise, l'avocat spécialisé avait communiqué à l'expert et au Fonds de Garantie ses nouvelles pièces, comprenant notamment un bilan neuropsychologique et le rapport de consolidation du médecin conseil de la victime. Une discussion mouvementée intervenait entre les parties qui n'étaient pas du tout d'accord sur l'évaluation des postes de préjudices et essentiellement sur les taux d'invalidité (Déficit Fonctionnel Permanent), les besoins en tierce personne.

En avril 2016, faisant suite à cette expertise, l'avocat spécialisé adressait deux dires à l'expert judiciaire afin de conforter les points de vue de son client et contestait les conclusions expertales qui avaient été indiquées oralement aux parties. La rédaction de dires est importante car l'expert judiciaire est tenu de par la loi, dans son rapport, de répondre aux observations des parties qui ont été présentées sous forme de dire. En mai 2016, l'expert judiciaire déposait son rapport définitif, il consolidait la victime et retenait un taux de DFP de 62%, des besoins d'aide humaine de 4 heures par jour et une incapacité de reprendre une activité professionnelle rémunérée en milieu ordinaire, seul le milieu protégé était retenu.

L'avocat spécialisé revenait alors vers son client pour obtenir des pièces complémentaires et saisissait en juillet 2016 la CIVI de Pontoise à l'appui d'une longue requête à l'effet d'obtenir la liquidation du dommage corporel de son client. A réception de cette requête, l'avocat spécialisé et le Fonds de Garantie ont discuté de l'entier dossier à l'effet d'arrêter, si cela était possible, un accord transactionnel. Après discussions, l'avocat spécialisé et le Fonds de Garantie tombaient d'accord sur une transaction qui garantissait les intérêts de la victime, qui fut acceptée par elle.

Un constat d'accord était conclu en janvier 2017 aux termes duquel la victime obtenait une somme en capital de 870.000€ environ, ainsi qu'une rente viagère au titre de l'aide humaine de 32.000€ annuel, représentant une somme capitalisée de 1.100.000€. La famille de la victime a également été indemnisée de tous ses préjudices moraux et matériels. L'accord transactionnel était soumis ensuite à l'homologation de la CIVI de Pontoise, qui rendait sa décision d'homologation en juin 2017. Une fois encore, ce dossier n'a pu aboutir que grâce à la confiance de la victime en son avocat spécialisé qui a pu obtenir satisfaction, lui permettant de reprendre le cours de sa vie, de vivre seule avec une garantie financière.

Me Catherine MEIMON NISENBAUM

Avocate à la Cour d'Appel de PARIS

www.meimonnisenbaum.com – 12/2017

www.yanous.com 12/2017

Accident de la route : ce qu'il faut savoir

Après un accident de la circulation automobile en France ou à l'étranger entrainant des dommages corporels, faire valoir ses droits nécessite de les connaître, de même que les procédures et voies de recours. Explications.

Les accidents de la circulation sont régis par la loi du 5 juillet 1985 dite « loi Badinter ». La victime a le choix, pour obtenir son indemnisation, entre saisir le Tribunal, et dans ce cas seul le Tribunal de Grande Instance (TGI) sera compétent pour connaître du litige. La victime étant alors obligatoirement représentée par un avocat, ou bien d'être indemnisée amiablement par la Compagnie d'assurances ou le Fonds de Garantie, et dans ce cas il est préférable qu'elle soit assistée par un avocat spécialisé.

Il convient, en premier lieu, de distinguer si l'accident de la route a eu lieu en France ou à l'étranger. En cas d'accident de la route concernant une victime de nationalité française à l'étranger, il existe une procédure d'indemnisation spécifique de son dommage corporel, qui permet d'obtenir une indemnisation en France souvent bien supérieure à celle qui pourrait être obtenue dans le pays où a eu lieu l'accident. Pour les victimes d'accident de la circulation en France et quelle que soit leur nationalité, la loi du 5 juillet 1985 s'applique si plusieurs conditions sont réunies.

Une notion du véhicule et de la voirie extensive :

L'accident doit impliquer un véhicule terrestre à moteur. La jurisprudence de la Cour de Cassation notamment a interprété largement, en faveur des victimes, les conditions d'application de la loi du 5 juillet 1985, et a retenu par exemple son application pour des tracteurs, des appareils de levage, une tondeuse à gazon, la projection d'une pierre… Cette liste n'est pas exhaustive et l'application de cette loi ne s'arrête pas à l'accident causé par une voiture, un camion ou une moto. Le véhicule terrestre à moteur doit être impliqué dans l'accident, mais ici encore la notion d'implication est interprétée largement par la jurisprudence et peut être retenue même s'il n'y a eu aucun choc entre la victime et le véhicule.

Pour être indemnisé, il faut être victime d'un fait accidentel et non volontaire. A titre d'exemple, la victime qui a tenté de se suicider ou celle qui a été renversée délibérément par un véhicule ne peut pas prétendre à une indemnisation sur le fondement de la loi du 5 juillet 1985 et devra peut-être envisager une procédure différente. Enfin, l'accident doit avoir eu lieu sur une voie ouverte à la circulation. La jurisprudence a ainsi pu considérer qu'un parking, un garage professionnel, une piste de ski ou un champ, sont des voies ouvertes à la circulation. Si ces conditions sont remplies, la loi du 5 juillet 1985 est applicable et il convient alors de distinguer entre les victimes conductrices et les autres.

Une hiérarchisation des victimes :

Pour les victimes non-conductrices comme les piétons, les cyclistes ou les passagers, la loi instaure un régime d'indemnisation extrêmement favorable. Elles sont pour ainsi dire systématiquement prises en charge pour l'intégralité de leur préjudice corporel puisque seule une faute inexcusable cause exclusive de l'accident (ce qui est très rare) peut les priver d'indemnisation. Cependant, les victimes non-conductrices de moins de 16 ans, de plus 70 ans ou les grands invalides seront toujours indemnisées, même en cas de faute inexcusable cause exclusive de l'accident.

Pour les victimes conductrices, la situation est plus délicate puisque la loi impose que la faute commise par le conducteur, si elle est en rapport avec l'accident, limite ou exclue son droit à indemnisation sans qu'il soit tenu compte du comportement de l'autre conducteur. Ce point est essentiel, car les victimes ne comprennent pas qu'une faute minime soit retenue à leur encontre alors que le véhicule adverse a eu un comportement dangereux. Il convient donc d'étudier avec minutie le procès-verbal de police afin de vérifier que le droit à indemnisation existe, et de déterminer si celui-ci est entier ou partiel.

Il appartient à l'avocat spécialisé de vérifier si le procès-verbal de police ne retient pas à tort des fautes ou des interprétations inexactes à l'encontre de la victime et si les fautes retenues sont en rapport avec l'accident de la route. Tel est souvent le cas en ce qui concerne les excès de vitesse, les refus de priorité, ou encore le défaut de permis de conduire, de ceinture de sécurité, l'alcoolémie.

Si la Compagnie d'assurances ou le Fonds de Garantie refuse l'indemnisation, prétextant une faute de la victime, c'est le Tribunal qui doit être saisit pour trancher. Les compagnies d'assurances opposent un refus d'indemnisation souvent injustifié en faisant dire aux procès-verbaux de police ce qu'ils ne disent pas. Le Tribunal est libre d'apprécier le procès-verbal de police, qui peut être critiqué par l'avocat de la victime.

Savoir-faire évaluer le préjudice :

Bien souvent, le conducteur victime doit faire valoir ses droits en justice pour faire reconnaître son droit à indemnisation partielle ou totale. Dès lors que le droit à indemnisation de la victime, total ou partiel, est acquis, le problème est alors de bien évaluer et d'indemniser son dommage corporel. L'avocat sollicitera des provisions tout le long du processus d'indemnisation amiable ou judiciaire pour permettre à son client de patienter en l'attente de son indemnisation définitive.

Le dommage corporel peut être évalué amiablement ou judiciairement, par un médecin. C'est l'avocat qui conseille la victime sur ce choix, selon les éléments du dossier. Mais dans tous les cas, l'avocat spécialisé devra d'une part mettre en place l'expertise médicale amiable ou judiciaire et faire assister la victime par un médecin-conseil de victime, et il devra assister son client lors des opérations d'expertise médicale.

Dans le cadre d'une procédure contentieuse, le Tribunal désignera un ou plusieurs experts judiciaires pour l'évaluer le dommage corporel de la victime. Dans tous les cas de figure, procédure amiable ou judiciaire, la Compagnie d'assurances désignera un médecin pour la représenter à l'expertise médicale, son rôle est de défendre les intérêts de la Compagnie d'assurances, qui réglera ses honoraires. Dans les dossiers corporels relativement importants, il est fréquent que l'inspecteur de la compagnie d'assurances et son avocat soient également présents. Ainsi, la victime ne doit jamais être seule, elle n'est pas compétente pour évaluer son dommage corporel ou pour se défendre face à des professionnels de Compagnies d'assurances.

Il ne faut jamais oublier qu'il appartient à la victime de rapporter la preuve de son dommage corporel. C'est pourquoi elle doit être représentée par un avocat spécialisé et un médecin-conseil de victime, afin de permettre une meilleure et plus juste évaluation de ses droits et de faire valoir son indemnisation. Il convient d'indiquer que ce sont les avocats spécialisés qui choisissent les médecins-conseils de victime qui assisteront le client lors des expertises médicales aux cotés de l'avocat spécialisé. La victime peut toujours décider de se faire expertiser sans la moindre assistance par le médecin-conseil de compagnie d'assurances, mais cette possibilité est discutable car on ne peut être évalué avec justesse par celui qui règle votre indemnisation… Le contradictoire garantit toujours les droits des victimes.

Expertise et indemnisation :

Il faut également préciser que le Tribunal n'est pas lié par le rapport de l'expert judiciaire, et qu'il peut décider, à la demande de l'avocat de la victime, de ne pas le suivre. Cette contestation concerne en général l'évaluation de la tierce personne et le préjudice professionnel. En tout état de cause, la Compagnie d'assurances a l'obligation de formuler une offre indemnitaire à la victime. Cette offre est unilatérale et ne correspond souvent pas à la jurisprudence en la matière. Il convient, ici encore, que la victime soit assistée par son avocat car c'est lui qui discutera avec la Compagnie d'assurances du montant final de l'indemnisation et qui informera son client sur l'utilité de conclure une transaction ou de saisir le Tribunal.

L'indemnisation proprement dite se fera au moment de la consolidation des blessures, à l'amiable ou judiciairement, selon l'intérêt de la victime et le choix arrêté avec son avocat. Selon l'importance de son dommage corporel, la victime est en droit de solliciter l'indemnisation de plusieurs postes de préjudices, soit plus de 20 chefs de préjudices patrimoniaux et extrapatrimoniaux pour les victimes directes, dont les frais d'adaptation du logement et de véhicule, l'assistance à tierce personne avant et après consolidation, les pertes de gains professionnels actuels et futurs, l'incidence professionnelle (retraite, formation, etc.), le déficit fonctionnel permanent, les souffrances endurées, les préjudices esthétique, d'agrément, sexuel. Et pour les victimes indirectes, les frais d'obsèques, les pertes de revenus, les autres frais, le préjudice moral, les troubles dans les conditions d'existence.

La nomenclature Dintilhac énumère de manière non obligatoire ni limitative les principaux postes de préjudices et il appartient à l'avocat spécialisé de faire valoir ces différents postes en tenant compte du dossier spécifique de son client et de la jurisprudence en la matière. L'avocat spécialisé connaît la jurisprudence des Tribunaux et Cours, mais bénéficie aussi de la propre jurisprudence de son cabinet, qu'il va faire valoir devant les Tribunaux ou à l'amiable en discutant avec la compagnie d'assurances.

Une affaire de spécialistes :

La victime doit toujours être assistée car elle va être confrontée à de très nombreuses questions. A titre d'exemples : doit-on accepter le refus d'indemnisation, ou un partage de responsabilité ? Doit-on accepter ou refuser une expertise médicale amiable ou judiciaire ? Doit-on accepter le montant d'une provision ? Doit-on mettre en place une mesure de protection ? Doit-on prendre en compte dans le cadre de l'évaluation de la tierce personne l'aide de la famille, comment l'évaluer ? Comment décider la reprise éventuelle du travail et à quelles conditions ? Doit-on prendre en compte les indemnités de chômage et autres ? Quel salaire de référence doit-on retenir ? Comment s'analyse une perte de chance, une incidence professionnelle, un droit à la retraite ? Doit-on solliciter un capital ou une rente ? Quel est le barème de capitalisation applicable ? Comment s'indemnise le doublement de l'intérêt légal ?

Ces questions ne peuvent pas être solutionnées par une victime seule, elle a besoin d'être assistée car une fois la transaction signée dans le cadre de la procédure amiable, ou si un jugement définitif est rendu dans le cadre de la procédure judiciaire, il lui sera impossible de revenir sur l'évaluation médicale de son préjudice corporel et sur le montant de son indemnisation. Seule reste ouverte la procédure en aggravation qui n'est pas une nouvelle évaluation.

Certaines victimes pensent que, compte tenu du délai de prescription en matière de dommage corporel (qui est de 10 ans à compter de la consolidation des blessures) il n'est pas nécessaire de faire immédiatement appel à un avocat spécialisé. Ceci est faux ! Il essentiel de constituer un dossier dès le début de l'accident de la route et surtout de bien choisir son mode de réparation : amiable ou judiciaire, et dans ce cas, savoir devant quel Tribunal l'indemnisation intégrale aura le plus de chances d'aboutir.

Dans la réparation du dommage corporel d'une victime accidentée de la route, c'est l'avocat spécialisé qui diligente et assure la défense de son client d'un bout à l'autre du processus de réparation. Après plusieurs années il est très difficile pour l'avocat, même spécialisé, de revenir sur des procédures ou des expertises qui ont été mal réalisées. Seule, sans assistance lors de la procédure d'indemnisation, la victime d'un accident de la route risque d'être mal indemnisée et sera alors deux fois victime.

Il faut toujours faire le choix de se défendre !

Me Catherine MEIMON NISENBAUM

Me Nicolas MEIMON NISENBAUM

Avocats à la Cour d'Appel de PARIS

www.meimonnisenbaum.com – 11/2012

www.yanous.com 11/2012

PS : (Mai 2024)

Depuis le 1er janvier 2020, les Tribunaux de Grande Instance sont remplacés par les Tribunaux Judicaires. Ainsi depuis le 1er janvier 2020 c'est le Tribunal Judicaire qui est exclusivement compétent pour connaitre des litiges relatifs aux accidents de la circulation qui relèvent de la loi Badinter.

Les risques du prêt de véhicule

Prêter un véhicule à un tiers engage la responsabilité du propriétaire assuré, et cela peut avoir de lourdes conséquences...

La 2e Chambre Civile de la Cour de Cassation a rendu, le 8 février 2006, un arrêt protégeant les victimes d'un dommage corporel et sanctionnant l'assuré qui avait prêté son véhicule à un tiers non titulaire du permis de conduire, qui s'était trouvé impliqué dans un grave accident de la circulation.

En l'espèce, le conducteur impliqué décède lors de cet accident. La compagnie d'assurance du véhicule indemnise les victimes pour leurs dommages corporels, car la clause contractuelle stipulant qu'elle ne garantit pas le sinistre en cas de défaut de permis de conduire du conducteur n'est pas opposable audit conducteur victime. En effet, l'assuré propriétaire du véhicule a commis une faute contractuelle, et il est certain que l'assureur n'aurait pas donné sa garantie s'il avait su que le conducteur n'avait pas de permis de conduire. C'est en fait l'assuré (dont l'inconscience en l'occurrence est blâmable) qui a commis une faute contractuelle lourde en prêtant son véhicule à un tiers démuni de permis de conduire.

C'est pourquoi la Cour de Cassation a reçu la demande de la compagnie d'assurances, qui a obtenu ainsi que son assuré lui rembourse l'intégralité des sommes qu'elle avait versées aux victimes. Ainsi, le prêt inconsidéré de son véhicule dans une telle circonstance, s'il entraîne la garantie pour les victimes d'être indemnisées, peut mener l'assuré à la ruine en cas de dommages corporels graves qui peuvent atteindre plusieurs millions d'euros.

Rappelons aussi que le Fonds de Garantie, qui indemnise dans le cadre d'un accident de la circulation les victimes d'un dommage corporel lorsque l'auteur n'est pas assuré ou est inconnu, peut aussi obtenir à l'encontre de la personne non assurée responsable de l'accident le remboursement des sommes qu'il a versées aux victimes au titre de cette indemnisation.

En conclusion, l'indemnisation d'une victime pour le dommage corporel subi est possible dans le cas de conduite sans permis, de défaut d'assurance ou de délit de fuite du responsable, mais encore faut-il qu'elle se renseigne sur ses droits. Corrélativement, il n'y a pas d'impunité « civile » pour les contrevenants qui ont manqué pour le moins à leur obligation contractuelle, et sont donc impliqués dans la réparation intégrale des dommages corporels causés aux victimes. Il faut donc toujours vérifier que le conducteur a qui l'on prête son véhicule est bien titulaire du permis de conduire, et rassurer les victimes : leurs droits sont garantis même quand le conducteur non titulaire du permis de conduire est impliqué dans un accident de la circulation qui cause des dommages corporels.

Me Catherine MEIMON NISENBAUM

Avocate à la Cour d'Appel de PARIS

www.meimonnisenbaum.com – 08/2007

www.yanous.com 08/2007

L'embellie de la sécurité routière

Si la politique répressive a entraîné une baisse importante des tués sur les routes, le nombre des blessés demeure élevé.

En 1985, année d'adoption de la loi dite Badinter sur l'indemnisation des victimes d'accident de la circulation, la route a tué 9.217 personnes en France, en a blessé 66.925 gravement et 203.874 légèrement. La situation évoluait peu, malgré le renforcement des sanctions en cas d'infraction. Jusqu'à l'installation des radars automatiques en novembre 2003 : elle a considérablement contribué à la baisse des accidents de la route et cette année-là, la France est passée sous la barre historique des 6. 000 personnes tuées (7.720 en 2001, 7.242 en 2002, 5.731 en 2003, 5.443 en 2004). Depuis lors, cette baisse s'est sans cesse confirmée. Pour l'année 2004, l'observatoire national interministériel de sécurité routière a relevé pour les accidents mortels le nombre de 5.443 tués, pour les blessés hospitalisés celui de 39.800 et pour les blessés légers celui de 68.265.

Le 1er janvier 2005, le critère de comptabilisation du nombre des personnes tuées a été modifié : sont retenus les décès constatés dans les 30 jours, au lieu de six jours antérieurement. Ainsi pour l'année 2005, avec ce nouveau mode de décompte, on enregistre une baisse significative du nombre des tués (5.318 décès dans les trente jours, et non plus dans les six jours), et également une baisse des accidents mortels causés par l'alcool qui passent de 30,9 % à 28,1 %. Il convient d'indiquer qu'en décembre 1983, le taux d'alcool avait été porté à 0,8 g par litre de sang, et qu'il a été ramené en septembre 2005 à 0,5 g/l. La même année, le nombre de personnes tuées par la route (par million d'habitants) dans les pays européens s'établissait comme suit : Pays-Bas 46, Suède 49, Royaume-Uni 55, Suisse 55, Danemark 61, Allemagne 65, Finlande 72, Hongrie 83, France métropolitaine 87, Espagne 88, Autriche 93, Luxembourg 100, Belgique 104, Portugal 104, République tchèque 125, Hongrie 127, Pologne 143, Grèce 144.

En France en 2006, 4.703 personnes ont trouvé la mort dans un accident de la circulation, soit une moyenne de 13 personnes par jour (la France compte 40 % de plus de personnes tuées que la Suède ou la Grande-Bretagne), auxquelles s'ajoutent 102 291 personnes blessées, soit une moyenne de 280 jour, avec un nombre proche de 3.000 personnes lourdement handicapées.

Il est à noter, en février 2007, une hausse importante de 4,5 % du nombre des victimes de la route par rapport à février 2006 (277 personnes sont mortes dans les 30 jours qui ont suivi leur accident), tandis qu'en mars 2007, on enregistrait à nouveau une légère baisse du nombre des personnes tuées dans les mêmes circonstances.

Un arrêté du 27 mars 2007 vient de modifier les conditions d'élaboration des statistiques relatives aux accidents corporels de la circulation. Il distingue en particulier les différentes catégories de personnes blessées, considérant comme « blessés hospitalisés » les « victimes admises comme patients dans un hôpital plus de 24 heures », et comme « blessés légers » les « victimes ayant fait l'objet de soins médicaux mais n'ayant pas été admises comme patients à l'hôpital plus de 24 heures ».

En 2005, les adolescents de 14 à 17 ans représentaient 52 % des cyclomotoristes tués, et leur comportement a souvent constitué un facteur aggravant dans le cas de mort, puisqu'il a été établi que dans 42 % des cas, ils ne portaient pas de casque ; dans 24 % des cas, ils avaient commis une infraction lourde ; dans 22 % des cas, ils effectuaient une manœuvre dangereuse ; dans 19 % des cas, ils conduisaient en état d'ébriété. Les jeunes de 18 à 24 ans font aussi partie des catégories à risques, puisqu'ils représentaient en 2005 plus de 23 % des tués (1.222) et 22 % des blessés (24.163) alors qu'ils ne constituent qu'environ 10 % de la population. Ce sont les périodes de fin de semaine qui sont, pour ces jeunes, des jours à haut risque.

Il convient de rappeler inlassablement les consignes afférentes à la sécurité routière : bien s'informer avant de prendre la route sur l'état et les conditions du trafic; attacher la ceinture de sécurité de tous les passagers, à l'avant comme à l'arrière; respecter les limitations de vitesse, les distances de sécurité entre les véhicules et les adapter à la densité du trafic et aux conditions de circulation; faire des pauses régulières et prendre le volant reposé; prévoir de l'eau durant les périodes de température élevée.

S'il est certain que, grâce à la loi Badinter et à la jurisprudence qui en a découlé, les tribunaux appliquent la réparation intégrale du préjudice corporel de la victime, encore faut-il que le conducteur n'ait pas commis de faute, pour pouvoir bénéficier de ces dispositions. Les accidents de la circulation, qui touchent essentiellement les jeunes, font des ravages. Bien qu'ils soient heureusement en nette régression (mais en hausse depuis le début de l'année 2007), je constate, hélas, dans les dossiers dont j'ai la charge, des situations dramatiques auxquelles sont confrontés mes clients gravement accidentés, parce qu'il n'est pas fait suffisamment état des blessés graves. Il est un impératif absolu : tout mettre en œuvre (et que chacun pour ce qui le concerne, s'y attache) pour que se confirme et se poursuive la diminution du nombre des accidents de la route.

Me Catherine MEIMON NISENBAUM

Avocate à la Cour d'Appel de PARIS

www.meimonnisenbaum.com – 06/2007

www.yanous.com 06/2007

PS : (Mai 2024)

Depuis sa création en 1972, la Sécurité routière n'a cessé du fait de ses multiples campagnes de sensibilisation et ses mesures, de réduire considérablement le nombre des morts sur les routes. En 2022, la mortalité sur les routes en France est de 3.550 morts, contre 18.034 en 1972. (Ce bilan de 2022 est supérieur de + 1,5% par rapport à 2019 et de +10,3% par rapport à 2021).

En 2007, date de mon article, il y avait eu 4.620 personnes tuées sur les routes de France métropolitaine ou d'outre-mer, ainsi que plusieurs mesures nouvelles notamment : le port du gilet jaune, véhicules neufs équipés de feux de jour, usage du téléphone tenu en main passible d'un retrait de points, des tests salivaires pour dépister l'usage de stupéfiants, des gants pour les motards, casque à vélo obligatoire pour les moins de 12 ans, limitation de vitesse à 80km/h sur les routes bidirectionnelles, signalisation des angles morts.

En mai 2023, la vitesse excessive ou inadaptée (28%) et l'alcool (23%) restent les deux principales causes des décès qui ont été enregistrés par les forces de l'ordre, l'usage de stupéfiants est aussi une cause importante. Les tranches d'âges les plus touchées demeurent les jeunes de 18-24 ans et les séniors de 75 ans et plus.

La politique d'ici 2030 est de réduire davantage les morts sur les routes : L'OMS assure le secrétariat de la Décennie d'action des Nations Unies pour la sécurité routière 2021-2030, qui vise à réduire d'au moins 50 % le nombre de décès et de traumatismes dus aux accidents de la circulation d'ici à 2030.

Il serait indispensable que les tribunaux retiennent contre les auteurs d'accidents corporels graves la notion de risque pour les condamner beaucoup plus sévèrement. En effet, on peut légitiment penser que l'auteur d'un accident corporel grave en vitesse excessive ou inadaptée, ou/et alcoolisé ou/et drogué n'a pas souhaité causer un accident entrainant des dommages corporels pour les victimes, mais il a sans discussion accepter le risque de le faire, et cette simple acceptation de risque, elle est bien volontaire et doit être lourdement sanctionnée.

Il est inacceptable de voir des victimes décédées ou handicapées toute leur vie, leurs familles dans la tourmente, et dans la peine toute leur vie parce qu'un délinquant qui lui, reprendra normalement le cours de sa vie, a accepté de prendre le risque de boire, de se droguer, et/ou de conduire à une vitesse excessive ou inadaptée, sans en payer les conséquences.

Il ne faut pas aussi omettre que la sécurité routière protège la vie des usagers de la route, mais il ne faut pas occulter les progrès de la médecine et des services de réanimation de nos hôpitaux qui effectuent un travail exceptionnel et qui est hélas, peu souvent mis à l'honneur. Si ces services de réanimation, médecins et paramédicaux, n'étaient pas là et ne réalisaient pas d'année en année des prouesses pour les soins des malades, le nombre de décès serait beaucoup plus élevé.

Accident de la circulation : faute intentionnelle

Dans certains cas, la faute commise par la personne responsable d'un accident entraîne l'exclusion de toute garantie de la part des assurances. Que faire

L'article L 113-3 du Code des Assurances dispose que : *« L'assureur ne répond pas des pertes et dommages provenant d'une faute intentionnelle ou dolosive de l'assuré ».* En application de cette disposition légale, la Cour de Cassation a jugé que l'assuré qui commet une faute intentionnelle ou dolosive ne peut obtenir la garantie du dommage dans le cadre de la loi du 5 juillet 1985 (dite loi Badinter d'indemnisation des victimes) relative à l'accident de la circulation. Des exemples sont donnés présentement, concernant des affaires ou les Tribunaux ont refusé l'application de la loi du 5 juillet 1985, une faute intentionnelle de l'assuré ayant été reconnue :

– Un différend entre deux automobilistes, l'un descend de son véhicule et est blessé par l'autre véhicule qui redémarrait.

– Pour effrayer une partie, l'assuré a foncé sur un piéton et a créé un dommage corporel, en raison d'une mauvaise appréciation des distances.

– Un cambrioleur qui, à l'aide de son véhicule utilisé comme un bélier, a pénétré dans un magasin causant un incendie.

– Un véhicule qui a volontairement percuté l'arrière d'un autre véhicule, et qui a heurté un arbre en blessant le passager transporté.

– Un incendie volontaire dans un parking provoquant la propagation de l'incendie à plusieurs véhicules.

Dans ces affaires, la Cour de Cassation a jugé qu'il s'agit de faits volontaires et non d'accidents de la circulation. On peut penser que l'assuré n'a pas voulu créer le dommage corporel qui résulte de sa faute intentionnelle ; cependant, il a pris le risque de créer ce dommage.

Un arrêt de la 2e Chambre Civile de la Cour de Cassation du 18 mars 2004 vient de juger qu'il appartient au juge du fond d'apprécier souverainement le caractère intentionnel de la faute ; cette appréciation échappe donc à la Cour de Cassation.

Ainsi, lorsque la faute intentionnelle est retenue contre l'assuré, la loi du 5 juillet 1985 ne s'appliquant pas, la compagnie d'assurance n'a pas à garantir le dommage. La victime est alors indemnisée sur le fondement du droit commun, c'est donc l'auteur du dommage qui devra régler le montant des condamnations au titre de la réparation du préjudice corporel.

Autant dire que lorsque le dommage est important, le risque d'insolvabilité de l'auteur du dommage est évident et la victime ne sera certainement pas indemnisée. Il est alors possible, sous certaines conditions de saisir la Commission d'indemnisation des Victimes d'infractions (C.I.V.I) afin d'être indemnisé de son dommage par le Fonds de Garantie ; cependant un partage de responsabilité, voire une exclusion, est possible en raison de la participation de la victime à la commission de l'infraction.

Il faut donc toujours se défendre, connaître ses droits pour obtenir la réparation intégrale de son préjudice.

Me Catherine MEIMON NISENBAUM

Avocate à la Cour d'Appel de PARIS

www.meimonnisenbaum.com – 06/2005

www.yanous.com 06/2005

Un véhicule peut en cacher un autre : la tondeuse à gazon

La Cour de Cassation a jugé qu'une tondeuse à gazon était un véhicule à moteur, ce qui permet à la victime d'un accident d'être indemnisée. Explications.

L'article 1 de la loi n°85-677 du 5 juillet 1985 s'applique « *aux victimes d'un accident de la circulation dans lequel est impliqué un véhicule terrestre à moteur, ainsi que ses remorques ou semi- remorques, à l'exception des chemins de fer et des tramways circulant sur des voies qui leurs sont propres* ».

C'est l'application de cet article qui a été soumise au contrôle de la Cour de Cassation par arrêt du 24 juin 2004 : un enfant âgé de 3 ans était au domicile de sa tante lorsqu'il fut victime d'un grave dommage corporel. En effet, assis sur le capot d'une tondeuse à gazon autoportée, il glissa à terre et eut son pied happé par les lames de la machine. La conséquence fut grave : amputation partielle du pied. Les parents de l'enfant saisirent le Tribunal de Grande Instance de Meaux (77) pour obtenir la réparation du préjudice corporel de leur fils. Par jugement en date du 8 juin 2000, la tante fut déclarée responsable de l'accident, mais en raison du défaut d'assurance, le Fonds de garantie fut condamné à indemniser l'enfant.

Le Fonds de garantie interjeta appel du jugement, soutenant notamment qu'une tondeuse autoportée n'était pas un véhicule terrestre à moteur au sens de l'article 1 de la loi du 5 juillet 1985 et n'était donc pas soumis à une obligation d'assurance ; ainsi sa mise hors de cause était justifiée. La 17e Chambre de la Cour d'Appel de Paris, par arrêt du 9 septembre 2002, considérait qu'en raison, notamment, de la définition portée à la brochure de ladite tondeuse, il s'agissait « d'un véhicule terrestre à moteur au sens de l'article 1er de la loi du 5 juillet 1985, que l'accident soit survenu sur une voie ouverte à la circulation ou dans une propriété privée ; qu'il est soumis à l'obligation d'assurance prévue aux articles L 211 -1 et suivants du Code des Assurances ».

Le Fonds de garantie se pourvoit en cassation ; la juridiction suprême, par arrêt du 24 juin 2004, rejeta le pourvoi en statuant comme suit : « *L'arrêt retient que la tondeuse, instrument du dommage, était un engin à moteur de quatre roues lui permettant de circuler, équipée d'un siège sur lequel une personne prend place pour le piloter. Et que de ces constatations et énonciations, la Cour d'Appel a exactement déduit que cet engin était un véhicule terrestre à moteur au sens de la loi du 5 juillet 1985, assujetti comme tel à l'assurance automobile obligatoire* » (24 juin 2004, 2e Chambre Civile, Fonds de garantie c/ Yuceer et autres).

Ainsi, pour la Cour de Cassation, un véhicule à moteur est un « *engin à moteur* » doté de « *4 roues* » permettant de « *circuler* » et d'être « *piloté* ». L'on ne saurait critiquer cet arrêt, qui a le mérite de s'inscrire dans la droite ligne de la volonté du législateur, lequel constatant la faiblesse de la force physique de l'homme face à la puissance de la machine, a souhaité le protéger. Cette définition n'est certainement pas celle que le Fonds de garantie désirait faire juger, considérant pour sa part qu'un *« véhicule* » au sens de la loi du 5 juillet 1985 est « *un instrument de transport* » au sens strict.

L'enfant victime va donc être indemnisé de son préjudice corporel par le Fonds de garantie qui a vocation, de par la loi, à régler le dommage corporel d'un accident de la circulation lorsqu'il existe un défaut d'assurance obligatoire. La Cour de Cassation a, également jugé qu'une balayeuse, un tracteur agricole ou encore une pelle automatique, sont des véhicules à moteur soumis à l'obligation d'assurance et donc soumis aux dispositions de l'article 1 de la loi n°85-677 du 5 juillet 1985.

Me Catherine MEIMON NISENBAUM

Avocate à la Cour d'Appel de PARIS

www.meimonnisenbaum.com - 11/2004

www.yanous.com - 11/2004

PS : (Mai 2024)

Dans un arrêt récent (Cass. 2e civ., 9 déc. 2021, n° 20-14254) la Cour de cassation confirme sa jurisprudence, elle retient la notion de circulation pour laisser l'accident en dehors du champ d'application de la loi Badinter. En l'espèce une moissonneuse-était « *à l'arrêt total au moment des faits* » et était *« totalement indépendante de la fonction de déplacement, comme pouvant être mise en œuvre à l'arrêt de la machine, et ayant pour seul objet de vidanger les grains introduits dans la trémie de stockage après leur récolte* ». La Cour de cassation a donc jugé que la Cour d'Appel « *qui a mis en évidence que l'accident était exclusivement en lien avec la fonction d'outil de la moissonneuse-batteuse et aucunement avec sa fonction de circulation, dès lors que la machine ne se trouvait plus en action de fauchage, mais en position de maintenance de la vis sans fin et à l'arrêt, en a exactement déduit qu'il ne constituait pas un accident de la circulation au sens de la loi n°85-677 du 5 juillet 1985* »

La justice au secours des accidentés de la route

Pour une réparation intégrale du dommage subi par les victimes d'accident de la circulation et par les traumatisés crâniens, il vaut mieux faire appel à la justice.

Cet article a été rédigé pour les victimes d'accidents de la circulation, et plus spécialement pour les traumatisés crâniens ; cependant, les principes généraux peuvent être transposés à d'autres cas d'espèce et donc être applicables chaque fois que les tribunaux sont saisis par une victime sollicitant réparation de son dommage matériel et corporel.

Une justice plus lente mais plus efficace :

Il faut savoir que, d'une manière générale, la Justice indemnise beaucoup mieux la victime que les Compagnies d'Assurances des conducteurs impliqués dans l'accident. Ces dernières proposent des transactions.

Cette constatation est essentielle ; les victimes d'accidents de la circulation, et notamment les traumatisés crâniens présentent des séquelles très graves durant de nombreuses années, et souvent toute leur vie.

Il est donc essentiel que la réparation de leur préjudice soit la plus complète possible, car elles vont subir ce dommage tout au long de leur existence et, sauf aggravation de leur état de santé, la Compagnie d'assurances ne sera pas tenue à d'autres versements que ceux figurant à l'acte transactionnel.

La Justice peut paraître longue à juger sur un dossier, cependant on est sûr au moins d'obtenir dans l'intérêt bien compris de la personne handicapée, une totale et parfaite indemnisation.

Là encore, il faut comprendre les raisons pour lesquelles la Justice est lente. Si les juges mettent un certain temps pour rendre leur décision sur ces litiges, ce n'est pas faute de vouloir faire vite, mais parce que la date de consolidation des blessures n'est pas fixée.

C'est cette date qui décrit l'état de la victime qui n'est pas susceptible d'amélioration ni d'aggravation.

Tant que cette date de consolidation n'est pas établie par un expert judiciaire désigné par le Tribunal, à la demande de la victime en général, le Tribunal ne peut statuer définitivement sur la réparation de l'entier dommage.

Ainsi, plus les séquelles de l'accident sont importantes, plus la date de consolidation sera éloignée de la date de l'accident et plus le Tribunal ne pourra pas statuer rapidement sur la réparation définitive du préjudice de la victime.

C'est sur ce facteur temps que jouent les Compagnies d'Assurances en proposant à la victime une transaction immédiate, mais au rabais. Il ne faut pas accepter ces offres qui minimisent les droits de la victime, et ce d'autant plus que celle-ci peut obtenir du Tribunal, durant cette période d'attente, plusieurs provisions à valoir sur son préjudice total, lui permettant de patienter.

A titre provisionnel, la victime peut obtenir sur justifications des indemnités élevées pour : perte de salaire ; préjudice esthétique, d'agrément, de la douleur ou moral ; frais d'hébergement dans un établissement spécialisé ou d'aménagement d'un véhicule pour handicapés, etc...

Il faut donc s'adresser à un avocat spécialisé qui aura pour tâche dans un premier temps, de porter, s'il en a le choix, l'affaire devant le Tribunal dont les décisions sont les plus favorables aux victimes.

Il faut savoir également que la majeure partie des Tribunaux n'ont pas de chambre spécialisée en matière d'accident de la circulation. A Paris, devant le Tribunal de Grande Instance de Paris il existe une chambre spécialisée en la matière (la 19ème Chambre). Il est donc utile, chaque fois que cela est possible, de présenter la demande devant le Tribunal le plus spécialisé.

L'avocat devra alors examiner le dossier et trouver la compétence territoriale du Tribunal le mieux adapté à la défense des intérêts de son client.

Une étroite collaboration avocat – médecin :

Il est certain qu'une défense complète des intérêts d'une victime s'effectue de concert entre son avocat et son médecin. Le chemin à parcourir est long, et la collaboration de l'Homme de sciences et de l'Homme de droit doit être étroitement liée.

L'avocat doit donc se rapprocher du médecin et s'entretenir avec lui de l'état de santé de la victime.

Deux obligations s'imposent, la 1ere consiste, pour l'avocat, à comprendre le jargon médical en sollicitant du médecin des explications afin d'être à même de décrire au Tribunal l'état de la victime et 2eme, qui est cruciale, est de prévoir l'assistance de la victime par un médecin lors de l'expertise médicale judiciaire.

Cette expertise, ordonnée par le Tribunal, déterminera le handicap de la victime, et ce en toutes ses formes : préjudice esthétique, d'agrément, de la douleur, moral, professionnel, fonctionnel, sexuel, assistance d'une tierce personne, incapacité temporaire de travailler etc.

La victime ne peut se rendre seule à l'expertise ; elle doit être assistée d'un médecin qui connaît son dossier et la nature de ses doléances. Il y aurait bien d'autres conseils à prodiguer à la victime d'un accident de la circulation, traumatisée crânien, traumatisée vertébro- médullaire, etc. ... mais le plus important est de lui donner tous les moyens de se défendre afin d'obtenir, pour le moins, une juste réparation après l'injustice dont elle a été frappée du fait de l'accident.

L'avocat est son meilleur conseil, le médecin son corollaire et les associations des victimes l'encadrement qui lui est indispensable.

Me Catherine MEIMON NISENBAUM

Avocate à la Cour d'Appel de PARIS

MNH - Mutuelle Nationale des Hospitaliers n°121 - 1998 - www.mnh.fr

www.meimonnisenbaum.com – 09-2002

PS : (Mai 2024)

Depuis le 1er janvier 2020, les Tribunaux de Grande Instance sont remplacés par les Tribunaux Judicaires. Ainsi depuis le 1er janvier 2020 c'est le Tribunal Judicaire qui est exclusivement compétent pour connaitre des litiges relatifs aux accidents de la circulation qui relèvent de la loi Badinter.

ACCIDENTS MEDICAUX ET ALEA THERAPEUTIQUE

Un procès contre l'ONIAM

Le défaut d'information d'un patient devenu handicapé à la suite d'une intervention chirurgicale est indemnisable à la fois par l'assurance du praticien fautif et la solidarité nationale.

En 2004, une intervention chirurgicale pour une hernie discale a été pratiquée sur un homme d'une cinquantaine d'années. Le patient avait donné son accord pour cette intervention et avait signé une déclaration de consentement qui faisait état notamment de « *complications y compris vitales* », sans les nommer. A son réveil était constatée une paraplégie complète sensitivo-motrice des membres inférieurs.

Le patient et ses ayants droit assignaient alors le chirurgien, ainsi que l'Office National d'Indemnisation des Accidents Médicaux, des affections iatrogènes et des infections nosocomiales (ONIAM) devant le Tribunal de Grande Instance de Marseille, pour obtenir réparation de leurs préjudices.

Une expertise judiciaire était ordonnée. Il résultait notamment du rapport d'expertise judiciaire que la paraplégie post opératoire immédiate était en relation directe et certaine avec l'acte chirurgical et que la responsabilité du chirurgien n'était pas engagée puisqu'il n'avait commis aucune faute.

Par jugement en date du 22 mars 2007 du Tribunal de Grande Instance de Marseille, le chirurgien était mis hors de cause, et l'ONIAM était tenu à indemniser le patient de son préjudice corporel au titre de la solidarité nationale, en application de l'article 1142-2 II du Code de la Santé Publique.

L'ONIAM interjetait appel de ce jugement devant la 10ème Chambre de la Cour d'Appel d'Aix en Provence, qui par arrêt en date du 10 septembre 2008 infirmait le jugement uniquement en ce qu'il avait mis hors de cause le chirurgien. Statuant à nouveau, la Cour considérait qu'aucune faute dans l'exécution du geste médical n'était imputable au chirurgien et que sa responsabilité n'était pas engagée, mais que celui-ci avait en revanche manqué à son devoir d'information. Elle le condamnait, ainsi que sa compagnie d'assurances, à réparer la perte de chance du patient évaluée à 80% des préjudices résultant de l'intervention chirurgicale incriminée, et à indemniser intégralement le préjudice de ses proches.

La demande de prise en charge du complément de l'indemnisation par l'ONIAM était rejetée entraînant ainsi le rejet de la réparation intégrale du préjudice corporel du patient.

La Cour d'Appel d'Aix en Provence jugeait comme suit :

« Aucun élément médical ne permet de retenir que l'état du patient justifiait la rapidité ou l'urgence de cette intervention, alors qu'une telle intervention suppose, de l'avis de l'expert, que le patient soit clairement informé des différentes techniques opératoires, des risques de chacune et du risque d'aggravation de son état en cas de refus d'opération, afin de permettre au patient toute latitude du choix »
« Attendu que force est d'admettre qu'en étant privé d'une telle réflexion, Monsieur X a été privé d'un choix raisonné et conscient de refuser l'intervention proposée et donc d'éviter le risque de voir se réaliser le dommage irréversible dont il souffre et que sa pathologie initiale ne permettait pas de considérer comme une fatalité à court, moyen ou même long terme selon l'expert (page 21 du rapport d'expertise »

« Attendu que par conséquent en privant Monsieur X de consentir d'une façon éclairée à l'intervention, Monsieur le Docteur Y a manqué à son obligation d'information et que ce manquement est constitutif d'une faute qui engage sa responsabilité »

« Attendu que la responsabilité de Monsieur Y étant engagée pour avoir privé Monsieur X de la perte de chance caractérisée ci-dessus notamment celle d'échapper à une infirmité, la réparation des dommages résultant de cette perte de chance est évaluée à 80% des conséquences dommageables de l'opération, étant précisé que la Cour n'a aucune certitude que le patient même correctement informé aurait renoncé à l'opération »

L'arrêt de la Cour d'Appel d'Aix-en-Provence sur le défaut d'information est parfaitement motivé. En effet, correctement informé, le patient aurait pu renoncer à l'opération et éviter ce terrible dommage corporel.

Cependant, la Cour d'appel d'Aix-en-Provence indemnise à hauteur de 80 % le préjudice corporel du patient sur le fondement de la perte de chance, et refuse d'indemniser le surplus, laissant ainsi 20 % du préjudice non réparé.

Le chirurgien et sa compagnie d'assurances présenteront alors un recours devant la Cour de Cassation à l'encontre de l'arrêt de la Cour d'Appel d'Aix-en-Provence, estimant notamment que le défaut d'information n'était pas établi et qu'il n'existait aucune relation causale entre la faute d'information et le consentement de la victime.

La Cour de Cassation a rejeté le pourvoi et a considéré, notamment, que la Cour d'Appel d'Aix-en-Provence « *en privant Monsieur X de la faculté de consentir d'une façon éclairée à l'intervention, Monsieur Y avait manqué à son devoir d'information, qu'elle en a déduit qu'il avait ainsi privé le patient d'une chance d'échapper à une infirmité, justifiant ainsi légalement sa décision* ».

La Cour de Cassation a par ailleurs cassé l'arrêt de la Cour d'Appel, considérant que dans ce cas, le principe de subsidiarité de l'ONIAM ne s'appliquait pas, et que l'ONIAM ne pouvait pas être mis hors de cause, et a statué comme suit :

« Alors que l'indemnité allouée à Monsieur X avait pour objet de réparer le préjudice né d'une perte de chance d'éviter l'accident médical litigieux, accident dont la survenance n'était pas imputable à une faute de Monsieur Y à l'encontre duquel avait été exclusivement retenu un manquement à son devoir d'information, la Cour d'Appel a violé les textes susvisés »

La Cour de Cassation, par une décision qui rappelle une fois encore le principe de la réparation intégrale du préjudice corporel de la victime, retient la mise en cause pour partie de l'ONIAM. Le dommage corporel du patient sera réparé à 100% dans le cas d'un acte médical non fautif, mais résultant d'un défaut d'information du médecin.

Il s'agit d'une décision remarquable qui réduit le domaine de la subsidiarité de la loi du 4 mars 2002 et qui retient une meilleure indemnisation des victimes.

Me Catherine MEIMON NISENBAUM,

Me Nicolas MEIMON NISENBAUM,

Avocats à la Cour d'Appel de PARIS

www.meimonnisenbaum.com – 06/2010

www.yanous.com 06/2010

La CRCI n'est pas une juridiction

La victime d'un accident médical se retrouve ballottée au gré des décisions de la commission censée déterminer son droit à indemnisation, d'abord reconnu puis rejeté.

En mai 2006, un homme âgé de 53 ans a été opéré dans un centre hospitalier français pour un anévrisme de l'aorte et a présenté, 13 jours après l'intervention, des troubles neurologiques graves. Son épouse, en sa qualité de tutrice, saisissait – sans l'assistance d'un avocat – la Commission régionale de conciliation et d'indemnisation des accidents médicaux des affections iatrogènes et des infections nosocomiales (CRCI) de Lorraine pour obtenir réparation du préjudice corporel de son époux.

La gravité du dommage corporel n'était pas contestable, mais il fallait au préalable établir qu'il s'agissait d'un accident médical qui devait être pris en charge par la solidarité nationale. La CRCI de Lorraine désignait deux médecins experts près la Cour d'appel de Dijon, l'un cardiologue, l'autre neurologue. Le collège d'experts déposait en avril 2008 son rapport et retenait l'existence d'un aléa thérapeutique permettant ainsi la prise en charge de cet accident par la solidarité nationale. Les experts médicaux retenaient notamment un taux d'IPP de 95 % et décrivaient des besoins en tierce personne à raison de 24 heures sur 24, besoins particulièrement lourds concernant notamment l'aide pour se lever, se coucher, se laver, s'alimenter, les transferts, l'incontinence, l'incapacité à toute vie relationnelle, etc.

Cette affaire, suite au dépôt du rapport, revenait pour avis devant la CRCI de Lorraine qui, pour des raisons ignorées et contestables, ordonnait une contre-expertise et désignait un nouveau collège d'experts, du ressort de la Cour d'appel de Versailles et de Paris, à nouveau un neurologue et un cardiologue. Lors du déroulement de cette nouvelle expertise, la victime n'était toujours pas assistée, ni par un avocat ni par un médecin, car elle n'avait pas compris l'importance de cette contre-expertise. En décembre 2008, ce nouveau collège d'experts déposait un nouveau rapport, contraire à l'avis du premier collège d'experts. Pour eux, il n'existait indubitablement pas de faute à l'encontre du médecin et du centre hospitalier, et surtout aucun aléa thérapeutique ne pouvait être retenu. Les experts concluaient : « ces accidents constituent une application fréquente dans les suites de la chirurgie cardiaque et particulièrement dans la chirurgie de l'aorte ».

En avril 2009, la CRCI de Lorraine rendait alors un avis de rejet et entérinait le second rapport d'expertise en excluant aussi l'aléa thérapeutique. La victime ne serait donc pas indemnisée par la solidarité nationale ni par quiconque. Revenons tout d'abord sur les CRCI mises en place par la loi du 4 mars 2002 relative aux droits des malades, pour faciliter le règlement amiable des litiges concernant les accidents médicaux, les affections iatrogènes et les infections nosocomiales. Il convient de rappeler que les CRCI ne sont pas des juridictions, mais des commissions qui obéissent à leurs propres règles. Elles sont constituées de 20 membres élus pour trois ans, à savoir : 6 usagers du système de santé, 3 professionnels de santé, 3 professionnels d'établissements de santé, 2 membres de l'Office National d'Indemnisation des Accidents Médicaux, des Affections Iatrogènes et des Infections Nosocomiales (ONIAM), 2 professionnels du secteur de l'assurance de responsabilité civile médicale, 4 personnalités qualifiées dans le domaine de la réparation des préjudices corporels.

Force est de constater que dans ces commissions, les victimes sont représentées minoritairement, et surtout, l'organisme qui règle les dommages corporels, à savoir l'ONIAM (Office national d'indemnisation des accidents médicaux), ou l'assureur, y siège avec droit de vote, ce qui est anormal. A l'évidence on ne peut être juge et partie. La victime mal informée croit saisir une « juridiction » dont la procédure est simple : il lui suffit de déposer un dossier pour obtenir une indemnisation « équitable ». Il est vrai que ce mode de règlement est attrayant, car l'expertise médicale y est gratuite. Cependant, ces commissions ne garantissent pas les droits des victimes tant par leur mode de représentation que par leur mode de fonctionnement. Elles ne sont pas des juridictions et le montant des indemnisations allouées est nettement inférieur aux juridictions de l'ordre judiciaire.

Dans le cas d'espèce, quatre experts judiciaires ont donné un avis diamétralement opposé. La CRCI de Lorraine a, sans aucune motivation, rejeté purement et simplement la première expertise pour retenir la deuxième, écartant l'intervention de la solidarité nationale pour la prise en charge de cet accident gravissime. Il faut rappeler ici que la victime n'était pas assistée d'un avocat, pas même d'un médecin ! Elle ignorait tout et a cru en ce mode de règlement des litiges. La CRCI de Lorraine n'a même pas cru bon de désigner un troisième collège d'experts pour départager les deux premiers.

Pourquoi, la CRCI de Lorraine a-t-elle pu rendre un tel avis de rejet, et sur quels fondements ? Pourquoi, cette commission a-t-elle fait désigner sans justification deux collèges d'experts, pour in fine, retenir les conclusions d'un rapport d'expertise plutôt que celles de l'autre ? La CRCI n'est pas une juridiction : son manque de transparence, de règles, d'absence de motivation, de représentation, l'absence d'assistance de la victime par un avocat, et le montant de ses indemnisations sont des plus contestables. Cette affaire devra être portée devant les Tribunaux.

Me Catherine MEIMON NISENBAUM,

Me Nicolas MEIMON NISENBAUM,

Avocats à la Cour d'Appel de PARIS

www.meimonnisenbaum.com – 11/2009

www.yanous.com 11/2009

PS : (Mai 2024)

Le décret du 2 mars 2012 a supprimé la mention du caractère régional dans la dénomination des Commissions car plusieurs commissions peuvent désormais être créées dans une même région. Désormais la dénomination est CCI (Commission de conciliation et d'indemnisation) et non plus CRCI (Commission régionale de conciliation et d'indemnisation).

Les décrets du 9 janvier 2014 et du 1er décembre 2016, ont modifié la composition de la CCI, mais les représentants des usagers sont toujours minoritaires et l'ONIAM siège toujours aux CCI, elle demeure toujours juge et partie.

La composition actuelle des CCI est la suivante :

- 1 président qui est un magistrat de l'ordre administratif ou judiciaire désigné par arrêté du ministre de la Justice ;

- 3 représentants des usagers proposés par des associations d'usagers du système de santé ;

- 1 représentant des professionnels de santé exerçant à titre libéral ;

- 1 praticien hospitalier ;

- 1 responsable d'établissement public ;

- 2 responsables d'établissements privés dont 1 représentant des organisations d'hospitalisation privée à but non lucratif ;

- le directeur de l'ONIAM ou son représentant ;

- 1 représentant des entreprises pratiquant l'assurance de responsabilité civile médicale ;

- 2 personnalités qualifiées dans le domaine de la réparation des préjudices corporels.

La CCI n'est pas une juridiction.

La jurisprudence Perruche vit toujours

La Cour de Cassation maintient sa jurisprudence favorable aux enfants nés handicapés avant le 7 mars 2002, dont la demande d'indemnisation du handicap non décelé avant la naissance est recevable.

La Cour de cassation avait rendu, à la fin de l'année 2007, un arrêt fracassant qui relançait le débat autour de la jurisprudence dite Perruche. Le débat est désormais clos puisque la Cour de Cassation, par un arrêt rendu le 8 juillet 2008, vient de lever le voile. Plus aucun doute ne subsiste : l'enfant né handicapé et ses parents ont le droit de demander à leur médecin, et *ipso facto* à l'assureur de celui-ci, l'indemnisation intégrale de leurs préjudices, si le risque de handicap de l'enfant n'a pas été révélé a ses parents avant sa conception ou sa naissance, et ce dès lors que l'enfant est né avant le 7 mars 2002.

Il convient de rappeler ici la genèse du débat suscité par la jurisprudence dite *Perruche*, puis d'expliquer au lecteur l'état actuel du droit des victimes, pour enfin apprécier les mérites de cette jurisprudence. Le 17 novembre 2000, l'Assemblée plénière de la Cour de Cassation admis l'action en réparation du dommage qui consiste en la naissance d'un enfant handicapé dès lors que le médecin n'a pas diagnostiqué ledit handicap, que le demandeur victime soit l'enfant lui-même ou ses parents. L'arrêt énonçait : *« Dès lors que les fautes commises par le médecin et le laboratoire dans l'exécution des contrats formés avec Mme X avaient empêché celle-ci d'exercer son choix d'interrompre sa grossesse afin d'éviter la naissance d'un enfant atteint d'un handicap, ce dernier peut demander la réparation du préjudice de ce handicap causé par les fautes retenues »*.

Dans l'affaire Perruche, une erreur d'un laboratoire confortée par une erreur du médecin avait permis de croire à l'immunité d'une femme enceinte face à la rubéole contractée par son enfant. Cette femme renonçait alors à l'interruption de grossesse, pensant qu'elle n'avait rien à craindre pour son enfant. Pourtant, elle donna naissance à un garçon qui, à l'âge adulte, est atteint de lésions neurologiques graves.

La jurisprudence dite *Perruche* est indéniablement une avancée pour les victimes et pour la dignité humaine. Ainsi, pour les parents de l'enfant, le préjudice qui consiste en une naissance handicapée est avéré, puisque le handicap a pour eux une incidence patrimoniale, compte tenu des dépenses spécifiques inhérentes à un enfant handicapé, tout au long de sa vie. À ce préjudice matériel, il faut ajouter un préjudice moral consistant en des troubles de leurs conditions d'existence.

Pour ce qui concerne l'enfant, la légitimité du préjudice est également justifiée. Le refus d'indemnisation du handicap est attentatoire à la dignité humaine. C'est en ce sens que s'est prononcé Pierre Sargos, rapporteur de l'arrêt rendu le 17 novembre 2000 par l'Assemblée plénière de la Cour de cassation, en rappelant que l'indemnisation avait pour finalité de permettre à l'enfant *« de vivre dans des conditions plus conformes à la dignité humaine sans être abandonné aux aléas d'aides familiales, privées ou publiques »*.

Le législateur, sous la pression notamment des médecins et de leurs assureurs, est intervenu afin de mettre un terme à cette jurisprudence. La loi du 4 mars 2002 relative aux droits des malades et à la qualité du système de santé contient ainsi en son article premier une disposition dite *anti-jurisprudence Perruche* aux termes de laquelle *«nul ne peut se prévaloir d'un préjudice du seul fait de sa naissance»*. Cette nouvelle disposition se voulait d'application immédiate et l'indemnisation du handicap de l'enfant non décelé avant sa naissance était ainsi transférée à la solidarité nationale. Cette solution aboutissait en fait à abandonner l'enfant à la merci de la charité publique, tant que celle-ci durerait, le privant ainsi d'une indemnisation intégrale de son préjudice corporel.

Cependant, la Cour Européenne des Droits de l'Homme, réunie en Grande Chambre, décida par deux arrêts rendus le 6 octobre 2005 (Draon/France et Maurice/France) que la loi du 4 mars 2002 ne pouvait être applicable aux instances ouvertes avant l'entrée en vigueur de la loi, et sanctionna en conséquence la France pour violation de la Convention. Cette décision des instances européennes donna l'occasion à la Cour de Cassation de confirmer sa jurisprudence Perruche pour toutes les instances en cours introduites avant l'entrée en vigueur de la loi du 4 mars 2002. Ainsi, l'indemnisation intégrale de l'enfant et de ses parents redevenait possible, dès lors que ces derniers avaient esté en justice avant le 7 mars 2002.

La Cour de Cassation avait donc permis de repousser l'application de la loi du 4 mars 2002, permettant ainsi à certaines familles d'obtenir une juste indemnisation, à la condition que celles-ci aient au préalable introduit une action en justice. Mais il restait bon nombre d'enfants qui, faute d'avoir effectué les démarches nécessaires à temps, ne seraient pas indemnisés, ce qui créait une inégalité insupportable. Le débat fut récemment relancé lorsque la Cour de Cassation, par un arrêt rendu le 30 octobre 2007, admit la demande d'indemnisation d'un enfant né avant l'entrée en vigueur de la loi du 4 mars 2002, et celle de ses parents, alors même que ceux-ci n'avaient pas introduit d'action au fond avant le 7 mars 2002. Un doute subsistait néanmoins, car le juge des référés avait été saisi en 2000.

Ce doute fut levé par l'arrêt de la Cour de Cassation rendu le 8 juillet 2008, qui admit la demande d'indemnisation du jeune Yoann, atteint d'une malformation cérébrale complexe et majeure non décelée, puisque celui-ci était né avant le 7 mars 2002, et cela même si il n'avait jamais porté le litige devant un juge avant cette date. La première chambre civile de la Cour de Cassation considère qu'il s'agit *«d'un dommage survenu antérieurement à l'entrée en vigueur de la loi susvisée, indépendamment de la date de l'introduction de la demande en justice»*. Désormais, la demande d'indemnisation du handicap non décelé avant la naissance est possible dès lors que l'enfant est né avant le 7 mars 2002. La Cour de Cassation permettait ainsi une juste et intégrale indemnisation portée à la charge de l'assureur du médecin fautif.

La loi du 4 mars 2002 est une indignité pour les victimes et la Cour de Cassation ne pourra peut-être pas défendre sans cesse sa jurisprudence. Il faut demander sans relâche le retrait de l'amendement dit *anti-jurisprudence Perruche* à moins que l'État, *via* la solidarité nationale, prenne réellement à sa charge l'indemnisation intégrale des enfants nés handicapés et de leurs familles.

Me Catherine MEIMON NISENBAUM, avocat à la Cour d'Appel de PARIS

Nicolas MEIMON NISENBAUM, master2 assurances, février 2009

www.meimonnisenbaum.com – 02/2009

www.yanous.com 02/2009

PS : (Mai 2024)

Faisant suite à l'arrêt de cassation du 8 juillet 2008 ci-dessus commenté, qui confirmait l'application de la jurisprudence Perruche aux enfants nés avant le 7 mars 2002 et peu important la date d'introduction de la demande, le Conseil Constitutionnel est venu abroger l'application rétroactive de la loi du 4 mars 2002. (Cons. Const. 11 juin 2011, QPV 2010-2).

Dans le prolongement de cette abrogation, la Cour de cassation a eu l'occasion de réaffirmer sa position selon laquelle la jurisprudence Perruche s'appliquait à toutes les naissances antérieures au 7 mars 2002 et peu important à la date d'introduction de la demande (Cass. 1re civ., 15 décembre 2011, n°10-27.473)

La jurisprudence Perruche vit donc toujours même si trouvera de moins en moins à s'appliquer (enfant né début mars 2002 désormais âgé de 22 ans).

C'est dans ce contexte que la CEDH a rendu deux arrêts condamnant l'application rétroactive de la loi anti-Perruche par les juridictions administratives à un enfant né en 2001, antérieurement à la promulgation de la loi, mais dont l'action indemnitaire des parents avait été engagée postérieurement à sa promulgation (CEDH , 3 février 2022 et 2 novembre 1012, N.M. c/ France, n°66328/14).

Justice et aléa thérapeutique

L'indemnisation de l'aléa thérapeutique ne concerne pas la responsabilité médicale mais la solidarité nationale, a récemment jugé et rappelé la 1ère Chambre Civile de la Cour de Cassation.

En 1984, Mme Y, à la suite d'une opération chirurgicale, a présenté une réaction allergique imputable au contact de ses muqueuses avec les gants chirurgicaux utilisés par un médecin anesthésiste, le Dr. X. La réaction d'allergie au latex, qui n'était pas connue à l'époque, entraîna un arrêt cardio-vasculaire et Mme Y en conserva des séquelles psychomotrices graves. Dans ces conditions, elle assigna en justice le Dr. X, qui dans un premier temps la fit débouter de sa demande. Elle interjeta alors appel devant la Cour d'Appel d'Aix-en-Provence qui, par arrêt en date du 14 septembre 2005, lui donna gain de cause.

La Cour d'Appel estimait « *Qu'il est démontré, comme en l'espèce, que ces matériels sont à l'origine du dommage subi par le patient, qu'en effet ce dernier est en droit d'exiger une sécurité totale quant à l'utilisation des matériels faisant partie de l'intervention médicale pratiquée par le médecin* ». Le Dr. X déposa un recours et la 1ère Chambre civile de la Cour de Cassation, par arrêt en date du 22 novembre 2007, cassa la décision contestée en précisant : «*Attendu qu'en statuant ainsi, après avoir constaté la survenance, en l'absence de fautes du patricien ou de vices des gants utilisés, d'un risque accidentel inhérent à l'acte médical et qui ne pouvait être maîtrisé, la Cour d'Appel a violé le texte susvisé*».

La Cour de Cassation rappelle que la responsabilité médicale ne peut être invoquée en présence d'un aléa thérapeutique. Il convient de rappeler que la responsabilité médicale entraîne pour le médecin : une obligation de moyen de donner des soins consciencieux et attentifs au patient, conformément aux données acquises de la science ; sa responsabilité fondée sur la faute ; une obligation de résultat existante au regard du matériel utilisé pour l'exécution d'un acte médical.

En l'espèce, la faute médicale n'est pas établie, pas plus que n'est établi le vice des gants utilisés. La Cour de Cassation a donc cassé l'arrêt de la Cour d'Appel d'Aix-en- Provence, rappelant que : « *La réparation des conséquences d'un aléa thérapeutique n'entre pas dans le champ des obligations dont un médecin est contractuellement tenu à l'égard de son patient* ». Il est certain que devant un aléa thérapeutique entraînant un dommage corporel d'une gravité notoire, la victime peut, depuis la loi du 4 avril 2002, solliciter l'indemnisation des Commissions Régionales de Conciliation et d'Indemnisation (C.R.C.I) et faire jouer la solidarité nationale.

Il faut dès lors faire diligence et ne pas confondre une prétendue faute avec un aléa thérapeutique, car la victime risque, compte tenu de la longueur des procédures, d'être forclose si elle se trompe dans sa demande. Elle ne pourra finalement pas obtenir réparation de son dommage corporel. Il ne faut pas omettre que les médecins ont vocation de soigner les patients, et il ne serait pas raisonnable de mettre en cause leur responsabilité lorsqu'ils ont prodigué à ceux-ci des soins consciencieux et attentifs conformément aux donnés acquises de la science.

L'aléa thérapeutique ne rentre pas dans le cadre de la responsabilité médicale. Il est réparé par la solidarité nationale.

Me Catherine MEIMON NISENBAUM

Avocate à la Cour d'Appel de PARIS

www.meimonnisenbaum.com – 04/2008

www.yanous.com 04/2008

PS : (Mai 2024)

La jurisprudence du médecin ne peut toujours pas être engagée s'il s'agit d'un aléa.

Le médecin a toujours une obligation de moyens de donner des soins consciencieux mais qu'il y avait aussi une obligation de résultat au regard du matériel utilisé pour l'exécution d'un acte médical.

Le Conseil d'Etat a maintenu sa jurisprudence permettant d'engager la responsabilité sans faute d'un établissement de santé public en cas de défaillance des produits et appareils qu'il utilise (CE, 12 mars 2012, n°327449 : CE, 25 juill. 2013, n°339922).

Alors que la Cour de cassation a opéré un revirement de jurisprudence en considérant désormais que "*la responsabilité des prestataires de services de soins (...) ne relève pas, hormis le cas où ils en sont eux-mêmes les producteurs, du champ d'application de la directive et ne peut être recherchée que pour faute lorsqu'ils ont recours aux produits, matériels et dispositifs médicaux nécessaires à l'exercice de leur art ou à l'accomplissement d'un acte médical, pourvu que soit préservée leur faculté et/ou celle de la victime de mettre en cause la responsabilité du producteur (...)*" (Cass. Civ. 1re, 12 juillet 2012, 11-17510 -). Cass. Civ. 1re 26 février 2020, 18-26256).

Indemnisation des victimes d'accidents médicaux

Les séquelles indésirables résultant d'un acte médical sont indemnisables sous certaines conditions.

La loi du 4 mars 2002 relative aux droits des malades et à la qualité du système de santé a modifié la mission des Commissions Régionales de Conciliation et d'Indemnisation (C.R.C.I) et a créé l'Office National d'Indemnisation des Victimes d'Accidents Médicaux (ONIAM). Le champ de compétence des C.R.C.I concerne les « *actes de prévention, de diagnostic et de soins* », soit :

1. Actes médicaux : événement imprévu qui cause un dommage en rapport avec l'acte médical mais dont la réalisation est indépendante de toute faute médicale.

2. Infection nosocomiale : infection contractée dans un établissement de soins ou dans un hôpital, sans rapport avec l'infection initiale.

3. Affection iatrogène : dommage corporel subi par un patient, en relation avec la délivrance d'un traitement.

Pour être recevable devant la C.R.C.I, la victime doit établir que :

1. L'acte médical dont elle demande l'indemnisation a été réalisé à partir du 5 septembre 2001.

2. Qu'il présente un caractère de gravité ayant entraîné un décès, ou un taux d'incapacité permanente partielle (I.P.P) supérieur ou égal à 25%, ou une durée d'incapacité totale de travail (I.T.T) d'au moins 6 mois consécutifs, ou de 6 mois non consécutifs sur une période de 12 mois.

Et ce à titre exceptionnel, s'il existe une inaptitude professionnelle ou la persistance de troubles graves, y compris d'ordre économique, dans les conditions d'existence.

La victime saisit l'une des quatre C.R.C.I existantes, en remplissant un formulaire accompagné des pièces sollicitées, le recours à un avocat n'étant pas obligatoire. La C.R.C.I n'est pas une juridiction et ses décisions n'ont pas l'autorité de la chose jugée. Elle procède à une expertise médicale et fixe la mission d'un collège d'experts ou d'un expert (les honoraires de l'expert judiciaire ne sont pas à la charge de la victime). L'expert dépose son rapport, l'affaire revient en audience devant la C.R.C.I qui rend son avis sur « *les circonstances, les causes, la nature et l'étendue des dommages, ainsi que sur le régime d'indemnisation applicable* ». Il convient de rappeler qu'elle doit rendre son avis dans un délai de 6 mois à compter de la saisine. Cependant, ce délai est actuellement de 8 mois en moyenne.

Dans les quatre mois de l'avis :

1. Si la responsabilité d'un professionnel ou d'un établissement de santé est en cause, l'assureur doit faire une offre indemnitaire à la victime. Si celle-ci est acceptée par la victime, une transaction intervient.

2. Si l'assureur refuse de faire une offre, c'est l'ONIAM qui fait alors celle-ci dans les mêmes conditions que l'assureur.

3. Si la responsabilité du professionnel ou de l'établissement de santé n'est pas engagée, les conditions de recevabilité ne sont pas remplies et la victime peut toujours saisir le juge compétent pour connaître de l'indemnisation de son dommage corporel.

4. S'il y a responsabilité partagée du professionnel ou de l'établissement de santé, l'offre est effectuée en partie par l'assureur et en partie par l'ONIAM.

5. C'est l'ONIAM qui indemnise la victime en cas d'infection nosocomiale et d'aléa thérapeutique.

Dans tous les cas, si l'offre n'est pas acceptée par la victime, celle-ci peut saisir le juge compétent pour connaître de son indemnisation.

L'ONIAM est un établissement public de l'Etat, à caractère administratif, placé sous la tutelle du ministère chargé de la Santé. C'est l'ONIAM qui assure la charge financière : il est chargé de l'indemnisation des dommages relevant de la réparation, au titre de la solidarité nationale. Il intervient notamment en cas de carence des assureurs. La procédure est gratuite pour la victime, qui n'a pas à régler les frais d'expertise judiciaire. En revanche, devant les tribunaux, la victime fait l'avance des frais d'expertise judiciaire, qui lui seront remboursés si elle obtient gain de cause. Cette économie est parfois relative lorsque l'on obtient une bonne indemnisation.

Ces procédures concernent essentiellement des dommages corporels d'une certaine importance (I.P.P supérieure ou égale à 25%). Dès lors, la victime doit être assistée d'un médecin de recours et d'un avocat spécialisé pour défendre ses intérêts, notamment pour ce qui relève de l'exercice du droit ainsi que de l'évaluation et de l'indemnisation de son dommage corporel au titre de l'I.P. P, du préjudice professionnel, de la tierce personne et des préjudices personnels. On ne peut pas s'improviser médecin ou avocat, et la partie adverse est, quant à elle, représentée devant la C.R.C.I par un ou plusieurs professionnels.

Me Catherine MEIMON NISENBAUM

Avocate à la Cour d'Appel de PARIS

www.meimonnisenbaum.com – 11/2007

www.yanous.com 11/2007

PS : (Mai 2024)

Les critères de gravités pour saisir les CIC ont été complétés et l'article D1142-1 CSP modifié par le décret n°2011-76 du 19 janvier 2011, comme suit :

- taux d'IPP supérieur à 24%

- arrêt temporaire des activités professionnelles pendant au moins 6 mois consécutifs ou non sur 12 mois

- DFTP égal ou supérieur à 50% pendant au moins 6 mois consécutifs ou non sur 12 mois

- à titre exceptionnel en cas d'inaptitude définitive professionnelle ou en cas de troubles particulièrement graves, y compris d'ordre économique, dans les conditions d'existence.

Responsabilité médicale : quelques définitions

La responsabilité médicale ne peut être résumée en quelques lignes, cependant certaines définitions sont importantes et conditionnent cette matière.

Obligation de moyen :

La responsabilité médicale repose sur la responsabilité contractuelle. Il existe donc un contrat qui est conclu entre le médecin et son client. Telle est la définition de ce contrat médical défini par un arrêt de principe de la Cour de Cassation (arrêt Mercier du 20 Mai 1936) qui a jugé : « *Il se forme entre le médecin et son client un véritable contrat comprenant pour le patricien de l'engagement, sinon, bien évidemment de guérir le malade [...] du moins de lui donner des soins, non pas quelconques, mais consciencieux et attentifs, et, réserve faite de circonstances exceptionnelles conformes aux données acquises de la science.* » Le médecin est donc tenu à une obligation de moyens, il n'est pas tenu à un résultat déterminé, en l'espèce de guérir le malade, mais de faire le nécessaire pour que tous les soins lui soient donnés. C'est donc une responsabilité qui est fondée sur la faute.

Obligation de résultat :

L'obligation de résultat est récente, il s'agit d'une responsabilité sans faute. L'obligation du médecin peut-être également une obligation de résultat. Il est alors tenu à atteindre le résultat prévu auquel il s'est engagé. Il ne peut s'exonérer qu'en cas de force majeure. La faute du professionnel de santé est présumée. On peut citer, à titre d'exemple, les transfusions sanguines, la vaccination obligatoire, les dommages résultants d'infections nosocomiales, la défectuosité d'un produit de santé...

Obligation d'information :

La Cour de Cassation, dans un arrêt en date du 25 février 1997, a jugé que la charge de la preuve en ce qui concerne l'obligation d'information pèse sur le médecin. L'article L.1111-2 alinéa 7 du Code de la santé publique, introduit par la loi du 4 mars 2002, reprend cette jurisprudence et dispose qu'en cas de litige, il appartient au professionnel de santé de rapporter la preuve que l'information a été délivrée au patient dans les conditions prévues par la loi. Cette preuve peut être apportée par tout moyen : « *Cette information porte sur les différentes investigations, traitements ou actions de prévention qui sont proposés, leur utilité, leur urgence éventuelle, leurs conséquences, les risques fréquents ou graves normalement prévisibles qu'ils comportent ainsi que sur les autres solutions possibles et sur les conséquences prévisibles en cas de refus. Lorsque, postérieurement à l'exécution des investigations, traitements ou actions de prévention, des risques nouveaux sont identifiés, la personne concernée doit en être informée, sauf en cas d'impossibilité de la retrouver. »* Le professionnel de santé doit informer des risques fréquents et des risques graves normalement prévisibles.

Charge de la preuve :

La charge de la preuve est différente selon que l'obligation qui pèse sur le professionnel de santé est une obligation de moyen ou de résultat. Dans le cadre de l'obligation de moyen (dans la majeure partie des cas), c'est la victime qui doit prouver que son médecin a commis une faute, même légère. Dans l'obligation de résultat la faute est présumée et c'est donc au médecin de rapporter la preuve qu'il s'agit d'un cas de force majeure pour être exonéré.

Expertise médicale :

Le recours à l'expertise médicale est la règle tant pour établir, d'une part s'il y a une faute médicale, puis dans l'affirmative quelle en est la nature ; et d'autre part pour évaluer le préjudice. Il est toujours dans l'intérêt de la victime de se faire assister en tout état de cause d'un médecin-conseil et d'un avocat.

Lien de causalité :

La faute qui est reprochée doit être à l'origine du dommage ; le lien de causalité est donc celui qui existe entre cette faute et le dommage. Il est parfois difficile, en matière de responsabilité médicale, d'établir ce lien de causalité. À titre d'exemple, un médecin peut administrer des soins avec retard sans qu'on puisse pour autant établir que s'il n'y avait pas eu de retard, le patient se serait porté mieux. La jurisprudence a cependant retenu une réparation du dommage...

Responsabilité civile :

La responsabilité d'un professionnel de santé tel que, notamment, un médecin exerçant à titre libéral ou une clinique privée, est portée devant le Tribunal de Grande Instance et les indemnisations qui en découlent sont en générales importantes. Le patient qui sollicite alors la réparation de son préjudice met en cause la responsabilité civile du professionnel de santé.

Responsabilité pénale :

La responsabilité pénale du médecin peut toujours être engagée quel que soit son mode d'exercice (libéral, hôpital public, salarié...) pour la faute qu'il commet à l'occasion de l'exercice de sa profession, lorsque celle-ci constitue une infraction réprimée par le Code pénal ou le Code de la santé publique. Le patient a toujours le choix de saisir l'action publique en se constituant partie civile. Cependant, pour obtenir réparation de son dommage, le patient ne peut saisir en même temps la juridiction pénale et la juridiction civile, il doit choisir.

Responsabilité administrative :

Le patient est lié à l'hôpital en qualité d'usager du service public. La responsabilité administrative pour les hôpitaux, retient :

– faute dans l'organisation du service ;

– faute médicale ;

– faute dans le choix et la mise œuvre des traitements.

Risques sanitaires – aléa thérapeutique :

La loi du 4 mars 2002 a consacré la réparation des conséquences des risques sanitaires, elle a retenu l'aléa thérapeutique lorsqu'il présente un certain facteur de gravité ; il est alors pris en compte et indemnisé par la solidarité nationale, et concerne :

– un accident médical : événement imprévu qui cause un dommage en rapport avec l'acte médical mais dont la réalisation est indépendante de toute faute médicale.

– une affection iatrogène : dommage subi par un patient en relation avec la délivrance de d'un traitement.

– une infection nosocomiale : infection qui apparaît en cours ou à la suite d'une hospitalisation alors que le patient n'avait pas celle-ci lors de son entrée à l'hôpital.

La loi du 4 mars 2005 a créé dans chaque région une commission régionale de conciliation et d'indemnisation qui est chargée de faciliter le règlement amiable des litiges relatifs aux accidents médicaux, aux affections iatrogènes et aux infections nosocomiales.

Réparation du dommage :

La réparation des préjudices tient compte des préjudices économiques patrimoniaux (frais médicaux et paramédicaux, gênes dans les actes de la vie courante, Incapacité Temporaire de Travail, Incapacité Physique Permanente, besoin en tierce personne ou aides techniques, préjudice professionnel, frais d'aménagement du logement ou du véhicule) et des préjudices économiques extrapatrimoniaux (pretium doloris, préjudices esthétique, d'agrément, sexuel, d'établissement, matériel). La victime peut obtenir la réparation intégrale de son préjudice si elle établit que la faute du médecin est bien la cause entière de son dommage. Cependant, la jurisprudence, lorsque des difficultés de preuve ne permettent pas à la victime d'établir parfaitement le lien de causalité, octroie tout de même à la victime réparation par l'application de la théorie de la perte d'une chance.

Prescription :

La loi du 4 mars 2002 dispose que les actions mettant en cause la responsabilité des professionnels et des établissements de santé public ou privé, à l'occasion des actes de prévention, de diagnostic, ou de soins, se prescrivent par 10 ans à compter de la consolidation du dommage. Ainsi, le point de départ de la prescription est la consolidation du dommage ; que l'action soit civile ou administrative, le délai de la prescription est identique, il est de 10 ans.

Me Catherine MEIMON NISENBAUM

Avocate à la Cour d'Appel de PARIS

www.meimonnisenbaum.com – 01/2006

www.yanous.com 01/2006

AGRESSIONS ATTENTATS ET CIVI

Victimes d’accidents de la route, d’agressions : des conseils

Dans un domaine aussi complexe humainement et juridiquement qu'est l'indemnisation des conséquences d'un accident corporel, obtenir le respect de ses droits repose sur des professionnels indépendants et intègres. Explications.

Lors d’un accident de la route, d’une agression, d’une erreur médicale notamment, la victime présente des dommages dont elle entend légitimement demander réparation. Ces premières questions se posent souvent à elle, faut-il prendre un avocat ? Si oui quel avocat choisir pour assurer la défense de ses droits, une transaction est-elle préférable à un procès ? Faut-il être assisté pour une expertise médicale ou technique ? Faut-il se défendre devant la juridiction pénale ou la juridiction civile ?

Les intérêts des assureurs ne sont pas ceux de son client :

Les compagnies d’assurances et les Fonds, par la production du procès-verbal d’accident, proposent très vite à la victime et à sa famille la mise en place d’une expertise médicale amiable et le versement d’une provision. Ainsi, souvent la victime se croit bien accompagnée et décide de se défendre seule directement avec la compagnie d’assurances ou les fonds, notamment le Fonds de Garantie, sans prendre l’assistance d’un avocat.

On peut comprendre ce choix lorsque le dommage corporel est de faible importance, mais certes pas lorsque celui-ci est important et/ou a des conséquences sur l’avenir de la victime. La victime égarée par sa souffrance, par le bouleversement de sa vie, dépassée par une situation nouvelle et stressante, pense qu’elle peut se défendre seule surtout lorsque les compagnies d’assurances et les Fonds qui sont de grands professionnels les rassurent sur leur situation et les persuadent qu’ils peuvent parfaitement discuter directement avec eux et régler seul à l’amiable ce différend.

C’est hélas pour la victime un choix désastreux, elle ne connait pas le droit, n’a aucune compétence pour apprécier le déroulement d’une expertise médicale, est incapable d’apprécier si les provisions et ensuite les offres indemnitaires qu’on lui propose sont suffisantes et justifiées. Elle navigue seule sans boussole en terres inconnues. Et surtout, on ne peut se faire expertiser et indemniser sans assistance par celui qui règle le montant de l'indemnisation. Les compagnies d'assurances sont des sociétés commerciales et ont pour vocation de faire des bénéfices, les fonds défendent aussi leurs propres intérêts. De plus, on ne s'improvise ni avocat ni médecin. La victime qui se défend seule sans l'assistance d'un avocat pour obtenir la réparation d'un dommage corporel relativement important fait une erreur certaine et ne sera certes pas indemnisée correctement.

Il faut savoir également que certaines compagnies d'assurance sont particulièrement difficiles et même les avocats spécialisés n'arrivent pas souvent à transiger et à accepter les offres transactionnelles et on se demande alors comment les victimes pourraient parvenir seules, sans assistance, à trouver un accord favorable.

Un avocat, mais spécialisé…

Les victimes doivent faire appel à un avocat spécialisé de victimes notamment dans le droit du dommage corporel pour être parfaitement défendue. Souvent, la victime fait une partie de ce parcours seule, et elle se rend compte que l'expertise médicale ne se passe pas si bien, que les provisions ne sont pas importantes, que les réflexions qu'on lui fait ne la rassurent pas, qu'elle ne comprend pas des indemnités qui lui sont offertes, alors elle décide enfin de faire appel à un avocat. La victime se pose aussi la question de savoir si elle a intérêt à trouver un accord transactionnel avec une compagnie d'assurances ou le Fonds de garantie ou s'il est préférable d'intenter un procès.

La mise en place d'une transaction fait gagner indiscutablement du temps à la victime qui sera plus rapidement indemnisée. Cependant, toutes les transactions ne sont pas acceptables, elles dépendent des expertises mises en place et aussi des offres indemnitaires qui sont faites, certaines sont trop basses pour être acceptables et il est préférable alors de saisir la Justice. Il ne faut pas oublier non plus que les Tribunaux n'appliquent pas tous les mêmes jurisprudences, les mêmes modes de calcul et d'indemnisation, que certains ont des chambres spécialisées d'autres pas, que certains ont tendance à allouer de bonnes indemnisations, d'autres pas… Ainsi, lorsqu'un avocat spécialisé assure la défense d'une victime, il choisit d'intenter un procès ou de mettre en place une transaction en fonction du droit spécifique qu'il connait mais aussi en fonction de sa pratique et la jurisprudence des Tribunaux qu'il connait.

Pour cette raison, l'avocat spécialisé dans la défense des victimes sera susceptible de préférer parfois une transaction, parfois un procès, en tenant compte aussi de la jurisprudence des tribunaux qui ne sont pas les mêmes. Pour chaque dossier, la compétence du Tribunal dépend de règles de procédure qui ne sont pas les mêmes pour tous les litiges. Certains seront jugés à Paris, d'autres à Lille, à Poitiers, à Nouméa, et là, la jurisprudence sera différente.

Au surplus, l'avocat spécialisé dans la défense des victimes connait les médecins experts des compagnies d'assurances et du Fonds de garantie et sait qu'avec certains médecins, il est difficile voire impossible de transiger et d'apprécier à l'amiable l'évaluation d'un dommage corporel. Il sait que l'expertise judicaire peut aussi être difficile. A chacun son métier, et le choix de l'avocat spécialisé entre la transaction ou le procès dépend de plusieurs critères.

…et surtout pas généraliste

Durant les expertises médicales, les médecins des compagnies d'assurances ou du Fonds de garantie discutent et minimisent souvent l'évaluation du dommage corporel de la victime. L'avocat spécialisé connait les compagnies d'assurances et les fonds, il a l'habitude de discuter avec eux et de les affronter lors d'un procès, et il sait que les régleurs n'aiment pas avoir des jurisprudences qui leurs sont défavorables, que l'avocat spécialisé pour la défense des victimes peut obtenir contre eux lors d'un procès.

On va voir un cardiologue lorsque l'on a un problème de cœur, un dermatologue pour un problème de peau, un pédiatre pour un enfant. Les spécificités sont connues et reconnues du grand public en médecine, mais ignorées très souvent en droit du dommage corporel. Souvent, on entend dire dans les cabinets, j'ai choisi cet avocat car il m'a bien assisté dans la procédure de divorce, ou pour une location, certes mais le divorce, un bail et la réparation d'un dommage corporel sont des mondes, des spécialités bien différentes.

Lorsqu'un avocat prend la suite d'un confrère non spécialisé, Il est parfois impossible de réparer la méconnaissance de la matière ou de la pratique spécifique de celle-ci. En effet, nos conclusions notamment devant le Tribunal sont écrites, si les écritures sont infondées l'avocat spécialisé qui succède ne pourra pas modifier toujours ce qui a été fait ou écrit. Il sera presque impossible à l'avocat spécialisé de refaire une expertise médicale ou technique judiciaire mal faite, il lui sera impossible de changer la juridiction saisie dont la jurisprudence n'est pas des meilleures, il ne pourra pas modifier un accord intervenu. Bref, mieux vaut faire le bon choix pour la victime pour sa défense dès le début du dossier.

L'expertise est primordiale :

L'avocat spécialisé a souvent en sus des diplômes médicaux, et son assistance lors des expertises médicales amiables ou judiciaires avec l'assistance du médecin conseil de victime qu'il choisit pour son client est essentielle.

L'expertise médicale et aussi technique pour l'évaluation du logement et du véhicule adaptés et des aides techniques sont essentielles. Si l'expertise est mal faite, l'indemnisation qui en découle sera également mal faite.

L'avocat spécialisé collabore en général avec plusieurs médecins conseils de victimes et propose à son client d'être assisté par un médecin conseil de victime tout le long du processus expertal. Le binôme entre l'avocat spécialisé de victime et le médecin conseil de victime est essentiel, la communication des pièces, les explications de la victime, son vécu, les pièces médicales, les examens, rapports et dires sont discutés entre eux pour assurer une parfaite coordination le jour de l'expertise médicale qu'elle soit amiable ou judicaire. En effet, les expertises médicales ne sont pas très longues et il est donc important qu'elles soient bien préparées et qu'autant le médecin conseil de victime que l'avocat spécialisé qui assiste aussi son client, puissent faire ressortir les pièces, les éléments importants des séquelles et leurs conséquences pour obtenir une bonne évaluation.

Il ne faut jamais confondre le médecin expert d'une compagnie d'assurances ou du Fonds de garantie qui défend les intérêts de son mandant, celui qui le missionne et qui le paye, à savoir une compagnie d'assurances ou un fonds avec le médecin conseil de victime qui ne représente avec l'avocat que les intérêts exclusifs de la victime. Bien évidemment aux expertises médicales, les médecins experts des compagnies d'assurances et des fonds représentent leurs clients et sont là pour assurer au mieux les intérêts et en présence souvent de leurs avocats.

Savoir porter la contradiction :

Les expertises médicales ou techniques sont difficiles à appréhender car seuls les avocats spécialisés qui ont une pratique assistée des médecins conseils de victime qu'ils choisissent, connaissent les experts adverses, experts judicaires ou médecins conseils d'assurances et de fonds et savent ce qu'il faut dire et pas dire, leurs tendances expertales, et cette pratique est capitale pour défendre parfaitement la victime. Vient aussi la connaissance par l'avocat spécialisé dans la défense des victimes la connaissance du monde médical, des hôpitaux et centres de rééducations, des services sociaux, de la Maison Départemental des Personnes Handicapées, des aides telle notamment la Prestation de Compensation du Handicap, des indemnités spécifiques, etc. Ainsi l'avocat spécialisé au travers de ses compétences et sa pratique, doit connaitre son client parfaitement pour pouvoir le défendre au mieux de ses intérêts durant l'expertise et ensuite lors de son indemnisation.

Maitriser la procédure :

Les victimes se demandent aussi souvent, si leur intérêt est de se défendre devant la juridiction pénale – tribunal correctionnel, cour d'assises – ou devant la juridiction civile ? En fait, la victime est confrontée au procès pénal qui doit juger le responsable de son dommage corporel, ou même statuer sur sa propre responsabilité en cas de faute de conduite, alcoolémie, prise de stupéfiants. L'avocat spécialisé de victime assure cette défense devant la juridiction pénale mais lorsqu'il doit solliciter l'indemnisation du dommage corporel, son évaluation, il est préférable qu'il saisisse aussi la juridiction civile. En effet, ce sont les juridictions civiles et la jurisprudence des chambres civiles, notamment de la Cour de Cassation, qui rendent le plus de décisions en la matière et qui sont à l'origine de cette très riche jurisprudence du dommage corporel. L'avocat spécialisé pour les victimes, et pour obtenir une meilleure indemnisation, saisira la juridiction civile pour l'indemnisation du dommage corporel, et représentera aussi son client devant la juridiction pénale pour une reconnaissance de ses droits.

Enfin, lors de la consolidation des blessures, une fois l'expertise médicale terminée – pour les dommages corporels importants, celle-ci peut durer 3 années et plus – vient la phase de l'indemnisation. L'avocat spécialisé dans la défense des victimes va alors saisir les Tribunaux pour faire évaluer le dommage corporel de son client et le faire liquider sur la base de l'expertise médicale, ou il va tenter une transaction. Cependant, l'avocat spécialisé aura une parfaite connaissance du dossier ayant participé activement à l'expertise médicale et technique et connaissant son client et sollicitant des pièces qui lui sont indispensables pour le défendre. L'avocat spécialisé va alors demander l'application de la meilleure jurisprudence pour son client, il connait celle-ci sans compter les décisions de justice qu'il a obtenues pour tous les clients de son cabinet et qui constituent la richesse de sa jurisprudence personnelle et sa base de données.

Devant les Tribunaux, les conclusions dans les dossiers importants peuvent atteindre près d'une centaine de pages, des demandes indemnitaires avec des références jurisprudentielles, des modes de calcul, des barèmes de capitalisation discutés, des réponses aux conclusions des parties adverses. Un travail important d'évaluation judiciaire sera discuté contradictoirement. En général, devant le Tribunal ou la Commission d'indemnisation des victimes d'infraction (CIVI), les procédures durent en moyenne deux années. Puis viennent les plaidoiries, là encore l'avocat spécialisé connait la jurisprudence et son Tribunal, il sait ce qu'il doit plaider, les points sur lesquels il doit insister, discuter. Lorsque le jugement est rendu, l'avocat spécialisé conseille son client afin de savoir s'il peut accepter la décision ou en faire appel. Si un appel est introduit par la victime ou une compagnie d'assurances ou le Fonds de garantie, la procédure se déroule pareillement avec des échanges de conclusions et pièces et plaidoiries et peut durer deux années voire plus suivant les Cours d'appel. Un pourvoi en cassation est également possible mais rare en la matière.

Savoir transiger :

Les procédures devant les Tribunaux et CIVI sont longues d'où l'intérêt aussi de transiger, mais pas à n'importe quel prix. L'avocat spécialisé peut donc aussi tenter une transaction, après l'expertise de consolidation, et discuter avec la compagnie d'assurances ou le Fonds de garantie de l'entier dossier, communiquant toutes ses pièces et jurisprudences. Si une transaction intervient, un procès-verbal transactionnel est signé entre les parties et a valeur de jugement. La finalisation du dossier est beaucoup plus rapide qu'un procès.

Le travail de l'avocat spécialisé ne s'arrête souvent pas là, celui-ci aide son client notamment à solliciter du Juge des Tutelles différentes autorisations et dépose pour lui des requêtes. Et souvent, après des années au contact de son client pour le défendre, des liens se créent et l'avocat spécialisé a le plaisir d'avoir de ses nouvelles et de suivre sa vie. Pour ma part, je suis un avocat spécialisé de victimes depuis plus de trente-cinq années, spécialisée dans l'évaluation du dommage corporel et en droit des assurances et j'assure exclusivement la défense des victimes. C'est un choix personnel que j'honorerai tout au long de ma carrière car je suis convaincue qu'un avocat spécialisé uniquement dans la défense des victimes est plus à même d'assurer son rôle de défense.

La médecine a fait des progrès considérables et nous avons la chance en France d'avoir des hôpitaux, des centres de rééducation, des médecins et paramédicaux, des services sociaux qui travaillent sans relâche et qui sont excellents, alors le droit de la défense des victimes doit l'être aussi. J'espère que cet article répondra à certaines des questions que se posent les victimes d'un dommage corporel dans le choix de leur défense et contribuera à la nécessité pour elles de savoir se défendre et de ne pas être deux fois victimes.

Me Catherine MEIMON NISENBAUM

Avocate à la Cour d'Appel de PARIS

www.meimonnisenbaum.com – 02/2017

www.yanous.com 02/2017

L'indemnisation des victimes d'attentat

Les préjudices corporels des victimes françaises d'actes de terrorisme sont intégralement indemnisés, même si les dommages ont été subis à l'étranger. Explications.

L'indemnisation des victimes d'un acte de terrorisme a été mise en place par une loi du 13 juillet 1930 et est actuellement régie par la loi du 9 septembre 1986 en son article 9 qui a mis en place une indemnisation très favorable aux victimes en prévoyant une garantie d'assurance obligatoire (interdiction d'exclure le risque terroriste) et l'indemnisation par un Fonds de garantie spécifique, le Fonds de Garantie des actes de terrorisme et d'autres infractions (FGTI). Cette loi est applicable aux actes de terrorisme commis après le 31 décembre 1984. Sa définition de l'acte de terrorisme est identique à celle donnée par le droit pénal : *« Constituent des actes de terrorisme les infractions spécifiées par la loi..., lorsqu'elles sont en relation avec une entreprise individuelle ou collective ayant pour but de troubler gravement l'ordre public par l'intimidation ou la terreur. »*

Elle distingue les atteintes aux biens et les atteintes à la personne. Pour les atteintes aux biens, c'est l'assureur qui indemnise, et pour les atteintes à la personne, le FGTI assure la réparation intégrale des dommages résultants. Dans le cadre des indemnisations de victimes d'attentat, celles-ci bénéficient également de la Sécurité Sociale qui prend en charge à 100 % les soins médicaux suite à un attentat. La victime d'attentat âgée de moins de 21 ans ainsi que les enfants des victimes décédées peuvent être adoptées en qualité de pupille de la Nation et bénéficier du droit au soutien moral et matériel de l'Etat. Lorsque l'attentat est commis en France, cette qualité est accordée quelle que soit la nationalité. Quand il est commis à l'étranger, cette qualité n'est accordée qu'aux victimes de nationalité française. La mention « *Victime du Terrorisme* » sur l'acte de décès peut être demandée, il existe une exonération des droits de mutation par décès, les victimes d'attentat bénéficient de l'aide juridictionnelle totale. La procédure d'indemnisation est simple, car favorable aux victimes d'attentat.

Conditions de l'indemnisation par le FGTI :

Il faut tout d'abord justifier d'un préjudice corporel. Il suffit au demandeur de prouver une quelconque conséquence dommageable. Toutefois, si la demande est formulée par les proches de la victime, il faut faire une distinction : si la victime est décédée, ils ont droit à une indemnisation en leur qualité d'ayant droit, si la victime n'est pas décédée, les proches ne peuvent avoir une quelconque indemnisation. Il faut ensuite que le préjudice soit imputable à un acte de terrorisme. Il existe une présomption pour la victime. En cas de contestation, il appartient au FGTI d'établir que le dommage corporel subi n'a aucun lien avec un attentat. Toute victime ayant la nationalité française peut prétendre à une prise en charge par le FGTI, peu importe le lieu de commission de l'acte. Ainsi, si l'acte a été réalisé à l'étranger et la victime est française, elle sera indemnisée. Cependant, la condition de nationalité importe peu pour l'indemnisation des ayants droit. Ces derniers seront indemnisés même s'ils sont étrangers à la condition que la victime décédée soit française.

Procédure à suivre :

L'indemnisation est plutôt rapide. Le législateur s'est d'ailleurs beaucoup inspiré de la loi Badinter du 5 juillet 1985. L'instruction des demandes d'indemnisation et le versement des indemnités incombent exclusivement au FGTI.

Saisine : La loi stipule que : *« Dès la survenance d'un acte de terrorisme, le Procureur de la République ou l'autorité diplomatique ou consulaire compétente informe sans délai le Fonds de Garantie des circonstances de l'évènement et de l'identité des victimes. En outre, toute personne qui s'estime victime d'un acte de terrorisme peut saisir directement le Fonds de Garantie. Le Fonds de Garantie assiste les victimes dans la constitution de leur dossier d'indemnisation.* » Le Fonds est donc saisi par le Procureur de la République, ou l'autorité diplomatique ou consulaire en cas d'attentat à l'étranger, qui lui communique l'identité des victimes. C'est donc une sorte d'auto-saisine du Fonds qui se charge ensuite de contacter les victimes. Sinon, la victime elle-même peut saisir le FGTI. La demande doit être faite par lettre Recommandée avec Accusé de Réception, et indiquer l'état civil complet avec carte d'identité, la date et le lieu de l'attentat ou de la prise d'otage, annexer le rapport de police, les témoignages ou l'attestation du Consulat de France, annexer les pièces médicales, annexer les éléments relatifs à la Sécurité Sociale et mutuelle (créance), préciser s'il s'agit d'un accident du travail, annexer les pièces relatives aux pertes de gains professionnels et justificatifs des frais engagés et préjudices subis, joindre un Relevé d'Identité Bancaire. La demande peut être déposée immédiatement et au plus tard 10 ans après les faits.

Traitement de la demande : Avant même de statuer définitivement sur la demande d'indemnisation, le FGTI est tenu de verser une provision au demandeur (victime ou ayant droit) dans un délai d'un mois à compter de la demande. Le versement de la provision intervient en général de façon automatique mais une saisine du juge des référés est possible. Un examen médical peut être demandé par le FGTI.

Offre d'indemnisation : Dans le délai de 3 mois à partir du jour où le FGTI a reçu la justification des préjudices invoqués, le FGTI doit faire une offre d'indemnisation à la victime. Le non-respect du délai ouvre droit à des dommages et intérêts moratoires au profit de la victime sur saisine du juge compétent. Le FGTI doit faire une offre d'indemnisation en tenant compte de tous les chefs de préjudice, économiques ou non économiques.

Règlement du dommage corporel : La victime n'a aucun délai pour accepter l'offre. Elle dispose d'une période de réflexion lui permettant d'apprécier l'offre faite. Une fois l'accord transactionnel signé par les deux parties, le FGTI dispose de 45 jours à compter de l'acceptation de l'offre pour verser le montant convenu. Le FGTI est ensuite subrogé dans les droits de la victime, ce qui lui permet ensuite de recouvrer tout ou partie de l'indemnité versée auprès du responsable des dommages. La réouverture du dossier en aggravation des dommages est toujours possible.

Si la transaction entre le FGTI et la victime échoue, la victime peut toujours faire un recours gracieux auprès du Fonds mais ce n'est pas une obligation. L'affaire peut directement être portée au contentieux et le juge civil devra statuer sur le montant des dommages et intérêts dus à la victime. C'est la Commission d'Indemnisation des Victimes d'Infraction (CIVI) qu'il convient de saisir. La victime dispose toujours d'un délai de rétractation de 15 jours à compter de l'acceptation de l'offre. Il convient d'indiquer que l'indemnisation n'est pas automatique, car la faute de la victime peut réduire voire exclure son droit à indemnisation. Cependant, la Jurisprudence est très rare en la matière, les règlements des dommages s'effectuant le plus souvent par le FGTI et ce, notamment, parce qu'il y a une dimension politique.

Il existe à l'étranger des fonds quelque peu similaires. Aux Etats-Unis, en réaction aux attentats du 11 septembre 2001, le législateur a créé le Federal Victim Compensation Fund, financé par les fonds publics. Ainsi le règlement des dommages s'effectue, hors tribunal, par ce fonds. En Espagne, le système d'indemnisation est similaire, mais plus ancien, instauré en 1954. Le texte a été refondu en 2011 : il existe des indemnités forfaitaires variant de 75.000 à 500.000€ en cas de décès ou d'incapacité permanente. En Italie, il existe des prestations forfaitaires en fonction du degré d'incapacité ou du décès de la victime. L'Etat accorde une rente annuelle de 2.000€ par point d'incapacité dans la limite d'un montant de 200.000€. Au Royaume-Uni, un pool d'assureurs qui bénéficient d'une garantie étatique illimitée a été institué. Les victimes d'attentat sont indemnisées dans les mêmes conditions que les victimes d'infractions violentes de droit commun. Il n'y a donc pas de spécificité de la prise en charge des victimes d'attentat.

Me Catherine MEIMON NISENBAUM

Avocate à la Cour d'Appel de PARIS

www.meimonnisenbaum.com – 02/2015

www.yanous.com – *04/2015*

PS : (Mai 2024)

Après les attentats terroristes qui ont frappés la France, un juge d'indemnisation des victimes d'attentats terroristes (JIVAT) a été créé par la loi n° 2019-222 du 23 mars 2019 de programmation 2018-2022 et de réforme pour la justice et par décret du 31 mai 2019. L'ambition de cette loi est de réunir dans les mains d'un seul juge tous les contentieux en lien avec l'indemnisation des victimes de terrorisme.

Cette loi donne donc compétence exclusive au juge civil du Tribunal de Grande Instance de Paris, devenu le Tribunal judiciaire de Paris pour traiter tout le contentieux lié à la réparation des préjudices des victimes directs et indirects d'actes de terrorisme, qu'il s'agisse des recours contre les décisions du FGTI (Fonds de Garantie des Victimes) ou des demandes en réparation dirigées contre les auteurs des faits.

Le Tribunal judicaire de Paris devient ainsi une juridiction spécialisée pour l'indemnisation des victimes d'actes de terrorisme. Sa compétence exclusive implique l'incompétence de toutes les juridictions civiles et pénales. Il en résulte que les juridictions pénales sont désormais incompétentes en ce qui concerne les demandes sur intérêts civils lorsque les faits sont de nature terroriste.

Le JIVAT est une belle avancée dans le domaine puisque les victimes d'actes de terrorisme se voient offrir une action devant un juge spécialisé qui connaît bien la matière, on verra avec le temps si le montant des indemnisations qu'elle alloue protège suffisamment les victimes d'attentats.

L'indemnisation d'une victime d'agression

Si l'auteur d'une agression est jugé pénalement, sa victime a tout intérêt à faire indemniser ses préjudices corporels par une commission spécialisée, la CIVI. Explications.

Les victimes d'une agression pénale peuvent toujours solliciter la réparation de leur préjudice corporel (exemple : invalidité, perte de revenu, besoin en tierce personne, préjudice moral, préjudice esthétique…) contre l'auteur de l'infraction (crime ou délit) devant la juridiction pénale. Cependant, l'indemnisation devant la juridiction pénale présente pour la victime d'un dommage corporel des inconvénients majeurs, notamment :

– L'auteur de l'agression est souvent insolvable, le risque d'insolvabilité est encore plus grand quand une peine d'emprisonnement est prononcée ;

– Il est difficile, voire insupportable pour la victime de défendre ses droits à indemnisation notamment lors d'une expertise médicale ou technique (véhicule et logement adaptés, aides techniques) devant les auteurs qui minimisent le dommage pour ne pas payer une juste indemnisation ; – Le juge pénal est celui de l'infraction, qu'il juge et qu'il sanctionne. La jurisprudence pénale est bien moins riche que celle de la juridiction civile, les indemnités sont souvent bien moins élevées au pénal que devant les juridictions civiles de la CIVI.

Ainsi, il est préférable pour la victime d'un dommage d'une certaine gravité de saisir la Commission d'Indemnisation des Victimes d'Infraction (CIVI) qui jugera de l'indemnisation et demandera au Fonds de Garantie d'indemniser intégralement les victimes d'un dommage corporel en France et à l'étranger, sous certaines conditions édictées par la loi. Le risque d'insolvabilité sera donc écarté, et la victime pourra ignorer l'auteur du dommage durant la procédure d'indemnisation.

La victime pourra demander à la juridiction pénale l'application de la loi pénale à l'encontre de l'auteur de l'infraction, et justice sera rendue, mais elle pourra aussi saisir parallèlement la CIVI et obtenir une meilleure indemnisation de tous ses préjudices. Il ne faut pas croire que l'auteur de l'infraction ne payera rien. Le Fonds de Garantie, s'il indemnise la victime, dispose d'un recours subrogatoire contre l'auteur de l'agression et peut le contraindre à rembourser la totalité des indemnités payées.

Il ne faut pas croire non plus que le Fonds de Garantie indemnise avec largesse les victimes d'infractions. Le Fonds de Garantie défend ses droits, il est représenté par des inspecteurs et des avocats très spécialisés. Sans cesse devant la CIVI des moyens de droit sont invoqués par le Fonds de Garantie pour diminuer, voire exclure le droit à réparation des victimes et le montant de leurs indemnisations. Le Fonds de Garantie est placé sous le contrôle du ministère de l'Économie, des finances et de l'industrie, il dispose d'une autonomie financière. Ses ressources proviennent des contributions des assurés et des assureurs perçues sur les contrats d'assurances ; des produits des recours exercés contre les auteurs des infractions ; des produits de ses placements.

Aussi, le Fonds de Garantie ne peut indemniser sans compter, et il défend donc ses droits. L'indemnisation des victimes est de ce fait loin d'être automatique et intervient dans des conditions légales bien précises et défendues par le Fonds de Garantie. La victime d'une atteinte grave aux personnes peut être indemnisée :

– De faits volontaires ou non qui présentent le caractère matériel d'une infraction ayant entraîné une incapacité (permanente ou totale) de travail d'un mois minimum ;

– De la mort d'un proche à la suite d'une atteinte grave ;

– D'un viol, d'une agression sexuelle ou d'une atteinte sexuelle sur un mineur ;

– De la traite des êtres humains.

Il existe une abondante jurisprudence sur l'application de ces conditions légales, et aussi sur la prescription de l'action, la forclusion et la faute de la victime qu'invoque le Fonds de Garantie pour limiter ou exclure le droit à indemnisation de la victime. La définition jurisprudentielle de la faute de la victime soutenue par le Fonds de Garantie n'est pas favorable à la victime. La faute peut même ne pas être concomitante à l'infraction, et son interprétation est très extensible. Lorsque notamment la victime participe à une rixe, on examine sa participation exacte et aussi la proportionnalité de la riposte pour apprécier sa faute. La victime a un intérêt certain à être défendue par un avocat spécialisé tant devant le juge pénal que devant la CIVI contre le Fonds de Garantie, car il peut toujours être retenu une faute limitant ou excluant son droit à réparation.

Mais ce n'est pas tout : lorsque le droit à réparation est tranché, il reste toujours l'indemnisation des préjudices de la victime qui, dans un premier temps, participe à des expertises médicales et parfois techniques selon le degré de son handicap (logement et véhicule adaptés, aides techniques). Là encore, le Fonds de Garantie est représenté par des inspecteurs, avocats et experts conseils (médecins et techniciens) spécialisés qui défendent ses intérêts.

Il faut alors discuter de tous les préjudices et de leur évaluation (incapacité, préjudice professionnel, perte d'autonomie et tierce personne, souffrances endurées, préjudice d'agrément, préjudice esthétique, préjudice sexuel...) et, lorsque le rapport d'expertise est déposé, il faut conclure, plaider et défendre à nouveau les droits de la victime pour obtenir devant la CIVI, contre le Fonds de Garantie, la meilleure indemnisation possible. Alors, bien sûr, il est exact que la victime peut se défendre seule devant la CIVI, elle peut le faire sans avocat (et sans médecin conseil), mais ce droit à une défense solitaire est illusoire car, seule, la victime ne connaît pas ses droits. Le Fonds de Garantie, lui, les connaît et sait se défendre, il n'est pas seul, il est représenté par des spécialistes de l'indemnisation : inspecteurs, avocats, médecins, techniciens. La victime doit savoir aussi se défendre, et être aussi assistée d'un avocat et d'un médecin conseil, tous deux spécialisés.

Les avocats du Fonds de Garantie concluent et plaident fort utilement et habilement devant la CIVI, la Cour d'Appel, la Cour de Cassation pour défendre les droits du Fonds de Garantie. Les victimes doivent indiscutablement faire de même. La victime ne peut s'improviser ni médecin, ni avocat, et elle ne peut pas prendre le parti d'être deux fois victimes.

Me Catherine MEIMON NISENBAUM

Avocate à la Cour d'Appel de PARIS

www.meimonnisenbaum.com – 01/2015

www.yanous.com – *01/2015*

La Commission d'Indemnisation des Victimes d'Infraction

La victime d'un délit ou d'un crime ayant entraîné des blessures se retrouve fréquemment sans indemnisation recouvrable, sauf si elle saisit la CIVI.

La criminalité n'a cessé d'augmenter ces dix dernières années. Les statistiques du Ministère de l'Intérieur, « *Crimes et délits constatés en France en 2002 par les services de Polices et de Gendarmeries* », en attestent par les chiffres ci-dessous :

Crimes et délits contre les personnes :

1993 : 152 764

1998 : 220 948

2002 : 303 755

A titre d'exemple, les homicides volontaires sont passés de 953 en 1999 à 1.322 en 2002; les coups et blessures volontaires sont passés de 95.235 en 1999 à 125.371 en 2002; les infractions contre la famille et l'enfant de 39.450 en 1999 à 47.926 en 2002.

Ainsi, après différents textes, la loi du 6 juillet 1990 retient le principe d'une réparation intégrale des atteintes corporelles relativement graves résultant d'un fait matériel d'une infraction. Ces atteintes sont prises en charge par le Fonds de Garantie qui procède au règlement des indemnisations allouées par la Commission d'indemnisation des victimes d'infractions (CIVI).

La CIVI, qui est une juridiction autonome, est donc essentielle puisqu'elle permet souvent le règlement de dommages corporels qui n'auraient pu l'être autrement. En effet, les auteurs d'infractions condamnés devant les juridictions pénales sont souvent insolvables et ne peuvent donc indemniser les victimes d'un dommage corporel grave.

Pour saisir cette Commission, lorsque les faits ont été commis sur le territoire national, la victime doit être soit de nationalité française, soit ressortissante d'un Etat membre de la communauté économique européenne, soit sous réserve des traités et accords internationaux, en séjour régulier sur le territoire national au jour des faits ou de la demande d'indemnisation. Pour les faits commis hors du territoire national, seules les victimes de nationalité française peuvent saisir la CIVI. Les ayants droit peuvent également saisir la CIVI.

La loi, dans le cadre de la CIVI, précise que *« toute personne ayant subi un préjudice résultant de faits volontaires ou non qui présentent le caractère matériel d'une infraction peut obtenir la réparation intégrale des dommages qui résultent des atteintes à la personne »*. Néanmoins, la loi ne répare que les dommages corporels d'une certaine gravité, à savoir :

– Ceux qui ont entraîné la mort, ou une incapacité permanente (I.P.P), ou une incapacité totale de travail (I.T.T) supérieure ou égale à un mois.

– Les délits qui constituent des agressions sexuelles, notamment, l'attentat à la pudeur, le viol.

La présence d'un avocat n'est pas obligatoire devant la CIVI; cependant, il est préférable d'y recourir dès lors que la réparation du dommage corporel présente une difficulté, ou qu'il est d'une certaine importance. Le Fonds de Garantie est partie au procès : il dépose des conclusions, il peut discuter de la faute de la victime susceptible d'entraîner une réparation partielle ou d'exclure celle-ci. En effet, l'article 706-3 du Code de Procédure Pénale prévoit expressément que *« la réparation peut être refusée ou son montant réduit à raison de la faute de la victime »*.

Le Fonds de Garantie discute également tous les postes de réparation, notamment : I.T.T – I.P.P, préjudice professionnel, tierce personne, frais d'appareillages, logement adapté, véhicule adapté, pretium doloris, préjudice esthétique, préjudice d'agrément, préjudice sexuel, etc., et il faut répondre utilement à ses conclusions.

La CIVI, après avoir entendu les parties (victime et Fonds de Garantie) puis pris connaissance des conclusions et des dossiers de plaidoirie, rend un jugement susceptible d'appel devant la Cour d'Appel.

Cependant, il faut être vigilant, car il existe un délai de forclusion : la demande en indemnisation doit être présentée dans un délai de trois ans à compter de la date de l'infraction. Dans le cadre d'une poursuite pénale, le délai est prorogé d'un an après la décision de la juridiction qui a statué définitivement sur l'action publique ou sur l'action civile. La CIVI peut, cependant, prononcer le relevé de forclusion en faveur de la victime si celle-ci en a fait la demande.

Cette juridiction est, rappelons-le, autonome ; elle permet donc une indemnisation intégrale aux victimes d'un dommage corporel résultant de faits volontaires ou non qui présentent le caractère matériel d'une infraction, à condition toutefois de bien connaître ses règles de fonctionnement.

Me Catherine MEIMON NISENBAUM

Avocate à la Cour d'Appel de PARIS

www.meimonnisenbaum.com – 09/2002

www.yanous.com 09/2005

PS : (Mai 2024)

Pour plus de précision, une indemnisation pourra été demandée et la CIVI saisie, dans le cadre des situations suivantes, que les faits :

- soit ont entraîné la mort, une incapacité permanente ou une incapacité totale de travail personnel égale ou supérieure à un mois ;

- soit pour les agressions sexuelles, la réduction en esclavage et exploitation d'une personne réduite en esclavage, la traite des êtres humains, le proxénétisme et infractions qui en résultent, le travail forcé et réduction en servitude, les atteintes sexuelles sur mineurs. Pour ces infractions, aucune durée minimum de l'incapacité de travail n'est exigée.

La CIVI : Commission d'Indemnisation Aide Aux Victimes d'Infraction

Bien que la criminalité soit en pleine augmentation, les victimes d'Infraction ignorent très souvent qu'il existe une institution leur permettant sous certaines conditions d'obtenir réparation, notamment, de leur préjudice corporel.

Bien que la criminalité soit en pleine augmentation, les victimes d'Infraction ignorent très souvent qu'il existe une institution leur permettant sous certaines conditions d'obtenir réparation, notamment, de leur préjudice corporel.

La réparation du dommage corporel, incombe à l'Etat, qui en quelque sorte a failli à sa mission en ne mettant pas en œuvre les moyens qui auraient permis d'empêcher l'infraction. Cette intervention de l'Etat s'explique par souci d'équité et de solidarité sociale.

L'Etat ne peut être indifférent au malheur qui touche les victimes :

Il convient de retenir que cette loi n'intéresse que les victimes de faits volontaires ou non présentant le caractère matériel d'une infraction pénale. Ainsi, la victime n'est tenue que de prouver le fait générateur, c'est-à-dire le fait volontaire ou non présentant ce caractère.

Si l'action en indemnisation de la victime aboutit, le Fonds de Garantie en règle le montant à la victime et ce n'est pas le responsable de l'infraction pénale qui paye le coût de la réparation.

Cette garantie de paiement des condamnations est exceptionnelle, car, d'une part, c'est l'Etat, représenté par le Fonds de Garantie, qui règle le montant de l'indemnisation et d'autre part, le paiement est effectué rapidement et sans discussion.

L'élément intentionnel de l'infraction n'est pas exigé, ce fonds peut être amené à garantir les faits d'une personne sous l'empire d'un trouble mental.

La C.I.V.I, (commission d'indemnisation et d'aide aux victimes d'infraction) doit rechercher avant tout, les caractéristiques des éléments de fait et de droit qui permettent de juger que les faits présentent le caractère matériel d'une infraction ; aussi, n'est–elle pas tenue, notamment, par la décision de renvoi du Juge d'Instruction devant le Tribunal Correctionnel. C'est une juridiction autonome.

Dans la mesure où l'Etat doit garantir le droit de la sûreté sur son territoire, le dommage dont la victime demande réparation doit avoir été commis en France métropolitaine ou territoires d'outre-mer. Cependant, la loi prévoit, également, que lorsque la victime est de nationalité française et qu'elle a été victime d'une infraction à l'étranger, elle peut également, saisir la C.I.V.I du lieu de son domicile et solliciter la réparation de son dommage.

Pour saisir cette commission, la victime doit être de nationalité française ou posséder un titre régulier de séjour soit, au moment où elle saisit la C.I.V.I., soit au jour de l'audience.

Trois ans pour saisir la commission :

La C.I.V.I ne prend en compte, au titre de la réparation, qu'un dommage d'une certaine gravité. La victime doit être atteinte d'une incapacité totale de travail, égale ou supérieure à 1 mois. Cependant, il convient d'observer que pour des dommages résultant d'une agression sexuelle ou atteinte sexuelle sans violence, aucune condition d'incapacité n'est requise.

Les ayants droit d'une personne handicapée ou décédée des suites d'une infraction peuvent solliciter réparation de leurs préjudices tant en qualité d'héritiers qu'à titre personnel en arguant de leur préjudice par ricochet devant la C.I.V.I (voir MNH revue n°132).

Il n'est pas nécessaire d'être assisté d'un avocat pour être représenté devant la C.I.V.I. dont la compétence territoriale est le domicile du demandeur.

La victime doit, sous peine de forclusion, saisir la C.I.V.I dans le délai de 3 ans à la date de l'infraction ; elle peut, toutefois, demander à être relevée de la forclusion ; le délai est prorogé par la loi d'une année après l'expiration de l'action publique lorsque la victime a initialement saisi la juridiction pénale. La demande d'une indemnité complémentaire pour aggravation est également possible.

L'audience est publique, les débats sont oraux, le principe du contradictoire doit être respecté. Le Substitut du Procureur de la république est présent lors de l'audience.

Le jugement de la C.I.V.I est susceptible d'appel. L'exécution provisoire peut être ordonnée. La victime peut, également, saisir le Président de la C.I.V.I qui statue en la forme des référés pour obtenir la désignation d'un expert médical et une provision à valoir sur son préjudice.

Cette procédure de référé est essentielle, elle permet à la victime d'obtenir des provisions qui lui permettent de patienter sur l'issue de son procès et de faire désigner rapidement un expert judiciaire pour évaluer son préjudice corporel.

Le Président de la C.I.V.I doit dans le cadre d'un référé, rendre sa décision dans le délai d'un mois de sa saisine. Il est donc de l'intérêt des victimes d'utiliser la procédure de référé.

La Cour de Cassation a rappelé, à plusieurs reprises, le droit à la réparation intégrale du préjudice des victimes d'un dommage corporel, et a maintenu ce principe fondamental pour les victimes d'Infractions.

Il faut retenir, également, que la condition de subsidiarité qui existe en droit commun a été supprimée par la loi du 6 juillet 1990, ce qui constitue une avancée très importante pour les victimes.

Des montants qui dépendent des juridictions :

Attention un partage de responsabilité est toujours possible devant la C.I.V.I. En effet, la victime a pu commettre une faute qui a concouru à la réalisation du dommage et dans ce cas son droit à réparation peut être diminué voire annuler.

Le FONDS DE GARANTIE, invoque, s'il y a lieu, la faute de la victime, cependant, il doit la démontrer. En général, dès lors, que l'infraction résulte d'une rixe, ce fonds a tendance à considérer que la victime qui y a participé doit supporter tout ou partie de la réparation à sa charge. La C.I.V.I. examine alors le taux de participation exacte de la victime, et aussi la proportionnalité de la riposte.

Devant la Commission d'indemnisation des victimes d'infraction, la victime peut demander la réparation de ses préjudices, économique et personnel.

En matière d'accident de la circulation, d'une manière générale, on a tendance à considérer que la C.I.V.I., indemnise moins largement que le Tribunal de Grande Instance. Il est vrai, que l'on peut être quelquefois déçu du montant alloué aux victimes qui ne demandent pas la mendicité mais une juste et intégrale réparation de leur préjudice comme le rappelle à maintes reprises la Cour de Cassation.

La C.I.V.I. est sans discussion une juridiction remarquable, néanmoins, certains de ses jugements ne sont pas assortis de l'exécution provisoire, ce qui signifie que si la victime décide de faire appel de la décision qui lui fait grief, elle ne percevra aucune indemnisation jusqu'à l'arrêt de la Cour d'Appel qui ne sera rendu que sous un délai d'une année et demie environ, compte tenu de l'encombrement des juridictions.

Dans ce cas, on enlève à la victime toute possibilité de choix ; souvent démunie et à bouts de ressources elle accepte le jugement de la C.I.V.I, faute de pouvoir patienter.

On peut aussi déplorer que les victimes, indépendamment de leur préjudice corporel, soient très souvent gravement choquées par l'agression dont elles ont été victimes, et qu'il ne soit pas tenu compte suffisamment de la réparation du préjudice psychiatrique ou psychologique.

La victime d'une infraction est très souvent choquée par l'infraction, cet état n'est pas passager et pourtant, il est minimisé. Il est donc indispensable lorsque le dommage est d'une certaine importance, d'être assisté par un avocat et par un médecin spécialisé.

Me Catherine MEIMON NISENBAUM

Avocate à la Cour d'Appel de PARIS

www.meimonnisenbaum.com – 2002

MNH – Mutuelle Nationale des Hospitaliers n°136 - 2002 - **www.mnh.fr**

PS : (Mai 2024)

La loi du 2 juillet 2020 a modifié l'article 706-5 du Code de procédure pénale qui stipule : "*À peine de forclusion, la demande d'indemnité doit être présentée dans le délai de trois ans à compter de la date de l'infraction. Lorsque des poursuites pénales sont exercées, ce délai est prorogé et n'expire qu'un an après la décision de la juridiction qui a statué définitivement sur l'action publique ou sur l'action civile engagée devant la juridiction répressive*".

La victime peut donc à peine de forclusion, saisir la CIVI :

- dans le délai de 3 ans à compter de la date de l'infraction,
- En cas de poursuites pénales, ce délai est prorogé d'une année après expiration d'une décision de justice définitive.

BAREMES ET BAREMISATION

Dommages corporels : indemnisation en péril

Une proposition de loi déposée à l'Assemblée Nationale propose de créer un référentiel national d'indemnisation qui limiterait sévèrement le pouvoir d'appréciation des juges.

Le 5 novembre 2009, une proposition de loi composée de 10 articles a été déposée à l'Assemblée Nationale, à l'effet d'améliorer la loi Badinter du 5 juillet 1985 relative à l'indemnisation des victimes d'accidents de la circulation. La loi Badinter fut, lors de son adoption, l'une des lois les plus abouties de son temps et reste encore aujourd'hui, près de 25 ans plus tard, un modèle du genre, consacrant un réel droit d'indemnisation pour les victimes d'accidents de la route. Cependant nulle législation n'est parfaite et il appartient notamment aux juges, dans leur interprétation de la loi, de l'adapter et de l'actualiser au fil des ans.

Après 25 ans d'application de la loi Badinter, tous s'accordent à dire qu'il conviendrait absolument de procéder à des modifications de celle-ci, afin de tenir tout particulièrement compte de la jurisprudence et de certains dysfonctionnements bien connus dans la pratique. La proposition de loi du 5 novembre 2009 était donc la bienvenue, et pourtant la lecture de celle-ci laisse un goût bien amer.

On l'a dit, la loi Badinter est perfectible et cette proposition de loi y contribue à certains égards, mais à quel prix ? Sous couvert de quelques bonnes intentions, ce sont en réalité les victimes qui seront sacrifiées sur le sacro-saint autel des assureurs, puisque leurs indemnisations, via l'instauration d'un « référentiel national indicatif », seront figées dans le temps. Nous nous sommes déjà, par le passé, inquiétés de l'instauration d'un barème d'indemnisation proposé par les assureurs.

On s'inquiète d'autant plus lorsque c'est, aujourd'hui, la représentation nationale qui s'en fait l'écho. Revenons plus en détail sur le contenu de cette proposition de loi. En guise de préambule, celle-ci rappelle la chute du nombre de blessés de la route, qui passe de 200.000 par an en 1991 à 97.000 aujourd'hui, mais aussi l'augmentation du nombre de dossiers d'indemnisation traités à l'amiable, de 85 % en 1985 à 95 % à ce jour. Cette présentation chiffrée est biaisée et sert en réalité la cause de ceux qui souhaitent voir instaurer un barème d'indemnisation. On pourrait en effet penser que la justice ne traite que 5 % des dossiers de dommages corporels issus d'un accident de la circulation, et se demander légitimement si le juge conserve encore un rôle. Mais cela serait omettre que ces 5 % de contentieux représentent en réalité près de 45 % du montant total des indemnisations payées par les compagnies d'assurances, soit près de 2 milliards d'euros en 2008.

C'est dire le rôle capital du juge qui accorde aux victimes une juste réparation de leurs dommages en toute indépendance, en toute impartialité et en tenant compte du principe de la réparation intégrale du préjudice. C'est donc le juge qui, par sa jurisprudence, tire les indemnisations vers le haut, pour tenir compte de la réalité des dommages. Quant aux 95 % des accidents qui sont traités à l'amiable entre victimes et compagnies d'assurances, que deviendraient-ils, s'il n'existait pas une jurisprudence dont peuvent se prévaloir les victimes *via* leurs avocats ?

Même un avocat spécialisé en réparation du préjudice corporel ne peut réaliser une bonne transaction, c'est-à-dire obtenir une bonne indemnisation amiable, sans faire référence à une jurisprudence fournie et adaptée au handicap de son client. Le projet de loi rappelle que la majeure partie des victimes d'accident de la route sont des jeunes. C'est pourquoi il faut impérativement mettre en place des indemnisations importantes car ils en auront besoin tout au long de leur vie, or celles-ci ne pourront être accordées s'il existe un « *référentiel national indicatif* ». Il faut rappeler que l'auteur d'une infraction au Code de la route bénéfice du principe de personnalisation des peines. Et chacun se rappelle le scandale provoqué par l'instauration de peines dites « *plancher* » et de l'émoi qu'elles avaient suscité. Ainsi celui qui, après avoir brûlé, en état d'ivresse un feu rouge, renverse une jeune fille, verra sa peine adaptée à sa personnalité. En revanche, avec l'instauration de ce référentiel national indicatif, cette jeune fille sera indemnisée sans que sa personnalité ne soit véritablement prise en compte.

Quelle curieuse façon de concevoir la justice ! La France, pays des Droits de l'Homme, deviendrait en réalité un pays où la victime, et elle seule, serait privée du pouvoir souverain et régulateur du juge. La France deviendra-t-elle un pays où la victime aura moins de droits que son bourreau ?

Cette proposition de loi comporte donc 10 articles. Certaines propositions qui y figurent marquent une avancée, d'autres sont insuffisantes et surtout l'article premier instaure cette ignominie intitulée sans honte « *référentiel national indicatif* ». Rappelons d'abord cet article de la proposition de loi, rédigé comme suit : « *la création d'une base de données en matière de réparation du dommage corporel recensant les transactions et les décisions judiciaires et administratives* ». D'emblée, le résumé de cet article n'est pas conforme à la proposition de loi, qui préconise : « *Une publication périodique rend compte de ces indemnités et donne lieu à l'élaboration d'un référentiel national indicatif de certains postes de préjudices corporels. Un décret précise les modalités d'application de ces dispositions.* »

La notion de « *référentiel national indicatif* » de certains postes de préjudices corporels est donc annoncée, sans qu'on sache lesquels, en renvoyant tout simplement les modalités d'application à la voie du décret. Le juge ne sera donc plus libre de son évaluation. Bien évidemment ce référentiel n'est pas impératif, mais à quoi bon dans ce cas le créer ? Le juge n'a pas besoin d'une fourchette d'estimations ni d'une grille pour fonder sa conviction. La liberté du juge a permis l'augmentation des indemnisations, car il a su apprécier notamment l'individualité de chaque victime. Il est seul maître de son évaluation, il est le garant de la réparation intégrale du préjudice corporel, et manifestement cette proposition de loi tend à limiter ses pouvoirs.

On comprend d'ailleurs fort bien que si 5 % des affaires jugées correspondent à 45 % des indemnités allouées, l'on puisse penser que le juge est trop généreux, alors que les compagnies d'assurances, qui ont toujours été favorables au référentiel national indicatif, souhaiteraient ainsi faire des économies. Il est certain que si le *« référentiel national indicatif »* est retenu par le législateur, les indemnisations seront menacées et les personnes handicapées seront mises à l'index, puisque notre matière deviendrait la seule de l'ordre judiciaire ou il existerait un référentiel. Si un référentiel indicatif s'applique, comment alors calculer la moyenne des décisions de justice, puisqu'il n'y aura plus de décisions librement débattues, les dossiers étant jugés en tenant compte d'un référentiel ? Il est certain que, si ce référentiel est voté, c'est bien pour que le juge l'applique. A défaut, à qui servirait-il ?

Concernant les autres propositions faites, certaines étaient de longue date souhaitée par les victimes, mais celles-ci sont imparfaites. Ainsi, l'article 2 propose de « *refondre les différents barèmes médico-légaux actuels en un barème médical unique qui serait publié dans un délai maximum de deux ans* ». Un barème médical unique est attendu. Cependant, il est important de compléter, voire de renouveler la liste des experts judiciaires. À titre d'exemple, dans certains tribunaux, il n'existe aucun neurologue pour évaluer correctement les personnes atteintes d'un traumatisme crânien. Il faut bien sûr des outils, mais il faut également des médecins pour évaluer les victimes de dommages corporels.

L'article 3 vise à « *rendre obligatoire la nomenclature dite Dintilhac en recensant les différents chefs de préjudices indemnisables tant lors de la procédure amiable que contentieuse* ». La mise en place de la nomenclature dite Dintilhac à titre obligatoire mais non limitatif est essentielle, elle est retenue par les professionnels. Celle-ci est déjà couramment appliquée, mais il conviendrait aussi de généraliser l'existence de chambres spécialisées dans chaque Tribunal. Nous reviendrons plus longuement sur ce point ci-dessous.

L'article 4 vise à prévoir une réactualisation du barème de capitalisation. Cette réactualisation du barème de capitalisation est très attendue. Pour autant, la proposition de loi, sur un sujet aussi important, n'apporte aucun élément ni aucun mode de calcul. L'article 5 renforce « *les obligations d'information de la victime qui incombent à l'assureur par l'envoi d'une notice d'information sur leurs droits à peine de nullité de la transaction notamment. Il prévoit en outre un envoi systématique à la victime du procès-verbal de police ou de gendarmerie dès réception par l'assureur d'un tel document* ». Le principe du contradictoire tant attendu est enfin retenu. Cependant cette disposition ne prévoit aucune sanction en cas de non-communication par l'assureur, du procès-verbal de police. Une loi sans sanction perd de son efficacité.

L'article 6 propose de « *rendre obligatoire une évaluation de la victime dans son environnement habituel dès lors qu'est proposé un examen médical. En outre, il rend obligatoire l'assistance de la victime par un médecin-conseil en réparation du dommage corporel, si elle refuse d'être examinée par le seul médecin mandaté par l'assureur ou en cas de contestation des conclusions médicales du médecin de l'assureur* ». Les dispositions de cet article améliorent le droit des victimes. Cependant dans la pratique, il faut trouver un médecin-conseil en réparation du préjudice corporel ; or il y en a peu. Par ailleurs, au stade de l'offre indemnitaire, la victime devrait également être assistée, car elle est souvent incapable d'en apprécier le montant.

L'article 7 prévoit que, « *dans le souci de garantir aux victimes une totale indépendance des experts médicaux impliqués dans la procédure, un médecin-conseil mandaté par la compagnie d'assurances dans le cadre du règlement d'un sinistre ou d'un litige ne peut concomitamment exercer la mission de médecin conseil de la victime tant par voie amiable que contentieuse. Chaque médecin est tenu de déclarer auprès du conseil départemental de l'Ordre des Médecins le nom des compagnies d'assurances pour lesquelles il travaille* ». Les dispositions de cet article améliorent le droit des victimes. Cependant le texte de loi précise que : « *les professionnels de santé concernés disposent d'un délai de deux ans à compter de la promulgation de la présente loi pour se mettre en conformité avec les dispositions prévues à l'article 211-10-2.* » Il aurait été préférable que cette disposition soit appliquée dans un délai maximum de six mois à compter de la promulgation de la loi. Il est anormal que, bien que ce dysfonctionnement soit légalement recensé et condamné, certaines victimes en subissent toujours les effets néfastes.

L'article 8 vise à « *rendre obligatoire le versement d'une provision par l'assureur dès que les constatations médicales permettent d'envisager que l'état de la victime nécessite un aménagement de son logement ou de son véhicule ou la présence d'une tierce personne.* » L'amélioration est notable, mais en pratique les victimes obtiennent souvent des provisions, et d'autant plus lorsqu'elles sont assistées. Enfin, l'article 9 « allonge de 15 à 30 jours le délai de dénonciation de la transaction concluant la procédure amiable, le délai actuel étant considéré comme trop court dans certains cas pour permettre à la victime de prendre la décision appropriée. Les dispositions de cet article améliorent le droit des victimes.

Il est certain que, dans un projet de loi qui tend à améliorer une loi vieille de près de 30 ans, on ne peut pas tout prévoir. Mais il est tout aussi certain que l'on ne peut pas, sous couvert d'amélioration, causer une grave atteinte à la réparation du préjudice corporel en créant un référentiel national indicatif, qui est évidemment très attendu des compagnies d'assurances. Cette proposition de loi passe sous silence un certain nombre de réformes. Le conducteur a été oublié. Or il est en général une victime qui voit souvent sa responsabilité invoquée et retenue, ce qui limite son droit à indemnisation. Une amélioration de sa condition pouvait être discutée, or elle n'est même pas évoquée.

Les victimes ont besoin de chambres spécialisées dans chaque Tribunal de Grande Instance et dans chaque Tribunal administratif. Il aurait été préférable de proposer des chambres spécialisées devant toutes les juridictions, car ce sont ces chambres qui créent la jurisprudence et qui permettent une juste application du principe de réparation intégrale du préjudice corporel. Cependant, il est certain que le montant des indemnisations aurait augmenté. Aux chambres spécialisées, permettant à une victime de faire juger son dommage corporel devant des juges qui ne tranchent que ce type de litige, on a préféré un référentiel national indicatif.

Ce référentiel est d'autant plus dangereux que la proposition de loi ne vise même pas les chefs de préjudices qui seraient concernés et laisse le soin au pouvoir réglementaire d'en arrêter les modalités. Déjà j'écrivais en septembre 2006, une réflexion hélas toujours d'actualité : « *Avec le référentiel, on approfondit, en catimini, la « robotisation » de l'institution judiciaire avec une limitation du pouvoir du juge contraire à la Constitution* ».

Les propositions qui sont faites ne sont pas fondamentales. Seul l'est le référentiel national indicatif, qui va à l'encontre des droits des victimes d'un dommage corporel. Une proposition de loi ne doit pas servir à faire réaliser des économies aux compagnies d'assurance en lésant les victimes d'un dommage corporel. Que nul ne s'égare, cette proposition de loi n'aurait pas pour effet d'améliorer les droits des victimes d'un dommage corporel ; bien au contraire, elle serait sans nul doute la première étape vers un démantèlement d'un droit qui mit plus de 25 ans à se construire.

Me Catherine MEIMON NISENBAUM,

Me Nicolas MEIMON NISENBAUM

Avocats à la Cour d'Appel de PARIS,

www.meimonnisenbaum.com – 01/2010

www.yanous.com – 01/2010

Les annonces de la Seine 01/2010 N°5

PS : (Mai 2024)

La barémisation n'est pas passée, malgré l'insistance réitérée des compagnies d'assurances, mutuelles et fonds.

La Cour de cassation a rappelé en 2019 le refus de la barémisation (Cass Civ. 2eme, 13 juin 2019, n° 18-17.571 inédit). En l'espèce, une compagnie d'assurances avait proposé d'indemniser pour un montant forfaitaire l'incidence professionnelle et avait obtenu gain de cause devant la Cour d'appel, qui a jugé : « *Qu'en statuant ainsi, alors que la réparation de préjudice doit correspondre à ce dernier et ne saurait être appréciée de manière forfaitaire, la cour d'appel a violé le principe susvisé* ».

La notion de « *référentiel indicatif officiel* » n'est plus non plus d'actualité. Ce type de référentiel permettait une fourchette de référence présentant un caractère indicatif en laissant au juge la possibilité de personnaliser l'indemnisation à l'intérieur de la fourchette, ou de s'en écarter en fonction du cas d'espèce. Le projet de réforme de la responsabilité civile de mars 2017 avait prévu ce type de référentiel, qui devait être réévalué tous les trois ans en tenant compte de la moyenne des décisions judiciaires pour les préjudices extrapatrimoniaux. Heureusement, la proposition de loi du 29 juillet 2020 n'a pas repris cette proposition.

Cependant, on doit faire état du barème d'indemnisation du FIVA (Fonds d'indemnisation des victimes de l'amiante), qui existe, mais qui n'est pas obligatoire. La victime peut refuser l'application de ce barème et dans ce cas le juge fixe librement le montant de l'indemnisation en se référant ou non à ce barème. Cependant s'il en fait expressément référence, sa décision sera censurée (Cass.2e Civ. 24 oct. 2019, n°18-20.818). Il en est de même du barème d'indemnisation de L'ONIAM (Office National d'Indemnisation des accidents médicaux). Là encore ce référentiel n'est qu'indicatif, il ne lie ni les parties ni le juge.

Il faut également mentionner le barème MORNET, qui est un référentiel indicatif d'indemnisation du dommage corporel des Cours d'Appel établi depuis 1913 par les premiers présidents de Cour d'Appel pour servir de référence aux magistrats en matière d'indemnisation du préjudice corporel. Il est né d'un souci d'équité pour les victimes d'un dommage corporel pour pallier les difficultés que rencontraient les juges du fond pour harmoniser leurs décisions.

Le Barème MORNET 2023 se définit comme une aide méthodologique et des références d'indemnisation destinées aux praticiens (magistrats et avocats), il n'est pas reconnu comme un barème d'indemnisation officiel et son application n'est pas obligatoire. Ce document reprend en grande partie la nomenclature Dintilhac, établie par le Président Jean-Pierre Dintilhac qui est une avancée majeure en la matière. Le Barème MORNET est très souvent appliqué pour l'évaluation du Déficit Fonctionnel Permanent (DFP). Cependant antérieurement ce poste de préjudice faisait référence à un valeur du point (taux d'incapacité et âge de la victime) qui était consacrée par la jurisprudence des Tribunaux.

Il aurait été plus simple et plus efficace, puisque la spécialisation en Droit du Dommage corporel existe pour les avocats depuis 2012, de prévoir parallèlement pour les juges la création de Chambres spécialisées en réparation du dommage corporel.

La richesse de la jurisprudence en Droit du dommage corporel est due initialement à la compétence et à la jurisprudence des Présidents et Magistrats qui ont présidé les chambres spécialisées de cette matière devant le Tribunal de Grande Instance de PARIS et devant les Cours d'Appels de Paris et d'Aix-en-Provence. La richesse d'une jurisprudence est sa diversité et sa compétence, mais jamais un référentiel ou un Barème. Il est certain qu'il aurait été préférable de créer devant chaque Tribunal Judiciaire et Cour d'Appel des chambres spécialisées en réparation du dommage corporel. Certes, un référentiel indicatif des juges est important, mais ce n'est qu'un complément. Tout référentiel jugeant le droit et le liant indirectement, la jurisprudence s'en trouve aussi en grande partie figée.

Il est vrai que la création de chambre spécialisée a un coût, mais de toute façon ces dossiers étant tout de même jugés, ils représentent donc bien un coût pour la justice. Il était donc nettement préférable de créer, au moins devant tous les principaux Tribunaux judiciaires et Cours d'Appels, des chambres spécialisées, qui seraient pour le moins plus rapides et plus compétentes pour juger en cette matière. Il existe bien des chambres spécialisées en droit de la famille, en droit immobilier et autres devant presque toutes les juridictions importantes. Alors pourquoi ne pas les offrir au plus démunies à savoir les personnes handicapées ?

Seule la pluralité crée la diversité et la richesse de la jurisprudence.

Actuellement, il est toujours préférable de plaider devant une chambre spécialisée en Droit du dommage corporel, car cela évite tout de même bien des surprises. La loi, ainsi que les règles de procédure permettent souvent à la victime de saisir plusieurs juridictions compétentes territorialement pour connaître de son procès. Heureusement qu'un avocat spécialisé connaît les différentes jurisprudences des Tribunaux et peut utilement saisir un Tribunal plutôt qu'un autre. Un référentiel ne remplacera jamais une matière aussi riche et vivante, qui répare l'être humain dans son ensemble.

Madame Nicole GUEGJ, secrétaire d'Etat aux droits des victimes, a mis en place un groupe de travail, chargé d'élaborer une nomenclature des préjudices corporels. Ce groupe de travail était dirigé par Monsieur Jean-Pierre DINTILHAC, président de la deuxième chambre de la Cour de Cassation.

Cette nomenclature adoptée en 2007 est une avancée majeure, elle est utilisée systématiquement devant l'ordre judicaire et aussi devant l'ordre administratif et concerne les victimes directes et décès et les victimes par ricochet d'un dommages corporels et les décès.

Cette nomenclature présente d'une part, les préjudices dans le temps ceux qui sont « temporaires » et ceux qui sont « permanents » par rapport à la date de consolidation, et d'autre part, ceux qui sont de nature « patrimoniaux » et « extrapatrimoniaux ». Elle permet l'implication des créances des organismes sociaux poste par poste de préjudice.

Des solutions facilement envisageables

L'indemnisation du préjudice corporel serait nettement améliorée par des mesures simples, découlant du constat d'inventaire des lacunes du dispositif actuel.

Au mois d'octobre dernier, nous attirions l'attention du lecteur sur les lacunes du système actuel d'indemnisation des victimes d'accident de la circulation : la réparation de leur préjudice corporel serait nettement améliorée par des mesures simples que nous évoquons plus loin. Fait social, le problème de l'indemnisation des accidentés de la route demeure pourtant confiné aux débats de spécialistes, mais le « chantier » est ouvert. Les assureurs ont développé leur approche de la réparation, qui met en cause le contrat social et les principes fondamentaux de notre droit de la réparation du dommage corporel. Nous reviendrons sur ce point capital dans notre conclusion. Sans attendre la conclusion des travaux en cours au ministère de la Justice, qu'il convient d'accompagner, nous estimons qu'il y a urgence sur certains points. Des mesures particulières sont nécessaires. Elles sont exposées ci-après :

1 – Créer des chambres spécialisées des Tribunaux et Cours d'Appel :

Sous le prétexte qu'il existe des décisions judiciaires différentes pour le montant des indemnisations du préjudice corporel, les compagnies d'assurances ont présenté des référentiels indemnitaires qui, en réalité, mettent un terme à la réparation intégrale du préjudice. Déjà en septembre 2006, il a été écrit à ce sujet : « Il n'existera pas, à l'usage, une grande différence entre ces deux notions, barème et référentiel. D'un côté, un barème qui donne à l'avance des évaluations qui s'imposent au juge ; de l'autre, un référentiel qui préconise à l'avance des évaluations qui sont « indicatives », des références dont le juge peut s'inspirer pour prendre sa décision. Le référentiel, en tant qu'incitation à appliquer des références, enlève naturellement au juge sa totale liberté d'interprétation des évaluations : le juge serait mis en liberté surveillée ! On suggère donc au juge de se référer à un référentiel indicatif alors que le libre pouvoir du juge en matière d'indemnisation doit rester la règle. Ce projet de référentiel constitue une menace pour le principe fondamental de la réparation intégrale du préjudice corporel consacré par la Cour de Cassation. Avec le référentiel, on approfondit, en catimini, la « robotisation » de l'institution judiciaire avec une limitation du pouvoir du juge contraire à la Constitution ». (Lire *Les indemnisations menacées* et *Barème ou référentiel*). Il est vrai que l'on constate des différences d'appréciation selon les tribunaux, car la majeure partie des juridictions n'a pas de chambres spécialisées en réparation du préjudice corporel, alors que toutes les branches principales de notre droit bénéficient de chambres spécialisées, notamment en droit de la famille, du travail, de l'immobilier… A Paris, la 19e chambre du Tribunal de Grande Instance et la 17e chambre de la Cour d'Appel ne jugent que des affaires relatives aux dommages corporels. Aussi sont-elles hautement spécialisées, créant *ipso facto* la jurisprudence qui permet une plus juste appréciation des droits. Il est certain que lorsque l'on plaide devant des chambres non spécialisées dans lesquelles, au cours de la même audience, le juge doit statuer sur une affaire concernant la réparation d'une personne tétraplégique, suivie d'une affaire de divorce, puis d'une affaire de bail ou d'un litige sur un brevet, l'avocat peut s'inquiéter à juste raison pour le traitement de son client, car il est peu probable que pareille chambre puisse être spécialisée en toutes ces matières. Il est dès lors facile de comprendre qu'il est indispensable que la réalité de la réparation du préjudice corporel ne puisse être établie que par des juges spécialisés, en référé et au fond. Cette matière concerne la vie des personnes, et à l'évidence, on ne peut traiter « au rabais » une affaire directement liée à la vie d'un être. Pour qu'il n'y ait plus de disparités entre les différentes juridictions, il faut donc créer des chambres spécialisées en réparation du préjudice corporel pour sauvegarder le principe fondamental de la réparation intégrale du préjudice corporel auprès de tous les Tribunaux et de toutes les Cours d'Appel.

2 – Organiser la communication directe à la victime du procès-verbal de police ou de gendarmerie :

Pour étudier les droits de son client, l'avocat demande la communication du procès-verbal de police ou de gendarmerie, afin de connaître notamment les circonstances de l'accident, l'implication/responsabilité, l'identité des parties et les coordonnées des compagnies d'assurances. Curieusement, alors même que la Loi du 5 Juillet 1985, dite *loi Badinter,* avait pour vocation d'améliorer le sort des victimes d'accidents de la circulation, le procès-verbal n'est pas directement communicable à celles-ci. Certes, l'avocat ou la victime peut en demander la copie au parquet, mais cette démarche implique souvent un délai fort long. Ils peuvent également solliciter ladite copie auprès de l'assureur, qui l'obtient directement d'un organisme étatique appelé TRANS PV. Encore faut-il indiquer ici que dans la loi Badinter, aucune sanction n'est prévue dans l'éventualité où l'assureur refuserait de communiquer ce document. Quelle inégalité de droits ! Dans le cadre d'un accident de la circulation, comment imaginer, comprendre et admettre que, des deux parties concernées, la victime d'une part et l'assureur de l'autre, la seconde ait une priorité flagrante sur la première pour la communication du procès-verbal ? Sans ce procès-verbal de police ou de gendarmerie, l'avocat ne peut pas se risquer à saisir le juge des référés pour obtenir une provision et la désignation d'un expert judiciaire. Tandis que dans l'entre-temps, l'assureur peut s'empresser de contacter la victime, de solliciter un rendez-vous avec elle, et peut-être la convaincre de ne pas avoir recours à l'avocat… qui lui permettrait bien sûr de connaître mieux ses droits. Il faudrait donc impérativement que la victime puisse obtenir en même temps que la compagnie d'assurances le procès-verbal de police ou de gendarmerie, ou tout au moins, qu'elle puisse l'obtenir de TRANS PV à première demande.

3 – Réglementer les visites inopinées des assureurs dans les hôpitaux et autres lieux de soins :

Les représentants des compagnies d'assurances qui, comme dit précédemment, sont renseignés notamment par le procès-verbal de police ou de gendarmerie sur l'identité des parties, rendent souvent visite aux victimes dans les hôpitaux et les centres de rééducation, avant même que celles-ci aient pu se renseigner sur leurs droits auprès d'un avocat ou d'une association de victimes. De telles « visites » devraient être interdites, sauf bien sûr si elles ont été initiées par les victimes elles-mêmes. Pour respecter aussi le droit du malade, les visites des compagnies d'assurances ne devraient être autorisées qu'avec l'accord écrit de la famille, au sens large, et du médecin qui en a la charge.

4 – Instaurer des provisions conséquentes en référé et au fond :

La provision est pour la victime un élément essentiel, car cette somme allouée va d'une part lui permettre de vivre durant toute la période du processus de réparation (amiable ou judiciaire), et d'autre part, elle constitue une reconnaissance de ses droits, source d'apaisement. Lorsqu'une victime obtient une provision faible, elle s'inquiète sur le devenir de son dossier, elle se demande souvent si elle a eu raison de saisir la justice, et de surcroît elle vit dans l'angoisse tout le long du processus de réparation. C'est pourquoi, lorsqu'un dommage corporel est moyen ou important, les provisions allouées devraient l'être en pleine considération de l'importance des dossiers, et être en conséquence élevées. En matière de dommage corporel, le juge devrait allouer à la victime des provisions conséquentes en tenant compte de ses droits présents et à venir.

5 – Expertise judiciaire :

Dans les listes des experts médicaux à la disposition des différents Tribunaux et Cours, toutes les spécialités ne sont pas représentées. À titre d'exemple, les traumatisés crâniens doivent être évalués par des experts judiciaires neurologues : hélas, sur bon nombre de listes, il n'en existe qu'un… et c'est une aubaine, car il est très fréquent qu'il n'en existe pas ! Ainsi, trop souvent, les préjudices corporels des traumatisés crâniens sont-ils mal évalués, et ils sont d'emblée doublement victimes de cette regrettable réalité. Il est indispensable que sur la liste des experts judiciaires près des Procureurs de la République figurent toutes les spécialités médicales.

6 – Les formations :

Si l'on ne peut malheureusement pas empêcher un professionnel incompétent de se saisir d'un dossier, on peut néanmoins l'obliger à poursuivre des formations sensées l'améliorer. Il faudrait poursuivre les formations de manière plus accrue pour les avocats, les experts et autres professionnels, afin d'éviter les inacceptables disparités constatées dans certains dossiers.

La vision de la réparation du dommage corporel proposée par les assureurs dans le *Livre Blanc* d'avril 2008 est en rupture totale avec les principes fondant notre droit

– Principe de la liberté du juge, qu'aucun barème ni référentiel indicatif ne sauraient contraindre.

– Principe de la réparation intégrale des préjudices, légitimé par la Constitution, la Déclaration des Droits de l'Homme, et une directive européenne.

Nous opposons à ce concept, fondé sur la maximalisation du profit financier, un tout autre concept qui, dans le cas de la réparation d'une atteinte à l'intégrité « essentielle » du corps humain, dépasse le seul aspect financier. Cette approche reprend la problématique de compensation du handicap développée par la loi du 11 février 2005. On en déduit que les vrais objectifs de la réparation sont de permettre à la victime, dans le respect de sa liberté d'en disposer, de rester acteur de sa vie.

Les victimes sont doublement victimes, d'une part d'un accident qui les a détruites, et d'autre part des mécanismes pervertis d'un processus de réparation qui demande souvent dix années, plus parfois, pour obtenir le plus souvent une indemnisation sous-évaluée ! Sept années après le dépôt du premier rapport relatif à l'expertise dans l'évaluation du dommage corporel, aucune mesure opérationnelle n'a encore été prise. Comment l'expliquer aux victimes ?

Nous demandons donc dans un premier temps la rédaction, dans les meilleurs délais, des textes nécessaires pour la mise en application des six mesures exposées plus haut. Le problème n'est ni technique, ni juridique. Il est celui de 183.000 blessés de la route chaque année, il est celui des 9.300 d'entre eux qui demeureront lourdement handicapés, il est celui des blessés qu'une politique de sécurité routière a oubliés, pour ne parler que des vies épargnées. C'est un problème éminemment politique, que seule une mission d'information parlementaire peut traiter efficacement : moyens, légitimité, autorité. Nous demandons qu'elle soit constituée avec l'objectif d'élaborer une proposition de loi rassemblant les principales mesures relevant du domaine législatif.

Me Catherine MEIMON NISENBAUM, avocate à la Cour d'Appel de PARIS,

*Amiral (E.R) Jean Picart, ancien président de l'Union Nationale des Associations de Familles de Traumatisés Crâniens (*U.N.A.F.T.C.*),*

www.meimonnisenbaum.com – 11/2008

www.yanous.com – 11/2008

Les annonces de la Seine 01/2009 N°5

Indemnisation : un droit à la dérive

Le droit applicable à l'indemnisation du préjudice corporel des victimes d'accidents de la circulation est encore incomplet, et menacé. Constat en prélude à des propositions.

La réparation du dommage corporel des victimes d'un accident de la route impliquant un véhicule à moteur est régie par la Loi du 5 Juillet 1985, dite *loi Badinter*. Elle délègue *de facto* à l'assureur du responsable de l'accident la conduite de la procédure d'indemnisation. Cependant, le juge peut être saisi par la victime à tout stade de la procédure, soit pour régler un litige bien déterminé (expertise judiciaire, provision, etc.), soit pour assurer la conduite du procès jusqu'à sa conclusion judiciaire. La loi comporte quelques « bornes » marquant l'action de l'assureur, qui ont pour objet d'apporter des garanties à la victime, tel le délai de passage de l'examen médical par exemple.

Il nous parait intéressant, en préambule, de faire un point sur la situation des blessés de la route au regard de l'indemnisation. Selon les données brutes (année 2006) du Livre Blanc sur l'indemnisation du dommage corporel (24 avril 2008), 183.000 victimes ont été indemnisées. Dans ce nombre, on compte 9.300 personnes gravement atteintes, pour lesquelles le montant moyen de l'indemnisation s'élève à quelque 240.000€. L'indemnisation accordée aux autres catégories de blessés (soit 95 % du total des victimes indemnisées) s'élève à 12.000€ environ, et cette « moyenne » masque une grande disparité des chiffres. Les assureurs font état d'un taux de règlements transactionnels de 95 % : ce mode de règlement parait a priori plébiscité, mais en réalité les indications statistiques « *démontrent avec force que, dès que l'enjeu en vaut la peine, la norme est d'abord recherchée dans un traitement juridictionnel du dossier* » (*in* Droit du dommage corporel, Yvonne Lambert-Faivre, 4e édition, 405 a, éditions Dalloz). Ainsi, cet indicateur flatteur ne reflète-t-il que les aboutissants d'un constat *« par défaut »* s'appliquant à des dossiers *« légers »* ayant fait l'objet d'une dissuasion de recherche des solutions judiciaires.

La Loi de 1985 est généreuse pour les victimes, exonérées pour une large part de la charge de la preuve. Elle présuppose que les assureurs adoptent une éthique rigoureuse dans l'exercice de la responsabilité qui leur est déléguée, afin que les intérêts contradictoires du *« juge »* et de la *« partie »,* dont ils sont comptables et qu'ils représentent simultanément, soient respectés. Les « outils officiels » nécessaires, notamment un guide du barème d'évaluation médicale et la mission d'examen médical, n'ont pas été mis en place. Dès lors, les conditions étaient réunies pour aboutir à un système profondément inéquitable. L'émergence, il y a une douzaine d'années, des associations de victimes, la sensibilisation des élus nationaux, l'action convergente des avocats de victimes qui se sont spécialisés, l'implication de magistrats sensibilisés, les échanges et réflexions suscités par *« Les entretiens d'Aix »* (Colloque annuel multidisciplinaire) ont sensibilisé le Ministre de la Justice, et quatre groupes de travail ont été constitués.

Le groupe de travail relatif à l'expertise dans l'évaluation du dommage corporel (rapport d'étape pour 2001) résume ainsi la situation des victimes : *« un bref état de la pratique ou de l'examen médical a très rapidement mis en relief des failles [...] procédures déséquilibrées qui bafouent l'exigence de la contradiction [...] victimes trop souvent mal assistées, mal informées, mal conseillées et mal reçues »* ! Parmi les nombreux points de dysfonctionnement du dispositif indemnitaire, nous retiendrons en particulier :

– Un déséquilibre entre les parties ;

– Des pratiques d'expertises pour le moins choquantes : existence d'un lien contractuel entre le médecin examinateur et la compagnie d'assurances, absence de mission *« officielle »*, évaluation hors situation écologique, méthodologie très discutable pour l'évaluation des troubles cognitifs et comportementaux, refus parfois de s'adjoindre des sapiteurs ergothérapeutes et des neuropsychologues ;

– L'absence d'une base de données transparente, fiable, objective et indépendante, susceptible d'offrir des repères aux victimes (la Loi du 5 Juillet avait prévu la tenue par les assureurs d'un fichier « *AGIRA* » qui, *in fine,* est confus, incomplet et inexploitable au moins par les victimes).

– La disparité entre les différentes juridictions des montants d'indemnisations allouées et, au sein de chacune, entre les propositions transactionnelles ultimes des assureurs et les décisions judiciaires. Concernant le deuxième constat, qui relève parfois de l'abus de la partie dominante, nous rappelons les propos de la magistrate Nathalie Neher-Schraub, conseillère à la Cour d'Appel de Paris : « *Chaque fois que nous avons à connaître une transaction, nous sommes surpris car les montants alloués par voie de transaction sont de moitié inférieure, voire des deux tiers, aux sommes que nous aurions accordées dans les mêmes circonstances* » (*in* Colloque du 10e anniversaire de la Loi Badinter). Aucune étude n'est disponible sur ce dernier problème, et pour cause ; les éléments recueillis par les associations et les professionnels sont constants : pression sur les victimes pour qu'elles ne se fassent pas assister, et pour qu'elles acceptent de transiger ;

– La complexité du recours des organismes sociaux, car si la réforme due à l'initiative du Sénat lors de l'examen du projet de loi de financement de la Sécurité Sociale pour 2007 a éclairci et moralisé une situation que les victimes considèrent comme profondément injuste, ce travail reste à achever ;

– La mise en place d'une nomenclature des chefs de préjudices, car les travaux, remarquables en tous points, conduits par Jean-Pierre Dintilhac (Président de la 2e chambre civile de la Cour de Cassation) et présentés en 2006 n'ont pas encore trouvé de solution définitive.

Chaque groupe de travail a préconisé les mesures à prendre pour restaurer des conditions d'indemnisation normales. Au total, ce sont 35 mesures qui sont proposées ! Certaines seraient à l'étude à la Chancellerie. Il n'est pas question d'en faire ici un exposé critique. Ces mesures ont pour objet d'éliminer les dysfonctionnements cités. Nous les approuvons dans leur principe, à l'exception notable de celle qui est relative à la création d'un « RINSE » (Référentiel Indicatif National Statistique et Evolutif). Nous considérons là qu'il est certes nécessaire d'harmoniser les indemnisations entre juridictions, mais que la méthode proposée n'est pas appropriée. Nous reviendrons sur ce point.

La remise en cause de l'économie générale de la loi n'a pas été évoquée par les groupes de travail et n'est pas souhaitable. Cependant, nous formulerons des propositions dans notre prochain article, destinées à remédier aux dysfonctionnements de l'indemnisation et pour permettre un meilleur traitement au quotidien de la réparation du préjudice corporel.

Me Catherine MEIMON NISENBAUM, avocate à la Cour d'Appel de PARIS,

*Amiral (E.R) Jean Picart, ancien président de l'Union Nationale des Associations de Familles de Traumatisés Crâniens (*U.N.A.F.T.C.*),*

www.meimonnisenbaum.com – 10/2008

www.yanous.com – 10/2008

PS : (Mai 2024)

Madame Nicole GUEGJ, secrétaire d'Etat aux droits des victimes, a mis en place un groupe de travail, chargé d'élaborer une nomenclature des préjudices corporels. Ce groupe de travail était dirigé par Monsieur Jean-Pierre DINTILHAC, président de la deuxième chambre de la Cour de Cassation.

Cette nomenclature adoptée en 2007 est une avancée majeure, elle est utilisée systématiquement devant l'ordre judicaire et aussi devant l'ordre administratif et concerne les victimes directes et décès et les victimes par ricochet d'un dommages corporels et les décès.

Cette nomenclature présente d'une part, les préjudices dans le temps ceux qui sont « temporaires » et ceux qui sont « permanents » par rapport à la date de consolidation, et d'autre part, ceux qui sont de nature « patrimoniaux » et « extrapatrimoniaux ». Elle permet l'implication des créances des organismes sociaux poste par poste de préjudice.

Livre blanc des assureurs, livre noir des victimes

Sous le prétexte d'établir une égalité de traitement entre personnes handicapées, les assureurs militent pour la disparition de la réparation intégrale du préjudice corporel.

Les assureurs français ont de la suite dans les idées : un an après le rejet de leur projet de barémisation voici un an, l'Association française de l'assurance publie en avril 2008, « *Le livre blanc sur l'indemnisation du dommage corporel* ». Ambition déclarée : réformer la réparation qui doit être améliorée, les victimes déplorant la lourdeur des procédures et l'absence de transparence. Des victimes insatisfaites, en quête d'équité ? C'est aussi notre constat, mais dans un contexte différent.

Le « livre blanc » fait la part du feu : les assureurs prennent position sur quelques-unes des réformes préconisées par Yvonne Lambert Faivre : définition d'une mission « officielle », d'un barème médical de référence, d'un barème de capitalisation officiel... Encore conviendra-t-il d'être extrêmement vigilant sur le choix de ces « outils ».

A l'évidence, ce « livre blanc » ne défend pas les intérêts des victimes d'un dommage corporel, mais ceux des assureurs, qui s'efforcent de faire croire qu'ils sont à l'écoute des victimes et de leur « projet de vie », expression répétée à 19 reprises ! On ne doit jamais oublier que les assureurs sont des sociétés commerciales dont la vocation première est de réaliser des bénéfices. Dans ces conditions, il est difficile de concevoir que les objectifs véhiculés dans ce « livre blanc », notamment « le référentiel » et le « projet de vie », permettraient aux victimes d'être mieux indemnisées. Car à l'évidence, si les victimes obtenaient des indemnisations plus substantielles, les assureurs s'appauvriraient ! C'est la raison mécanique fondamentale pour laquelle aujourd'hui les avocats, qui sollicitent sans cesse devant les tribunaux des indemnisations cohérentes, se les voient refuser par les assureurs. Heureusement, les juges tranchent dans le respect de la loi et en conscience.

A lire les assureurs, on a tendance à se demander si la justice sert à quelque chose, car ce document nous expose d'emblée que 95 % des victimes de la circulation sont indemnisées sans procès ! Ce pourcentage n'est pas exact, et les assureurs omettent de préciser que les dommages corporels moyens et lourds sont réglés pour l'essentiel par la justice. Or, ce sont ces dommages qui coûtent le plus cher. À titre d'exemple, depuis l'an 2000, les montants des indemnisations ont augmenté globalement de 6% par an, et pour le seul poste de la tierce personne cette augmentation atteint 20%. Le poste de tierce personne correspond à près de 50% des indemnisations allouées. On comprend donc que, dans l'esprit des assureurs, il faille arrêter l'hémorragie des dépenses et, par voie de conséquence, ne plus prendre en considération l'impérieuse nécessité d'une vie plus décente et sécurisée pour les victimes. Pour parvenir à leurs fins dans cette démarche arithmétique, les assureurs tentent d'enrayer la voie judiciaire qui a créé des jurisprudences permettant une meilleure reconnaissance des victimes, une bonne qualité de vie, de soins et de sécurité, et ce conformément au principe de la réparation intégrale du préjudice corporel.

Le nombre impressionnant de transactions concerne essentiellement les petits dommages corporels. Cependant, la jurisprudence dégagée par les tribunaux est capitale pour toutes les transactions, car elle sert de référence. Si cette création jurisprudentielle disparaissait, il n'existerait plus de possibilité d'une transaction équitable pour les victimes. Par ailleurs, la jurisprudence qui se dégage pour les handicaps moyens et lourds a permis de valoriser tous les petits dommages. On ne répétera jamais assez que le juge est le garant de la réparation du préjudice corporel et des indemnisations qui sont allouées aux victimes, et tout autant le garant du respect de la singularité de la situation de chaque victime.

Pour les assureurs, il faut donc trouver le moyen de neutraliser ce juge qui met à mal la sécurité financière de l'entreprise ! Une solution : harmoniser par la contrainte en mettant en place des référentiels indemnitaires. En somme, c'est le retour à une barémisation qui n'ose plus dire son nom. Et comme il ne faut pas perdre de temps, nos assureurs les ont déjà préparés et proposés à la Chancellerie…

Par ailleurs, les assureurs tentent de prendre une place importante dans l'évaluation du dommage corporel en se présentant comme partenaires du *« projet de vie »* des victimes, projet de vie qu'ils se croient autorisés (selon quelles compétences reconnues ?) à mettre en place. D'une manière étonnante, ils vont même jusqu'à affirmer : « *Dans le cadre de la loi du 11 février 2005, les assureurs souhaitent s'impliquer dans l'élaboration du projet de vie de la victime* ». Ils tentent donc un rapprochement avec les Maisons Départementales des Personnes Handicapées (M.D.P.H). Peut-on concevoir que les assureurs, personnes de droit privé, qui règlent une indemnité au titre d'un contrat, qui sont partie à une procédure d'indemnisation, pourraient devenir partie prenante dans des structures publiques qui sont amenées notamment à évaluer les projets de vie des personnes en situation de handicap ? Les assureurs ont-ils vocation à s'immiscer dans la vie privée des victimes

? Ainsi, le fait de payer sa dette donnerait-il des droits ? Peut-on alors sérieusement parler de procès équitable ?

Les assureurs n'ont absolument rien à voir avec le « projet de vie » de la victime d'un dommage corporel, d'autant que cette notion très floue touche à l'intimité des personnes. Une telle ingérence est intolérable et juridiquement infondée. Aussi, il faudrait selon les assureurs discuter avec la victime de son projet de vie pour mieux appréhender son droit à indemnisation. Or, dans tout procès, lorsqu'une partie est condamnée à payer une indemnisation à une autre partie, jamais on ne demande des comptes à la partie gagnante afin de connaître son projet de vie. Dès lors, pourquoi introduire cette notion pour les personnes en situation de handicap ? Faut-il donc considérer qu'elles doivent être mises sous un régime de super protection : un juge des tutelles et de surcroît un assureur ?

La tentative de mainmise sur l'indemnisation et sur la vie des victimes ne s'arrête pas là. Les assureurs ont aussi la prétention de vouloir s'occuper de leur réinsertion dans le monde du travail. En effet, on peut aussi lire dans ce « livre blanc », qu'il conviendrait « *d'étudier les moyens à mettre en place pour privilégier l'insertion socioprofessionnelle des victimes de dommages corporels lourdement handicapées* ». Ainsi, le projet de vie concernant la réinsertion professionnelle des personnes lourdement handicapées permettrait-il en réalité de ne plus régler d'indemnisation totale au titre du préjudice professionnel, dès lors que la réinsertion serait possible... Selon quels critères ? Des personnes traumatisées crâniens graves et blessées médullaires, notamment, n'ont pas de comptes à rendre aux assureurs, et ces derniers n'ont pas à s'occuper de la « reconquête de leur dignité » ! Enfin, selon ce document, « *le délai maximal entre la date de consolidation médico-légale et l'établissement du projet de vie doit être fixé réglementairement* ». La volonté affichée des assureurs est donc bien de retarder encore et encore l'indemnisation et de la minimiser, et ce avec le recours, semble-t-il, au pouvoir réglementaire.

Le cœur du projet est bien ailleurs. On sait, en effet, que la profession estime que l'inflation des indemnisations créerait un risque financier (ce qui n'est sans doute pas faux, l'assurance, entreprise économique, doit des comptes à ses actionnaires !). Cette inflation est imputée au juge qui, appréciant *in concerto,* n'est pas tenu par l'intérêt de l'assureur. Pourquoi cette inflation ? Parce que les victimes et leurs avocats savent le juge plus attentif que le régleur à l'argumentaire fondant les demandes sur la référence à la dignité, à l'atteinte identitaire. Parce que l'expert judiciaire est plus à l'écoute des souffrances que le médecin examinateur de l'assurance, parfois plus occupé à rechercher des facteurs minorants. En règle générale, les victimes ont appris à se défier des assureurs, le nombre d'avocats spécialisés croit, la jurisprudence est de plus en plus favorable aux victimes.

Ainsi, pour mieux sauvegarder les intérêts financiers des assureurs, deux principes de droit sont remis en cause dans le « livre blanc » : la liberté du juge et le principe de la réparation intégrale des préjudices. L'argument développé pour justifier cette position est le concept « d'équité », qui conduit à poser comme principe : « A préjudice égal, indemnisation égale », affirmation *a priori* indiscutable, mais tellement réductrice qu'elle est fausse… et utopique dès lors qu'on intègre dans le même champ d'application la solidarité nationale (Sécurité Sociale) et la mutualisation du risque « tiers responsable » (assurance automobile).

Espérons que la teneur de ce « livre blanc », qui s'adresse au premier chef aux hommes politiques, leur donnera assez de sagesse pour qu'ils n'acceptent pas de faire des économies sur les personnes en situation de handicap, au risque d'anéantir tout le travail des tribunaux, des avocats spécialisés, des associations, et de la doctrine sur la réparation intégrale du préjudice corporel…

Me Catherine MEIMON NISENBAUM, avocate à la Cour d'Appel de PARIS,

*Amiral (E.R) Jean Picart, ancien président de l'Union Nationale des Associations de Familles de Traumatisés Crâniens (*U.N.A.F.T.C.*),*

www.meimonnisenbaum.com – 06/2008

www.yanous.com – 06/2008

Les annonces de la seine 07/2008

Barème ou référentiel : du pareil au même

Le Pouvoir Exécutif se prononce contre la barémisation tout en étant favorable aux référentiels indicatifs. Au risque de limiter la réparation intégrale du préjudice corporel et la compensation du handicap.

Les compagnies d'assurances estiment qu'il existe des différences entre les montants des indemnisations octroyées par les diverses juridictions dans le cadre de la réparation d'un dommage corporel. Pour remédier à ce déséquilibre, elles préconisent une barémisation sous la forme d'un référentiel uniforme pour toute la France. Ainsi, sans oublier leur finalité de faire des bénéfices, les compagnies d'assurance s'érigent en justicier. On est bien sûr en droit de s'interroger sur leur motivation dans la défense d'une indemnisation légitime des personnes en situation de handicap. Les compagnies d'assurances connaissent les statistiques : que ce soit le coût moyen d'un accident selon son degré de gravité, qu'il se termine par une transaction ou par une décision judiciaire. Ainsi, il y a tout lieu de croire que leur proposition de référentiel uniforme est d'abord motivée par la volonté d'enrayer la hausse du montant des indemnisations dont le poids pèse sur leurs résultats d'exploitation. Ce poids croissant des indemnisations sur les résultats des régleurs est en effet la conséquence directe de l'indemnisation des victimes, qui obtiennent des tribunaux une réparation de plus en plus juste en raison de l'application du principe fondamental de la réparation intégrale du préjudice corporel consacrée, à maintes reprises, par la Cour de Cassation.

Cependant, le Ministre Délégué aux personnes handicapées, le 8 juin 2006, et le Ministre de la Justice, le 20 juin 2006, (réponse ministérielle J0 du 20/06/2006) ont fait savoir que s'ils étaient opposés à la barémisation stricte, ils étaient cependant favorables aux référentiels indicatifs. Le Ministre de la Justice précise : *« En vue de l'amélioration des conditions d'indemnisation des victimes, la Chancellerie s'attache notamment, parmi les travaux en cours, à la mise en œuvre des moyens susceptibles de favoriser l'harmonisation de la jurisprudence sans qu'il ne soit porté atteinte à la liberté d'appréciation du juge. En considération de cet objectif, la mise en place d'un référentiel des montants alloués par les cours d'appels en cas de dommage corporel fait actuellement l'objet d'une étude approfondie »*. Or, il n'existera pas, à l'usage, une grande différence entre ces deux notions, barème et référentiel. D'un côté, un barème qui donne à l'avance des évaluations qui s'imposent au juge ; de l'autre, un référentiel qui préconise à l'avance des évaluations qui sont « indicatives », des références dont le juge peut s'inspirer pour prendre sa décision, entre un chiffe plafond, un chiffre plancher et un chiffre médian.

Trois critiques majeures doivent être soulevées à l'encontre de ce projet. Tout d'abord le référentiel, en tant qu'incitation à appliquer des références, enlève naturellement au juge sa totale liberté d'interprétation des évaluations : le juge serait mis en liberté surveillée ! Ces référentiels – quel que soit le nom qu'on leur donne – ont pour objectif, en définitive, d'uniformiser la jurisprudence. Le juge devra donc tenir compte, *in fine*, de ce souhait et sera tenu, de fait, à rester proche de ces références. On suggère donc au juge de se référer à un référentiel indicatif alors que le libre pouvoir du juge en matière d'indemnisation doit rester la règle. Ensuite, pour le pouvoir exécutif, il s'agit, certes, d'harmoniser la jurisprudence par la mise en place de référentiels mais cette intervention probable du pouvoir exécutif ne respecte pas le principe constitutionnel de la séparation des pouvoirs. Enfin, ce projet de référentiel constitue une menace pour le principe fondamental de la réparation intégrale du préjudice corporel consacré par la Cour de Cassation. Il est contraire au principe de compensation édicté par la loi du 11 février 2005, et à l'individualisation des cas d'espèce, essentielle en la matière.

Avec le référentiel, on approfondit, en catimini, la « robotisation » de l'institution judiciaire avec une limitation du pouvoir du juge contraire à la Constitution. En fait, la baisse des indemnisations souhaitée par les régleurs a déjà commencé par la mise en place en 2005 du référentiel indicatif de l'Office National d'Indemnisation des Accidents Médicaux (ONIAM) créé par la loi du 4 mars 2002 sur les droits des malades. Cependant, et contrairement aux domaines couverts par les projets actuels, le référentiel de l'ONIAM ne s'applique pas en cas de désaccord devant le juge du contentieux. Or il en sera différemment à l'avenir si ce projet de référentiels est retenu. La discussion, cette fois-ci, concerne directement le Pouvoir Judiciaire que l'on veut réglementer, ce qui ne peut être accepté en l'état.

Pourquoi cette radicalisation ? S'il existe effectivement certaines décisions marginales dans un sens ou dans l'autre, il serait regrettable et dommageable d'essayer de supprimer ces excès par une « robotisation » de la justice. Et en définitive, les régleurs en tireraient un total avantage, dans la mesure où le référentiel consacrerait, en fait, une indemnisation sacrifiée allant à l'encontre de personnes vulnérables. Aujourd'hui, la proposition de référentiel semble ne concerner que l'Incapacité Physique Permanente, le préjudice esthétique et les souffrances endurées. Or ce ne sont pas ces préjudices qui coûtent cher et il y a donc tout lieu de craindre que cette réglementation soit progressivement étendue aux autres chefs de préjudices, telle la tierce personne, et ce pour la finalité de l'opération.

Par ailleurs, la question se pose, pour l'avenir, de la nature de la réactualisation des référentiels lorsque n'existera plus qu'une jurisprudence référencée. La richesse de la jurisprudence est, par essence, d'évoluer ; dans ce cas, elle sera naturellement figée, comme standardisée. Pourquoi, avant de prendre de telles mesures, ne pas avoir d'abord désigné une commission parlementaire afin de vérifier si les « bonnes et mauvaises décisions » sont judiciaires ou administratives, sur quel poste de préjudices s'exercent ces différences, et surtout quel est le nombre de « bonnes et de mauvaises décisions » ? En existerait-il vingt bonnes pour une mauvaise ? Doit-on ruiner l'institution judiciaire en nivelant par le bas les indemnités par le biais de référentiels, parce que les « bonnes décisions » coûtent cher aux régleurs ?

Cet audit parlementaire n'a pas été mené, et pourtant la loi Badinter du 5 juillet 1985, qui régit les accidents de la circulation, prévoyait en son article 26 une publication périodique devant rendre compte des indemnités fixées par les jugements et transactions, sous le contrôle de l'autorité publique. Depuis 21 ans, cette partie de la loi n'a pas été appliquée ! Pourquoi cette publication des indemnités n'a-t-elle pas été réalisée sous le contrôle de l'autorité publique avant de préparer cette nouvelle réglementation ? De leur côté, les assureurs, avec l'AGIRA (Association pour la Gestion des Informations sur le Risque Automobile), viennent de publier un premier rapport en octobre 2005 sur les dossiers réglés en 2003, portant sur 21.625 transactions et décisions de justice, qui est très préoccupant. En effet, les références AGIRA qui sont données par les assureurs sont basses.

Au total, on ne peut manifestement pas prôner la défense du principe de la réparation intégrale lorsque l'on demande au juge de s'inspirer de « références indicatives » ! Est-ce ainsi que l'on reconnaît l'excellent travail des professionnels qui ont rendu et obtenu ces décisions qui sont l'honneur de notre Justice ? Si le souhait ultime consiste à mettre sur un pied d'égalité toutes les victimes du point de vue du montant des indemnisations, il faudrait plutôt commencer par la transformation de la formation du monde judiciaire. Puisqu'il semble s'agir d'une exigence d'équilibre et d'équité, ne faudrait-il pas plutôt, pour obtenir une justice plus équilibrée qui réponde aux besoins spécifiques des personnes en situation de handicap, tenir compte de l'évolution du coût de la vie ? Ne faudrait-il pas développer des formations qui permettraient d'éviter que ces quelques décisions dites « mauvaises » n'enrayent l'institution ? Mais tout cela ne répond pas aux objectifs des régleurs.

On parle de « bonnes juridictions » ou de « bonnes décisions », mais ce sont aussi peut-être des juridictions qui se sont auto-formées, notamment au contact des experts, des médecins, en participant à des colloques, à des diplômes interuniversitaires concernant le handicap, pour juger en connaissance de cause. Il faut aussi tenir compte que les juges ne peuvent pas statuer *ultra petita,* et que certains chefs de demandes sont omis ou incomplets. C'est pourquoi, dans un souci de formation adaptée, certains barreaux, notamment le barreau de Paris, ont créé un champ de compétence en réparation du préjudice corporel : c'est un examen que doit passer l'avocat qui souhaite obtenir une spécialisation en la matière. De plus, les avocats doivent suivre une formation continue obligatoire à raison de 20 heures par an. Dans le même esprit, de nombreuses commissions de formation ont été créées, notamment pour les indemnisations du préjudice corporel. Ne faudrait-il pas aussi que le Ministère de la Justice développe l'accès aux décisions de justice en la matière, pour une meilleure connaissance de celles-ci ?

Enfin, doit-on sacrifier les très nombreuses « bonnes indemnisations » qui ont permis aux victimes de vivre dans la sécurité et la dignité alors qu'un audit légal n'a pas été réalisé, que la formation des acteurs judiciaires est insuffisante pour ne pas dire inexistante, qu'il existe trop peu de chambres spécialisées ? On ne peut pas oublier en effet que, pour les personnes en situation de handicap, les indemnités allouées sont non seulement nécessaires mais souvent vitales. De plus, dans bien des domaines, les tribunaux rendent des décisions très différentes sur tout le territoire en matière d'indemnisation et autres. Alors pourquoi vouloir instaurer des référentiels indicatifs uniquement pour les personnes en situation de handicap ? Déjà, pour faire droit au lobby des assurances, la Jurisprudence Perruche de la Cour de Cassation a été sacrifiée. Va-t-on maintenant sacrifier pour les mêmes raisons le principe de la réparation intégrale du préjudice corporel élaboré par le long travail des Tribunaux et Cours d'Appel et consacré à maintes reprises par la Cour de Cassation ?

Il faut choisir entre les difficultés des régleurs, le défaut de formation, et le légitime droit des victimes d'être indemnisées en application des principes de la séparation des pouvoirs, de la réparation intégrale du préjudice corporel, du respect de la compensation édicté par la loi du 11 février 2005, et de l'individualisation des cas d'espèce qui est essentielle s'agissant de l'être humain.

Me Catherine MEIMON NISENBAUM

Avocate à la Cour d'Appel de PARIS

www.meimonnisenbaum.com – 09/2006

www.yanous.com – 09/2006

Reliance Edition ERES N°23 -03/2007

PS : (Mai 2024)

La barémisation n'est pas passée, malgré l'insistance réitérée des compagnies d'assurances, mutuelles et fonds.

La Cour de cassation a rappelé en 2019 le refus de la barémisation (Cass Civ. 2eme, 13 juin 2019, n° 18-17.571 inédit). En l'espèce, une compagnie d'assurances avait proposé d'indemniser pour un montant forfaitaire l'incidence professionnelle et avait obtenu gain de cause devant la Cour d'appel, qui a jugé : « *Qu'en statuant ainsi, alors que la réparation de préjudice doit correspondre à ce dernier et ne saurait être appréciée de manière forfaitaire, la cour d'appel a violé le principe susvisé* ».

La notion de « *référentiel indicatif officiel* » n'est plus non plus d'actualité. Ce type de référentiel permettait une fourchette de référence présentant un caractère indicatif en laissant au juge la possibilité de personnaliser l'indemnisation à l'intérieur de la fourchette, ou de s'en écarter en fonction du cas d'espèce. Le projet de réforme de la responsabilité civile de mars 2017 avait prévu ce type de référentiel, qui devait être réévalué tous les trois ans en tenant compte de la moyenne des décisions judiciaires pour les préjudices extrapatrimoniaux. Heureusement, la proposition de loi du 29 juillet 2020 n'a pas repris cette proposition.

Cependant, on doit faire état du barème d'indemnisation du FIVA (Fonds d'indemnisation des victimes de l'amiante), qui existe, mais qui n'est pas obligatoire. La victime peut refuser l'application de ce barème et dans ce cas le juge fixe librement le montant de l'indemnisation en se référant ou non à ce barème. Cependant s'il en fait expressément référence, sa décision sera censurée (Cass.2e Civ. 24 oct. 2019, n°18-20.818). Il en est de même du barème d'indemnisation de L'ONIAM (Office National d'Indemnisation des accidents médicaux). Là encore ce référentiel n'est qu'indicatif, il ne lie ni les parties ni le juge.

Il faut également mentionner le barème MORNET, qui est un référentiel indicatif d'indemnisation du dommage corporel des Cours d'Appel établi depuis 1913 par les premiers présidents de Cour d'Appel pour servir de référence aux magistrats en matière d'indemnisation du préjudice corporel. Il est né d'un souci d'équité pour les victimes d'un dommage corporel pour pallier les difficultés que rencontraient les juges du fond pour harmoniser leurs décisions.

Le Barème MORNET 2023 se définit comme une aide méthodologique et des références d'indemnisation destinées aux praticiens (magistrats et avocats), il n'est pas reconnu comme un barème d'indemnisation officiel et son application n'est pas obligatoire. Ce document reprend en grande partie la nomenclature Dintilhac, établie par le Président Jean-Pierre Dintilhac qui est une avancée majeure en la matière. Le Barème MORNET est très souvent appliqué pour l'évaluation du Déficit Fonctionnel Permanent (DFP). Cependant antérieurement ce poste de préjudice faisait référence à un valeur du point (taux d'incapacité et âge de la victime) qui était consacrée par la jurisprudence des Tribunaux.

Il aurait été plus simple et plus efficace, puisque la spécialisation en Droit du Dommage corporel existe pour les avocats depuis 2012, de prévoir parallèlement pour les juges la création de Chambres spécialisées en réparation du dommage corporel.

La richesse de la jurisprudence en Droit du dommage corporel est due initialement à la compétence et à la jurisprudence des Présidents et Magistrats qui ont présidé les chambres spécialisées de cette matière devant le Tribunal de Grande Instance de PARIS et devant les Cours d'Appels de Paris et d'Aix-en-Provence. La richesse d'une jurisprudence est sa diversité et sa compétence, mais jamais un référentiel ou un Barème. Il est certain qu'il aurait été préférable de créer devant chaque Tribunal Judiciaire et Cour d'Appel des chambres spécialisées en réparation du dommage corporel. Certes, un référentiel indicatif des juges est important, mais ce n'est qu'un complément. Tout référentiel jugeant le droit et le liant indirectement, la jurisprudence s'en trouve aussi en grande partie figée.

Il est vrai que la création de chambre spécialisée a un coût, mais de toute façon ces dossiers étant tout de même jugés, ils représentent donc bien un coût pour la justice. Il était donc nettement préférable de créer, au moins devant tous les principaux Tribunaux judiciaires et Cours d'Appels, des chambres spécialisées, qui seraient pour le moins plus rapides et plus compétentes pour juger en cette matière. Il existe bien des chambres spécialisées en droit de la famille, en droit immobilier et autres devant presque toutes les juridictions importantes. Alors pourquoi ne pas les offrir au plus démunies à savoir les personnes handicapées ?

Seule la pluralité crée la diversité et la richesse de la jurisprudence.

Actuellement, il est toujours préférable de plaider devant une chambre spécialisée en Droit du dommage corporel, car cela évite tout de même bien des surprises. La loi, ainsi que les règles de procédure permettent souvent à la victime de saisir plusieurs juridictions compétentes territorialement pour connaître de son procès. Heureusement qu'un avocat spécialisé connaît les différentes jurisprudences des Tribunaux et peut utilement saisir un Tribunal plutôt qu'un autre. Un référentiel ne remplacera jamais une matière aussi riche et vivante, qui répare l'être humain dans son ensemble.

Madame Nicole GUEGJ, secrétaire d'Etat aux droits des victimes, a mis en place un groupe de travail, chargé d'élaborer une nomenclature des préjudices corporels. Ce groupe de travail était dirigé par Monsieur Jean-Pierre DINTILHAC, président de la deuxième chambre de la Cour de Cassation.

Cette nomenclature adoptée en 2007 est une avancée majeure, elle est utilisée systématiquement devant l'ordre judicaire et aussi devant l'ordre administratif et concerne les victimes directes et décès et les victimes par ricochet d'un dommages corporels et les décès.

Cette nomenclature présente d'une part, les préjudices dans le temps ceux qui sont « temporaires » et ceux qui sont « permanents » par rapport à la date de consolidation, et d'autre part, ceux qui sont de nature « patrimoniaux » et « extrapatrimoniaux ». Elle permet l'implication des créances des organismes sociaux poste par poste de préjudice.

Les indemnisations menacées

Le projet de barémisation des compagnies d'assurances mettra un terme à la réparation intégrale du préjudice corporel.

La jurisprudence de la Cour de Cassation en matière d'indemnisation d'un dommage corporel, qu'il résulte d'un accident de la circulation, du travail, domestique, sportif, médical ou autre, est bien établie. La juridiction suprême n'a pas cessé de rappeler le principe fondamental de la réparation intégrale du préjudice. Ce principe permet à une personne en situation de handicap à la suite d'un accident, de conserver les moyens de son train de vie antérieur et de financer les dépenses générées par le handicap, l'ensemble lui permettant de vivre dans la dignité et la sécurité.

Il est vrai que les jurisprudences des Tribunaux qui appliquent ce principe coûtent de plus en plus cher aux compagnies d'assurances et c'est pourquoi, depuis de nombreuses années, ces dernières tentent de façon récurrente d'imposer des barèmes d'indemnisation, barèmes qui sont de nouveau d'actualité : les « régleurs » estiment qu'il existe des différences dans les montants des indemnisations octroyées selon les juridictions qui les fixent, ce qui serait injuste pour les victimes, justifiant l'application de barèmes uniformes dans toute la France pour établir un équilibre. Sauf que le système actuel défend les intérêts des victimes : la barémisation, elle, empêcherait leur indemnisation intégrale, et l'insistance des régleurs à vouloir l'imposer n'est pas innocente.

Il est exact que les juridictions rendent des décisions différentes sur les montants des indemnités. Les juges en France sont indépendants, et c'est une chance. Cependant, il existe en fait une harmonisation relative de la jurisprudence, ce serait un tort de monter en épingle les décisions extrêmes dans un sens ou dans un autre. Sur ce point, l'une des conseillères près l'une des plus importantes Cours d'Appel de France, a justement rappelé lors d'une journée de formation à Paris en mars 2006 que *« ce sont les bons avocats qui font les bons juges »*. En effet, il appartient aux avocats de victimes de défendre devant toutes les juridictions de France les évaluations et les jurisprudences les plus favorables pour l'indemnisation, et c'est ce qu'ils font.

A titre d'exemple, notamment pour le barème de capitalisation, la 17e Chambre de la Cour d'Appel de Paris a jugé pour la première fois en 2004 l'application d'un barème plus favorable aux victimes, celui du TD 88/90 du

Trésor Public au taux de 3,01%, et a de ce fait rejeté l'application du décret de 8 août 1986 au taux de 6,5%. L'application du barème TD 88/90 à 3,01% permet une indemnisation supérieure à celle issue de l'application du barème issu du décret précité de l'ordre de 50% et permet désormais d'augmenter l'indemnisation du préjudice professionnel, de la tierce personne, des aides techniques, du véhicule adapté en les mettant en harmonie avec la réalité économique. Les avocats et les juristes ont sollicité l'application du TD 88/90 du Trésor Public devant toutes les juridictions en France et, aujourd'hui, on peut dire que ce barème est appliqué par la quasi-totalité de celles-ci. Il existe donc bel et bien un pouvoir régulateur.

Dans notre système actuel, l'expert médical donne un avis au juge, qui est libre de le suivre ou pas, mais en tout état de cause, c'est ce dernier qui décide du montant de l'indemnité. Si l'on remplace le pouvoir des juges par des barèmes, on donnera alors tout pouvoir à l'expert médical et ce sans aucun régulateur. En effet, l'expert médical, par exemple pour les préjudices personnels, notamment le *pretium doloris* et le préjudice esthétique, donnera une évaluation de 1 à 7 et l'on appliquera automatiquement les montants du barème pour connaître le montant de l'indemnité. Il n'y aura donc plus aucun contrôle et aucune spécificité du handicap. A titre d'exemple, actuellement l'expert médical peut évaluer un préjudice esthétique à 2 sur 7, l'avocat de la victime peut contester cette évaluation et le juge passer outre l'avis de l'expert et retenir une indemnité plus élevée. Avec le barème, on appliquera le chiffre correspondant au chiffre 2 dans le barème. Quelle injustice !

Il est primordial que le pouvoir du Juge soit sauvegardé, il ne saurait être transféré aux médecins experts, ce qui aurait une conséquence catastrophique lors que ces derniers ne travaillent que pour les compagnies d'assurances. Tout barème d'indemnisation est dangereux : on ignore les sources de référence qui le composent, et son mode d'évolution. Comment dans l'avenir, si ce système de barémisation est adopté, les grilles de références seront-elles réévaluées puisqu'il n'y aura plus de jurisprudence, et donc plus de référence ? L'être humain ne peut être mis en « grille », pourquoi l'indemnisation des personnes en situation de handicap le serait à la différence des autres matières ? Le mobile est dangereux.

Les barèmes d'indemnisation minimisent le droit des victimes ; à titre d'exemple le référentiel mis en place par l'Office National d'Indemnisation des Accidents Médicaux (ONIAM) en 2005 sous-évalue le montant des indemnités. Certes, il s'agit d'un barème indicatif, cependant, celui-ci est une incitation à l'appliquer. C'est une robotisation judiciaire qui guette l'institution. Le Juge est incontestablement le gardien des indemnisations des victimes et du juste équilibre, on ne peut l'exclure.

Par ailleurs, les assureurs estiment également que le montant des indemnisations qu'ils règlent a considérablement augmenté ; certes, mais elles n'ont fait qu'être mises en adéquation avec la réalité économique. On ne doit pas accepter une indemnisation au rabais. La première question qui vient à l'esprit est de se demander si le souci des compagnies d'assurances est bien, en effet, de maintenir un juste équilibre d'indemnisation entre toutes les victimes atteintes d'un même dommage corporel. En réalité, il ne faut pas omettre que les compagnies d'assurances sont des sociétés commerciales et que leur souci est autre ; c'est pour cette raison qu'elles estiment que le montant des indemnités fixées par les tribunaux est excessif et préconisent donc, par le biais d'un barème, un nivellement par le bas des indemnités. Si effectivement les indemnisations augmentent, cela veut dire finalement que les juges prennent en compte les dommages, les besoins, le coût de la vie, en vue d'obtenir l'évaluation la plus juste de l'indemnisation des victimes ; c'est donc un système équitable, on ne doit pas le changer.

Pourtant, on constate que les victimes dans le cadre des accidents de la circulation sont de moins en moins nombreuses à saisir la Justice pour obtenir réparation de leurs droits (-9%). *A contrario,* le montant des indemnités payées par les compagnies d'assurances en exécution d'une décision de justice augmente. Par conséquent, l'intérêt des victimes d'un dommage corporel moyen voire important est incontestablement de saisir les Tribunaux et de se renseigner sur leurs droits. Cependant, si le montant des indemnités juridictionnelles diminue, corrélativement le montant des indemnités transactionnelles diminuera également, tout le système de l'indemnisation sera à la baisse, et certainement pas au profit des victimes.

Il ne faut pas oublier que lors du colloque de l'indemnisation du dommage corporel du 10 mars 2005, Nicole Guedj, Secrétaire d'État aux droits des victimes, avait bien compris l'enjeu et le danger de la barémisation : *« La barémisation financière des indemnités allouées ? Sur ce point, ma réponse ne peut être qu'un refus, net et sans concession. Je comprends que les fonds d'indemnisation, établissements publics, aient recours à un barème financier. Il leur est nécessaire, autant pour respecter une égalité d'indemnisation que pour informer les victimes avant une éventuelle demande. En revanche, il ne saurait être admis à mon sens que les juges se plient à une grille d'indemnisation ».*

Nicole Guedj n'est plus Ministre et, depuis, les assureurs ont cru bon de déposer un dossier pour la barémisation au Ministère de la Justice, et le gouvernement est silencieux sur cette question capitale. Il faut inlassablement défendre les droits des personnes en situation de handicap et ne pas permettre que les personnes vulnérables perdent leurs acquis. Il faut défendre envers et contre tout, le droit à la réparation intégrale du préjudice, à l'individualisation des cas d'espèces et contester sous quelque forme que ce soit la barémisation qui est une indemnisation au rabais, donc une victime sacrifiée au profit des assurances.

Il faut rappeler que la loi sur l'égalité des chances du 11 février 2005 a été le début d'une avancée pour le droit des personnes en situation de handicap, mais il ne faudrait pas pour autant accepter de revenir en arrière sous prétexte que le droit positif actuel coûte cher aux régleurs. Toutes les personnes en situation de handicap sont concernées.

Me Catherine MEIMON NISENBAUM

Avocate à la Cour d'Appel de PARIS

www.meimonnisenbaum.com – 04/2006

www.yanous.com – 04/2006

Reliance Edition ERES N°20

PS : (Mai 2024)

La barémisation n'est pas passée, malgré l'insistance réitérée des compagnies d'assurances, mutuelles et fonds.

La Cour de cassation a rappelé en 2019 le refus de la barémisation (Cass Civ. 2eme, 13 juin 2019, n° 18-17.571 inédit). En l'espèce, une compagnie d'assurances avait proposé d'indemniser pour un montant forfaitaire l'incidence professionnelle et avait obtenu gain de cause devant la Cour d'appel, qui a jugé : « *Qu'en statuant ainsi, alors que la réparation de préjudice doit correspondre à ce dernier et ne saurait être appréciée de manière forfaitaire, la cour d'appel a violé le principe susvisé* ».

La notion de « *référentiel indicatif officiel* » n'est plus non plus d'actualité. Ce type de référentiel permettait une fourchette de référence présentant un caractère indicatif en laissant au juge la possibilité de personnaliser l'indemnisation à l'intérieur de la fourchette, ou de s'en écarter en fonction du cas d'espèce. Le projet de réforme de la responsabilité civile de mars 2017 avait prévu ce type de référentiel, qui devait être réévalué tous les trois ans en tenant compte de la moyenne des décisions judiciaires pour les préjudices extrapatrimoniaux. Heureusement, la proposition de loi du 29 juillet 2020 n'a pas repris cette proposition.

Cependant, on doit faire état du barème d'indemnisation du FIVA (Fonds d'indemnisation des victimes de l'amiante), qui existe, mais qui n'est pas obligatoire. La victime peut refuser l'application de ce barème et dans ce cas le juge fixe librement le montant de l'indemnisation en se référant ou non à ce barème. Cependant s'il en fait expressément référence, sa décision sera censurée (Cass.2e Civ. 24 oct. 2019, n°18-20.818). Il en est de même du barème d'indemnisation de L'ONIAM (Office National d'Indemnisation des accidents médicaux). Là encore ce référentiel n'est qu'indicatif, il ne lie ni les parties ni le juge.

Il faut également mentionner le barème MORNET, qui est un référentiel indicatif d'indemnisation du dommage corporel des Cours d'Appel établi depuis 1913 par les premiers présidents de Cour d'Appel pour servir de référence aux magistrats en matière d'indemnisation du préjudice corporel. Il est né d'un souci d'équité pour les victimes d'un dommage corporel pour pallier les difficultés que rencontraient les juges du fond pour harmoniser leurs décisions.

Le Barème MORNET 2023 se définit comme une aide méthodologique et des références d'indemnisation destinées aux praticiens (magistrats et avocats), il n'est pas reconnu comme un barème d'indemnisation officiel et son application n'est pas obligatoire. Ce document reprend en grande partie la nomenclature Dintilhac, établie par le Président Jean-Pierre Dintilhac qui est une avancée majeure en la matière. Le Barème MORNET est très souvent appliqué pour l'évaluation du Déficit Fonctionnel Permanent (DFP). Cependant antérieurement ce poste de préjudice faisait référence à un valeur du point (taux d'incapacité et âge de la victime) qui était consacrée par la jurisprudence des Tribunaux.

Il aurait été plus simple et plus efficace, puisque la spécialisation en Droit du Dommage corporel existe pour les avocats depuis 2012, de prévoir parallèlement pour les juges la création de Chambres spécialisées en réparation du dommage corporel.

La richesse de la jurisprudence en Droit du dommage corporel est due initialement à la compétence et à la jurisprudence des Présidents et Magistrats qui ont présidé les chambres spécialisées de cette matière devant le Tribunal de Grande Instance de PARIS et devant les Cours d'Appels de Paris et d'Aix-en-Provence. La richesse d'une jurisprudence est sa diversité et sa compétence, mais jamais un référentiel ou un Barème. Il est certain qu'il aurait été préférable de créer devant chaque Tribunal Judiciaire et Cour d'Appel des chambres spécialisées en réparation du dommage corporel. Certes, un référentiel indicatif des juges est important, mais ce n'est qu'un complément. Tout référentiel jugeant le droit et le liant indirectement, la jurisprudence s'en trouve aussi en grande partie figée.

Il est vrai que la création de chambre spécialisée a un coût, mais de toute façon ces dossiers étant tout de même jugés, ils représentent donc bien un coût pour la justice. Il était donc nettement préférable de créer, au moins devant tous les principaux Tribunaux judiciaires et Cours d'Appels, des chambres spécialisées, qui seraient pour le moins plus rapides et plus compétentes pour juger en cette matière. Il existe bien des chambres spécialisées en droit de la famille, en droit immobilier et autres devant presque toutes les juridictions importantes. Alors pourquoi ne pas les offrir au plus démunies à savoir les personnes handicapées ?

Seule la pluralité crée la diversité et la richesse de la jurisprudence.

Actuellement, il est toujours préférable de plaider devant une chambre spécialisée en Droit du dommage corporel, car cela évite tout de même bien des surprises. La loi, ainsi que les règles de procédure permettent souvent à la victime de saisir plusieurs juridictions compétentes territorialement pour connaître de son procès. Heureusement qu'un avocat spécialisé connaît les différentes jurisprudences des Tribunaux et peut utilement saisir un Tribunal plutôt qu'un autre. Un référentiel ne remplacera jamais une matière aussi riche et vivante, qui répare l'être humain dans son ensemble. En 2004,

Madame Nicole GUEGJ, secrétaire d'Etat aux droits des victimes, a mis en place un groupe de travail, chargé d'élaborer une nomenclature des préjudices corporels. Ce groupe de travail était dirigé par Monsieur Jean-Pierre DINTILHAC, président de la deuxième chambre de la Cour de Cassation.

Cette nomenclature adoptée en 2007 est une avancée majeure, elle est utilisée systématiquement devant l'ordre judicaire et aussi devant l'ordre administratif et concerne les victimes directes et décès et les victimes par ricochet d'un dommages corporels et les décès.

Cette nomenclature présente d'une part, les préjudices dans le temps ceux qui sont « temporaires » et ceux qui sont « permanents » par rapport à la date de consolidation, et d'autre part, ceux qui sont de nature « patrimoniaux » et « extrapatrimoniaux ». Elle permet l'implication des créances des organismes sociaux poste par poste de préjudice.

Victimes : un risque de régression

La publication d'un barème sous-évalué par l'Office National d'Indemnisation des Accidents Médicaux pourrait déstabiliser l'indemnisation de toutes les victimes d'accidents

La publication d'un barème sous-évalué par l'Office National d'Indemnisation des Accidents Médicaux pourrait déstabiliser l'indemnisation de toutes les victimes d'accidents...

La loi n°2002-303 du 4 mars 2002 relative aux droits des malades et à la qualité du système de santé a notamment instauré (sous certaines conditions) un régime d'indemnisation des accidents médicaux, des infections nosocomiales et des infections iatrogènes. La loi a ainsi créé un droit à indemnisation autonome et donc indépendante de toute recherche de responsabilité, dont le financement est réalisé par la collectivité nationale.

La victime a ainsi la possibilité de saisir une commission régionale de conciliation et d'indemnisation (C.R.C.I) qui est chargée d'instruire sa demande, notamment en ordonnant une expertise médicale. La C.R.C.I doit émettre un avis dans les six mois de sa saisine, avis transmis à l'Office National d'Indemnisation des Accidents Médicaux (ONIAM) qui, dans le délai de 4 mois de sa réception, doit faire une offre d'indemnisation visant la réparation intégrale des préjudices (Code de la Santé publique - article L 1142-17). Si la victime accepte l'offre, son acceptation vaut transaction et l'engage. A défaut d'accord, la victime peut saisir le Tribunal compétent.

Pourtant, l'ONIAM, établissement public à caractère administratif placé sous la tutelle du Ministère de la Santé, vient de diffuser sur Internet un document de 11 pages intitulé « Référentiel indicatif d'indemnisation par l'ONIAM » (format P.D.F) établi par son conseil d'administration le 25 janvier 2005, qui loin de protéger les droits des victimes, et leur accorde une indemnisation au rabais. Ce référentiel indicatif ne permet pas une réparation intégrale du dommage.

Ce référentiel indicatif est infondé, notamment car :

- Il n'a pas été prévu par la loi ;

- Il a une valeur contractuelle, car à l'évidence il sera une référence incontournable ;
- Il est établi de manière unilatérale par le seul Conseil d'Administration de l'ONIAM ;
- Il n'est pas contradictoire ;
- Il ne permet aucune discussion devant la Commission, puisque des grilles d'indemnisations sont préétablies par « l'organisme régleur » pour la totalité des dommages ;
- La réparation du préjudice corporel devient mécanique ;
- les compagnies d'Assurances pourront se prévaloir de ce référentiel devant les tribunaux pour le règlement d'autres matières (accidents de la route, du travail, domestique, sportif, infraction…)

L'ONIAM bénéficie d'une action récursoire lorsque la loi le lui permet, il peut obtenir le remboursement des indemnités qu'il a réglé aux victimes, des compagnies d'assurances. Ainsi, ce référentiel indicatif est en contradiction manifeste avec les principes dégagés par la Cour de Cassation et par la loi pour l'égalité des droits et des chances, la participation et la citoyenneté des personnes handicapées du 3 février 2005. Mieux encore, les évaluations de ce référentiel à « multiples fonctions » sont bien en dessous de la jurisprudence dégagée par nos Tribunaux dans de cadre de la réparation du préjudice corporel (quelques exemples en bas de la page).

Le référentiel indicatif, valeur janvier 2005 de l'ONIAM est sous-évalué d'au moins 30 % par rapport à la jurisprudence des Tribunaux, et bien plus, pour la tierce personne. Quel intérêt, dès lors, pour la victime d'être indemnisée par la « collectivité nationale » ? Par conséquent, il est indiscutable que la saisine des tribunaux protège le droit des victimes et correspond à une réparation intégrale de leur dommage, et que l'application du référentiel indicatif de l'ONIAM présente pour les victimes un intérêt très relatif de saisir le C.R.C.I pour une indemnisation au rabais.

Comparaison de l'indemnisation des différents préjudices et incapacités entre la jurisprudence et le barème ONIAM 2005

I. Gênes dans les actes de la vie courante :

Exemples de jurisprudence :

- CA PARIS 29/03/2004 Affaire LALOUA: 600 A CA VERSAILLES 9/01/2004: 857,14 A Référentiel indicatif ONIAM : 300A à 400€

II. IPP Exemples de jurisprudence :

1. IPP 95 % - 24 ans – point : 4.210 € 1ère G de la C.A. de PARIS, 5 novembre 2003 ZADA / CPAM de la SEINE SAINT DENIS Référentiel indicatif ONIAM point : 3.500€
2. IPP 95 % - 46 ans – Point : 3.811 € C.A. VERSAILLES, 13 février 1998, S.A. ABEILLE ASSURANCES / VILELA Référentiel indicatif ONIAM point : 2500€
3. PP 90 % - 24 ans - Point : 4.573,47 € 17ème A de la C.A. de PARIS, 18 septembre 2000, FGA / HADDOCUH Référentiel indicatif ONIAM point : 3200€
4. IPP 50 : 27 ans - Point :4.573,47 € Cour d'Appel GRENOBLE du 10 juillet 1997 Référentiel indicatif ONIAM point : 2300€
5. IPP : 85% : 25 ans Point : 4.573,47 € Cour d'Appel de RENNES du 11 décembre 1998 Référentiel indicatif ONIAM point : 3400€

III. TIERCE PERSONNE/ TAUX HORAIRE Tierce personne / Taux horaire

Exemples de jurisprudence :

- C.A. de PARIS, 1er septembre 2004 :
  - 12 € de l'heure
- C.A. d'Aix-En-Provence, 23 octobre 2002 :
  - 12,96 € de l'heure
- C.A. de Nîmes, 7 juin 2001 :
  - 11,43 € de l'heure
- CA PARIS, 1ère Ch. B 15 janvier 2004
- BEN BOUSLAM :
  - 11A de l'heure constant 24h/24 Juridiction Parisienne pour les dommages importants, en moyenne 12A en heure active et 9€ heure de surveillance
- Référentiel indicatif ONIAM application de la convention collective :
  - 7,42€ en heure active, 4,95€ heure de surveillance de jour, et 1,24 € heure de surveillance de nuit, sur une durée de 390 jours au lieu de 400 à 440 jours judiciairement.

IV. Pretium doloris

Exemples de jurisprudence :

- CA Paris 1er 03/06/2004 : 5/7 :
    - 40.0000 €
- Référentiel indicatif ONIAM point 5 :
    - 8.118€ à 10.983€
- CA Rennes 14/09/2001 : 6/7 :
    - 30.489,80
- CA Paris 24/05/2000 : 6/7 :
    - 30.489,80
- CA Paris 29/10/2001 : 6/7 :
    - 30.489,80
- CA Paris 15/01/2001 : 6/7 :
    - 30.489,80
- Référentiel indicatif ONIAM point 6 :
    - 14.331€ à 19.389€

V. Préjudice esthétique

- CA Paris 18/02/1999 :
    - 5/7 : 45.734,71 €
- Référentiel indicatif ONIAM point 5 :
    - 10.328€ à 13.973€

Me Catherine MEIMON NISENBAUM

Avocate à la Cour d'Appel de PARIS

www.meimonnisenbaum.com – 02/2005

www.yanous.com – 02/2005

Deux fois victimes

Tel est le résultat actuel de l'application par les tribunaux des tables obsolètes du Décret du 08/08/86

Cela mérite une explication.

En matière de réparation du préjudice corporel, le principe juridique est simple : la victime ne doit se retrouver après un jugement, ni enrichie, ni appauvrie.

L'indemnité qui lui est allouée par les tribunaux en réparation des différentes séquelles dont elle reste atteinte après l'accident est destinée à la replacer dans la même situation où elle se serait trouvée si l'accident n'avait pas eu lieu.

Un bon jugement respecte l'équation suivante :

(Etat initial – Séquelles) = (état résiduel + indemnisation)

Or, pour certains chefs de préjudice il faut prévoir des prestations répétées tout au long de la vie de la victime. Les traumatisés crâniens et les tétraplégiques sont hélas souvent de grands handicapés qui ne peuvent plus se livrer à aucun travail lucratif, ou qui ne peuvent utiliser que très partiellement leur force de travail résiduelle. Ils subissent donc un préjudice qualifié de professionnel (s'ils occupaient avant l'accident un emploi rémunéré qu'ils ont dû abandonner ou une perte de chance (s'ils se destinaient à un métier auquel en raison de leur handicap, ils ne peuvent plus prétendre).

Ces pertes se répercutent aussi sur le montant des retraites.

De même, lorsqu'un traumatisé crânien du fait de son handicap doit se faire assister d'une tierce personne pour les besoins de la vie courante, il faut évaluer cette charge sur toute la vie de la victime.

Pour fixer le montant de l'indemnisation, les juges déterminent le manque à gagner ou la dépense prévisible sur une année, et multiplient la somme obtenue par le taux de capitalisation figurant sur les barèmes existants.

Il convient ici de rappeler que sauf cas précis, les juges peuvent utiliser le barème qui leur semble le plus approprié.

La loi du 05/07/85 qui tend comme son intitulé l'indique à une amélioration de la situation des victimes d'accident de la circulation, prévoit en son article 44 que :

« dans tous les cas où une rente a été allouée soit conventionnellement soit judiciairement en réparation d'un préjudice causé par un accident, le crédirentier (c'est-à-dire la victime) peut demander au juge lorsque sa situation personnelle le justifie, que les arrérages à échoir soient remplacés en tout ou en partie par un capital suivant une table de conversion fixée par décret. »

En application dudit texte est paru le décret du 8/8/86 lequel comporte différentes tables de capitalisation calculées selon le sexe et la durée du service de la prestation (viagère 65 ans, 60 ans, 55 ans).

Pour chaque table, le taux de capitalisation varie en fonction de l'âge de la victime ; ce taux est d'autant plus élevé que la victime est jeune et tend à se réduire à 0 lorsqu'elle atteint la limite d'âge de la table.

Ces tables ont été arrêtées en fonction de deux paramètres :

- le premier : la table de mortalité PM 1960-64 MKM (annexée au décret).
- le second : sur un taux d'intérêt de 6,50 %.

Rappelons au passage que l'application de ces tables ne s'impose aux juges selon un arrêt de la Cour de Cassation du 24/11/93 que dans un cas bien précis : celui où la victime demande la conversion de la rente qui lui a été allouée en capital par décision judiciaire.

Dans tous les autres cas, la jurisprudence considère que le juge est libre de retenir le mode de capitalisation et la table qui lui paraît la plus appropriée.

Pour informer le lecteur, il convient de lui indiquer que la jurisprudence de nos tribunaux, lorsqu'elle se veut favorable aux victimes, applique les taux de capitalisation donnés par les tables du décret.

Mais il n'est pas sûr que l'application pure et simple de ces tables ne lèse pas d'une façon très importante les victimes, car les tables du décret du 08/08/86 ont été établies en fonction de deux paramètres, devenus l'un et l'autre obsolètes.

En effet, le premier paramètre, la table de mortalité retenue par le décret du 8/8/86, est dépassée.

Les progrès de la médecine tant préventive que curative ont eu pour conséquence depuis ces dix dernières années, un allongement considérable de la durée de vie.

Le Français bénéficie selon une étude démographique publiée par l'INSEE (1) chaque année, d'un trimestre supplémentaire de vie. De 1985 à 1998, l'espérance de vie en France métropolitaine s'est allongée de 3 années.

Aussi, l'application pure et simple des tables figurant au décret du 8/8/86 ne prend pas en compte 3 années de vie, partant, occulte 3 années de revenus ou de dépenses.

Pour actualiser les tables sur ce point, il faut dans un premier temps prendre en compte dans une table donnée non pas le taux indiqué en fonction de l'âge réel de la victime, mais celui d'une personne plus jeune de 3 années. C'est là la première mise à jour du décret.

Le second paramètre, le taux d'intérêt retenu par le décret (6,50 %) n'est plus d'actualité. Le taux légal est aujourd'hui de 3,87 %.

Aussi, si le juge a le souci de maintenir constant dans le temps l'importance effective des prestations allouées pour compenser la perte de revenus ou les dépenses engendrées par la nécessité de faire appel à une tierce personne, il lui faudra prendre en compte, non pas le taux d'intérêt fictif de 6,50 %, mais le taux réel de 3,87 %.

Pour y parvenir, il lui suffira de multiplier dans la proportion de 6,50 : 3,87 c'est-à-dire par 1,67 les taux de capitalisation retenus.

Ainsi, par l'actualisation de ces deux paramètres, les traumatisés crâniens seront à l'abri des contrecoups pervers et à rebours de deux phénomènes sociaux (allongement de la durée de la vie et baisse des taux d'intérêt) qui sont par ailleurs des biens en soi.

En illustrant l'exposé ci-dessus par deux exemples, il apparaîtra que la discussion est loin d'être seulement théorique.

1er Exemple : traumatisé crânien qui subit du fait de son handicap une perte de 5.000 F (762,25 €) par mois du montant de ses revenus, ou nécessitant la présence d'une tierce personne dont le coût (congés payés compris) s'élèverait à 5.000 F (762,25 €) par mois :

la perte annuelle de revenu ou la dépense nécessitée par la tierce personne s'élève annuellement à :

5.000 F (762,25 €) x 12 = 60.000 F (9146,94 €)

Pour une victime de sexe masculin âgée de 30 ans au jour de la consolidation, le taux de capitalisation donné par le barème figurant au décret du 8/8/86 est de 13,567 ce qui donne une indemnité de :

60.000 F (9146,94 €) x 13.567 = 814.020 F (124096,55 €)

Cette somme est parfois atteinte par les tribunaux mais même en ce cas, elle n'est pas suffisante et ne tient pas compte des évolutions survenues depuis août 1986.

En actualisant les paramètres du décret du 8/8/86, cette victime peut prétendre à :

1ère rectification : âge retenu pour le calcul 27 ans (au lieu de 30). A 27 ans, le taux de capitalisation est de 13,814 ce qui donne le premier résultat suivant :

60.000 F (9146,94 €) x 13.814 = 828.840 F (126355,84 €)

2ème rectification : en actualisant en raison de la modification des taux d'intérêts (3.89 au lieu de 6.50) la somme qui revient à la victime devrait être de :

826.840 F (126050,95 €) x 1.67 = 1.380.822 F (210504,96 €)

Dans l'exemple choisi, le juge accordera 1.380.822 F (210504,96 €) au lieu de 814.020 F (124096,55 €).

2ème exemple : victime de sexe masculin âgée de 75 ans ayant les mêmes besoins que dans l'exemple précédent pour compenser sa perte de revenus ou ce qui est plus fréquent, pour s'assurer le service d'une tierce personne.

Le taux de capitalisation de la table du décret est de 4.950. Les juges lui allouent actuellement dans la meilleure des hypothèses :

60.000 F (9146,94 €) x 4.950 F (754,62 €) = 297.000 F (45277,36 €)

mais en actualisant comme dans l'exemple précédent les deux paramètres, la victime aurait droit à :

taux de capitalisation à (75-3) 72 ans 5.865 somme compensant le préjudice :

60.000 F (9146,94 €) x 5.865 x 1.67 = 569.637 F (86840,60 €)

Dans ce second exemple, le juge accorde 569.637 F (86840,60 €) au lieu de 297.000 F (45277,36 €).

Par ces deux exemples précis, il apparaît que la jurisprudence actuelle de nos tribunaux fait bénéficier l'assureur d'une réduction certaine mais occulte.

- Dans le premier cas de 62 %

1.320.822 F (201358,02 €) – 814.020 F (124096,55 €) = 506.602 F (77230,98 €) 506.602 F (77230,98 €) : 814.020 F (124096,55 €) = 0,62 %

- Dans le second cas de 0,91 %

569.637 F (86840,60 €) – 297.000 F (45277,36 €) = 272.637 F (41563,24 €) 272.637 F (41563,24 €) : 297.000 F (45277,36 €) = 0,91 %

La distorsion est importante ; elle devient intolérable au fur et à mesure que s'élève l'âge de la victime.

Aux termes de ce bref exposé, il apparaît qu'appliquer purement et simplement les tables figurant au décret du 08/08/86, c'est allouer en réalité à la victime une somme qui ne représente plus que la réparation amputée de près de 70 % de son préjudice.

Cela est fâcheux voire injuste.

Aussi, il convient aux associations d'entreprendre les démarches nécessaires auprès des Pouvoirs Publics pour obtenir une franche actualisation du barème du 08/08/86.

En l'attente de cette réforme, il est du devoir des avocats de faire prendre conscience aux tribunaux de cette nécessité et de la liberté que la Cour de Cassation leur a laissée à cet égard pour réévaluer selon les données ci-dessus leurs évaluations.

Me André MEIMON

Me Catherine MEIMON NISENBAUM

Avocats à la Cour d'Appel de PARIS

www.meimonnisenbaum.com – 02/2003

www.yanous.com – *02/2003*

(1) la situation démographique en 1994 mouvement de population INSEE résultats (Roselyne KERJOSSE et Irène TAMBY

PS : (Mai 2024)

Il n'existe pas de barème de capitalisation officiel ni obligatoire en droit du dommage corporel.

Le choix du barème de capitalisation est très important pour évaluer les préjudices patrimoniaux permanents futurs qu'ils soient viagers ou temporaires.

La victime demande toujours l'application du barème de capitalisation qui lui est le plus favorable, en général c'est celui qui dans le temps tient compte de l'inflation et d'une table de mortalité la plus récente. Les compagnies d'assurances, mutuelles et fonds proposent généralement un barème de capitalisation différent que celui proposé par la victime et dont l'application correspond à des montants d'indemnisations moindres.

Le juge du fond a un pouvoir souverain pour retenir le barème de capitalisation qui lui parait le plus conforme au cas d'espèce, il dispose également d'un pouvoir souverain pour allouer les indemnités soit en rente soit en capital.

Le barème de capitalisation suscite toujours lors des procès ou transactions, une discussion importante et divergente entre les parties.

Actuellement, le barème de capitalisation le plus favorable aux victimes d'un dommage corporel et retenu en justice est celui publié par la Gazette de Palais de 2022, au taux de 0%.

Ce barème est fondé sur des critères actualisés qui tiennent compte de l'évolution de l'espérance de vie ainsi que des données financières et économiques les plus proches de la réalité. Ce barème est construit sur :

- les tables d'espérance de vie les plus récentes publiées par l'INSEE (tables de mortalité définitives pour les années 2017-2019),

- un taux d'intérêt de 0 % calculé au regard de la moyenne du TEC 10 sur les deux dernières années antérieures au 31 décembre 2021, dont il a été déduit l'inflation pendant la période 2020-2021 (entre 0,0 % et 1,1 %) afin d'obtenir un taux net.

Cependant, parfois selon certains cas d'espèces, il peut être intéressant de solliciter l'application d'un autre barème de capitalisation.

EXPERTISE MEDICALE

Les enjeux essentiels de l'expertise médicale

L'expertise médicale, qu'elle soit amiable ou judiciaire, est une étape essentielle dans le cadre de l'indemnisation d'un dommage corporel : sans expertise médicale, aucune indemnisation n'est possible. Explications.

L'expertise médicale est un préalable obligatoire avant toute indemnisation. Elle est sollicitée dans le cadre de la réparation du préjudice corporel, notamment pour les accidents de la circulation en France et à l'étranger, les accidents de la vie, les accidents sportifs, les agressions en général, pour évaluer le dommage corporel. On ne peut chiffrer le montant d'une indemnisation sans rapport médical et donc sans expertise médicale. Elle est aussi un préalable obligatoire avant toute indemnisation dans le cadre du contentieux de la responsabilité médicale. Elle permet également et en premier lieu de déterminer les éventuelles responsabilités de chacun des intervenants dans l'acte médical et d'éclairer le juge, s'il s'agit d'une expertise judiciaire, sur la responsabilité encourue et ensuite également sur l'évaluation du dommage corporel.

Actuellement, l'évaluation d'un dommage corporel s'établit par référence à la nomenclature Dintilhac. Bien que celle-ci ne soit pas obligatoire, elle est devenue un outil indispensable et utilisé par tous les professionnels : médecins experts, avocats et juges. Cette nomenclature fait référence à plus d'une trentaine de postes de préjudices, notamment les plus connus en langage courant pour le public : le préjudice professionnel, la tierce personne ou aides humaines, le préjudice moral, le déficit fonctionnel permanent, le préjudice sexuel, etc., on comprend dès lors, de par la spécificité de la matière en Droit du Dommage Corporel, que la victime ne puisse se défendre seule.

C'est simple, la victime n'est pas médecin, elle n'est pas non plus avocat spécialisé. Mais souvent, hélas, la présence d'un inspecteur de compagnie d'assurances ou du Fonds de Garantie qui vient voir la victime peu après son accident médical et lui offre une provision à valoir sur la réparation de son dommage, l'emporte sur tout le reste. Cette présence donne l'illusion à la victime que tout est possible, qu'elle n'a besoin de l'assistance d'aucun professionnel ni avocat et ni médecin spécialisé de victimes pour garantir tous ses droits dans ce parcours de combattant. Hélas, lorsqu'elle se rend compte de son erreur, il est souvent trop tard. N'oublions pas que dans le système français, pour les accidents de la circulation, ce sont les compagnies d'assurances et Fonds de Garantie qui ont connaissance en premier de l'enquête de police, ce qui est tout à fait anormal. Cela permet aux régleurs qui ont les coordonnées de la victime de la contacter et de lui offrir la mise en place d'une expertise médicale et d'une provision, et par voie de conséquence, la victime ne se pose pas de question et croit que le régleur assure et défend ses droits.

Certes, dans le cadre de l'expertise judiciaire, ordonnée par un Tribunal, l'expert judicaire désigné par le Tribunal ou la Commission d'Indemnisation des Victimes d'Infraction (CIVI) notamment, est un arbitre impartial. Toutefois, il ne lui appartient pas de constituer le dossier de la victime, ni de la conseiller ni de la défendre, son rôle est de donner son avis entre deux thèses au Tribunal, l'une présentée par une compagnie d'assurances, une mutuelle, ou le Fonds de garantie (FGTI dans le cadre des agressions). Ces régleurs sont toujours assistés par leurs médecins experts et aussi par leurs avocats et inspecteurs lors des expertises lorsque le dommage corporel est important.

Pour la victime d'un dommage corporel, l'accident ou l'agression est une situation dramatique, unique, traumatisante, en général. Elle n'a jamais eu affaire auparavant à un avocat. Parfois, elle connait l'avocat de son divorce ou de son licenciement, ou son avocat pénaliste (ce sont des avocats spécialisés en droit de la Famille, en droit du Travail, en droit Pénal, mais pas en droit du Dommage Corporel et inversement). Pour elle tout est nouveau, tout est angoissant, elle est souvent perdue et a tendance à penser qu'une compagnie d'assurances ou un Fonds de Garantie, sont des organismes apparentés à la Sécurité Sociale. Elle est victime et pour elle l'indemnisation lui est due, sans penser que les régleurs, qu'ils soient des assurances ou fonds, défendent d'abord et avant tout leurs propres intérêts.

Il est donc essentiel pour la victime, surtout lorsque le dommage corporel est important et qu'il peut compromettre son avenir et sa sécurité de se faire assister sans attendre par un avocat spécialisé en droit du dommage corporel qui sollicitera un médecin conseil de victimes avec qui il collabore habituellement pour assister avec lui son client au moment de l'expertise médicale. Certes, les honoraires du médecin conseil de victimes engendrent des frais supplémentaires pour la victime mais les frais d'assistance par un médecin conseil de victimes sont en principe in fine remboursés par la partie adverse en fin de procédure. Il n'en est pas de même des honoraires d'avocats, l'article 700 du Code de Procédure Civile alloué aux victimes est souvent symbolique. Cependant, il faut savoir faire un choix : est-il préférable d'être très souvent mal indemnisé et de faire l'économie des honoraires d'un avocat spécialisé, ou accepter de payer les honoraires de l'avocat qui travaille et être défendu par un professionnel qui connait la matière et les intervenants ?

Souvent, la victime estime qu'elle n'a rien à payer, qu'elle est victime et que tout lui est dû. Ce raisonnement est compréhensible, elle est victime d'une injustice, elle paie celle-ci très chère dans son corps et dans sa tête, par la faute d'un autre qui, lui, va continuer sa vie normalement. Certes, mais c'est mal connaitre le monde dans lequel nous vivons actuellement : les procès en réparation d'un dommage corporel important peuvent se chiffrer à des dizaines de millions d'euros et les compagnies d'assurances et fonds ne sont pas les auteurs du fait dommageable, ils sont les régleurs et à ce titre, moins ils paient et plus leurs intérêts sont défendus. Il est des plus regrettable que les victimes soient peu informées sur la possibilité et l'intérêt d'être assistées par des avocats spécialisés en droit du dommage corporel et qu'elles se rendent seules aux expertises, pas préparées, ou également assistées par les médecins d'assurances recours qui défendent tant les victimes que les régleurs. Là encore, il faut faire un choix et ne pas croire au père Noël. La victime, ne pouvant préparer son dossier, communiquer ses pièces, ne pouvant engager seule une discussion médico légale avec un médecin expert qui sous-entend également connaitre la jurisprudence des tribunaux qui en découlent, l'évaluation du dommage corporel sera donc laissée à la seule appréciation du médecin expert de la compagnie d'assurances ou du Fonds de Garantie et donc du régleur de l'indemnisation, ce qui n'est pas souhaitable.

Cette bonne pratique de l'assistance aux expertises est essentielle pour l'indemnisation d'un dommage corporel car si l'expertise est mal préparée et mal faite, mal évaluée, et discutée, l'évaluation qui en découle et donc l'indemnisation finale sera également mal faite et mal évaluée mais pourtant opposable à la victime toute sa vie. Là, on peut dire, que la victime sera deux fois victimes, de l'accident et de son indemnisation.

Le binôme avocat spécialisé et médecin conseil de victimes est essentiel. Il ne faut jamais oublier que c'est l'avocat spécialisé qui choisit le médecin conseil de victimes qui l'assistera avec lui tout le long de l'expertise. L'avocat spécialisé fera ce choix en fonction de la spécificité du handicap de la victime et donc de ses lésions spécifiques. Les pièces médicales, les explications de la victime, son vécu, ses différents examens, les rapports et éventuels dires sont discutés entre eux pour assurer une parfaite coordination le jour de l'expertise, qu'elle soit amiable ou judiciaire. L'expertise en soi est courte mais elle est le résultat d'une longue préparation sur plusieurs mois qui saura le jour de l'expertise faire ressortir les pièces et les éléments importants du dossier, la gravité des séquelles et ce, pour obtenir une bonne évaluation. Et donc par la suite pouvoir retenir la meilleure jurisprudence possible pour l'indemnisation et permettre à l'avocat de discuter et d'imposer son avis juridique.

L'avocat spécialisé en droit du dommage corporel a souvent, outre des compétences juridiques mais en sus des diplômes médicaux, une pratique, une notoriété qui servent énormément lors de l'expertise médicale notamment, il est présent à l'expertise médicale, c'est lui qui organise et dirige celle-ci et assiste son client avec le médecin conseil de victimes en fonction du dossier et de la jurisprudence. Il est également le plus à même pour décider si le client à plus intérêt à solliciter une expertise contradictoire amiable avec l'assurance adverse ou un fonds de garantie directement ou au contraire une expertise judiciaire devant un juge. Ce choix procédural qui incombe à l'avocat spécialisé est très important car l'expertise doit être menée aussi par un expert compétent dans le dommage corporel invoqué.

Or, si la voie judiciaire peut être privilégiée, il faut savoir que chaque Tribunal a sa propre liste d'expert judiciaire. Toutes les spécialités ne sont pas représentées sur ces listes devant tous les tribunaux. A titre d'illustration, les traumatisés crâniens doivent être évalués par des experts judiciaires neurologues : malheureusement, sur bon nombre de listes, il n'en existe qu'un seul voire même parfois aucun. Ainsi, trop souvent, les préjudices corporels des victimes traumatisées crâniennes et médullaires sont mal évalués et se retrouvent alors doublement victimes : victime d'un dommage corporel et de la carence judiciaire. L'avocat spécialisé connait les experts judicaires susceptibles d'être désignés par rapport à la compétence territoriale de leurs dossiers. Il ne faut également pas omettre de rappeler l'existence des experts judicaires à « doubles casquettes » : ces médecins sont des experts judicaires mais ils assurent aussi la défense des intérêts des compagnies d'assurances et Fonds, un jour expert judicaire, un jour médecin conseil des régleurs.

L'avocat spécialisé a donc aussi des choix essentiels à faire, notamment : le choix du type de procédure : amiable ou judicaire, le choix du médecin conseil de victimes, le choix de la juridiction compétente en fonction de la jurisprudence qui est différente selon le Tribunal compètent et choisit selon les règles de compétence territoriale. Il ne faut jamais oublier que les compagnies d'assurance ou Fonds de Garantie ont des médecins experts qui défendent leurs intérêts car ce sont eux qui les missionnent et règlent leurs honoraires. Ils sont là pour assurer au mieux les intérêts des compagnies d'assurance ou Fonds de Garantie, il faut donc également bien connaitre les experts de compagnies d'assurances et Fonds de Garantie ainsi que leurs représentants pour décider de leur compétence avant de choisir d'organiser une expertise amiable plutôt qu'une expertise judicaire en fonction aussi de la jurisprudence des tribunaux. Seul un avocat spécialisé doté des compétences nécessaires dues à la pratique et à l'expérience professionnelle peut faire ces choix.

L’avocat spécialisé doit donc décider de la voie à suivre selon ses compétences et ce n’est pas un choix toujours évident. D’autant plus qu’à l’heure actuelle, on assiste de plus en plus à des dérives de l’expertise judiciaire. L’expertise, qu’elle soit amiable ou judiciaire, est donc un sujet d’actualité et l’assistance des victimes se justifient d’autant plus aujourd’hui.

Me Catherine MEIMON NISENBAUM

Avocate à la Cour d'Appel de PARIS

www.meimonnisenbaum.com – 05/2019

www.yanous.com 05/2019

LA TIERCE PERSONNE : DE L'EXPERTISE A L'INDEMNISATION

A la suite d'un accident corporel ou d'une infraction, la personne handicapée, enfant ou adulte, a besoin le plus souvent, de l'intervention d'une tierce personne.

La victime concernée peut-être celle : d'un accident de la route, du travail, domestique, sportif, médical, etc... Dans la majorité des cas, c'est une compagnie d'assurances ou le FONDS DE GARANTIE qui effectue ce paiement, soit après accord amiable, soit dans le cadre d'un procès.

Ce poste de préjudice est essentiel pour la réparation du dommage corporel grave, car le besoin en tierce personne est dans ce domaine plus présent, notamment pour les traumatisés médullaires, les traumatisés crâniens, les amputés et les brûlés.

La Cour de Cassation affirme, sans cesse, le droit à la réparation intégrale des victimes d'un dommage corporel. Cependant, pour aboutir à cette réparation encore faut-il réunir tous les éléments, à savoir : une bonne évaluation lors de l'expertise médicale et une bonne évaluation judiciaire du dommage.

Dans le cadre du dommage corporel, il existe de nombreux chefs de préjudice qui sont indemnisés, mais l'essentiel pour les victimes d'un dommage d'une certaine importance, voire d'importance, c'est indiscutablement, celui de la tierce personne. Cette indemnisation est essentielle. Elle permet, aux traumatisés crâniens, aux traumatisés médullaires, aux amputés, aux brûlés notamment, d'assurer non seulement les besoins de leur vie quotidienne, mais également, leur sécurité et leur dignité.

Il y a dans la procédure d'indemnisation amiable ou judiciaire, au tigre de la tierce personne, deux phases :

- la première, est celle de l'examen médical de la victime par le médecin
- la seconde, est celle des débats devant le Juge en fixation du montant de l'indemnité.

L'expertise médicale :

En premier lieu, il faut évaluer les besoins en tierce personne et pour cela mettre en place l'expertise médicale, car c'est le médecin qui appréciera ces besoins en termes de qualification et de durée.

Ce médecin peut être désigné amiablement par les parties ou judiciairement par le Tribunal. Cependant, il est préférable pour une victime qui a besoin d'une aide humaine, d'opter pour une expertise judiciaire. Le médecin-expert (expert judiciaire) sera alors désigné par le Tribunal et l'évaluation du dommage sera faite par le Juge, ce sont les garanties d'impartialité et de justice.

Assistance conjointe du médecin-conseil et de l'avocat de la victime :

L'expert judiciaire convoquera les parties. En général, seront présents à l'expertise : la victime, son médecin-conseil et son avocat et pour la partie adverse : le médecin-conseil de l'assurance (ou du FONDS DE GARANTIE) et son avocat.

Il est recommandé que la victime ne se présente pas seule à l'expertise, elle doit être assistée de son médecin-conseil et de son avocat. Cette assistance est d'autant plus nécessaire que la victime :

- est souvent incapable de retracer son parcours médical, le médecin-conseil lui connaît son patient, il pourra le faire avec clarté et efficacité ;

- est souvent incapable de relater ses lésions, son devenir médical, elle est gênée d'avoir à exposer publiquement ses doléances, ses parents le sont également ;

- la victime est en général, physiquement et intellectuellement diminuée ;

- elle peut être impressionnée de subir un examen médical devant cet aréopage de médecins et juristes, qui vont décider de son avenir. La présence d'un proche s'avère parfois nécessaire ;

- que la durée de l'expertise doit être plus longue, en général, celle-ci est de 2 heures, ce qui n'est souvent pas suffisant ;

- elle comprend difficilement le déroulement de l'expertise, le langage technique employé, ce qui la désoriente. L'enjeu de la réunion peut lui échapper et de ce fait, elle aura tendance pour ne pas trop se dévaloriser à se présenter sous son meilleur jour.

Au préalable, le médecin-conseil devra avoir examiné la victime et adresser à l'expert judiciaire son rapport médical.

De même, il est nécessaire que l'avocat de la victime soit présent lors de l'expertise médicale, pour le moins lors du dernier examen, celui de la consolidation des blessures. Cette réunion d'expertise est capitale, l'expert judiciaire donne son avis sur tous les postes de préjudices et donc aussi sur celui de la tierce personne qui est régulièrement discuté.

La présence de l'avocat est essentielle au stade de l'expertise. Les médecins sont souvent embarrassés dans l'évaluation qu'ils font des besoins en tierce personne, estimant que leur rôle n'est pas d'additionner des heures, des quarts d'heure... de tierce personne. Cette évaluation est à la fois médicale et juridique.

L'avocat est donc au fait de cette évaluation :

- Il peut rappeler, notamment, la position de la jurisprudence en la matière et notamment le fait que la famille peut faire office de tierce personne.

- Il peut mettre l'accent sur les impératifs de sécurité qui empêchent de laisser seules certaines victimes.

- Il peut s'opposer à l'offre de voir remplacer l'aide humaine par des aides techniques : robotique, alarme...

- Il doit insister aussi sur l'importance de cette évaluation à la date de la consolidation et parfois avant celle-ci.

- Il peut adresser un Dire à l'Expert judiciaire, à l'effet de lui présenter ses observations sur les points qui posent des difficultés et aussi solliciter la désignation d'un sapiteur (un technicien d'une autre spécialité).

Le médecin-conseil et l'avocat de la victime assurent ensemble, chacun dans son domaine de compétence les intérêts de leur client et discutent du dossier.

L'évaluation de la tierce personne est essentielle et ne se fera pas deux fois. Il faut donc que la victime ait toutes ses chances lors de l'examen.

Certes, une contre-expertise peut être demandée, mais elle peut être refusée par le Tribunal et si elle est acceptée, c'est alors une perte de temps pour la victime, il est donc souhaitable de mettre immédiatement en œuvre tous les moyens de défense.

Qualification et durée des heures de tierce personne :

Pour la qualification des heures de tierce personne, on peut retenir l'application de la circulaire du Ministère des Affaires Sociales du 5 juin 1985, qui regroupe les actes essentiels de la vie courante à savoir :

- l'autonomie, locomotive (se laver, se coucher, se déplacer) ;
- l'alimentation (manger, boire)
- procéder à ses besoins naturels.

Les heures de tierce personne sont souvent qualifiées notamment de : nursing, heures actives, heures passives, heures médicalisées, heures non médicalisées, heures de surveillance, heures situationnelles, aides ménagères, aides administratives...

Cependant, ces qualifications peuvent encore s'élargir, car la victime, notamment les traumatisés crâniens et les traumatisés médullaires mettent souvent en danger leur propre sécurité. En conséquence, on ne peut les laisser seuls notamment la nuit. C'est donc aussi une discussion sur la sécurité, sur la qualité de la vie qu'il faut avoir avec les médecins-experts pour apprécier les besoins en aide humaine et défendre les droits légitimes des victimes.

Pour les traumatisés médullaires et les traumatisés crâniens, l'aide humaine unique est souvent rare, elle doit être assurée "par plusieurs personnes et regroupe souvent plusieurs qualifications.

Par ailleurs, l'expert va donner son avis au Tribunal sur les besoins en tierce personne dont la peut être évaluée :

- en heure : 1 heure à 24H/24
- en jours : 7 jours/7
- en année : 365 jours par an, voire 400 jours et plus

La réparation au titre de l'aide humaine doit être globale, on ne peut pas décompter vraiment des heures, en quart d'heure en demi-heure, en heure.., car on le sait aucune aide à domicile n'effectue toutes les tâches. De plus, cette aide à domicile ne peut se déplacer uniquement pour un quart d'heure, une demi-heure, ou toutes les deux heures...plusieurs fois dans la journée afin d'assister la victime. Ce découpage des heures est irrationnel.

Débat judiciaire : le procès :

Il faut rappeler que l'expert judiciaire discute avec les parties, lors des opérations d'expertise, uniquement du besoin en tierce personne sans fixer le prix du taux horaire, cette discussion se fera par la suite devant le Tribunal. Une fois le rapport de l'expert judiciaire déposé, l'avocat de la victime va demander au Tribunal de fixer l'intégralité du dommage et notamment le poste de la tierce personne.

Il est essentiel de rappeler que la Cour de Cassation a jugé que les membres de la famille et les proches peuvent être rémunérés au titre de la tierce personne, et que son montant ne peut être réduit en cas d'assistance d'un membre de la famille.

Que de même, la Cour de Cassation a estimé qu'il n'est nullement besoin de rapporter la preuve du paiement de la tierce personne, ni des charges sociales y afférents pour obtenir le paiement de cette aide humaine.

Le taux horaire de la tierce personne :

La discussion essentielle devant le Tribunal, si l'avis de l'expert judiciaire n'est pas contesté, c'est l'évaluation du prix de la tierce personne. Le taux horaire est très variable, il est compris dans une fourchette allant de 8 € à 13 € de l'heure selon la qualification de l'aide humaine.

Cependant, il faut être prudent car les Tribunaux ont un pouvoir souverain d'appréciation pour l'évaluation du taux horaire. Ainsi, chaque juridiction peut appliquer un taux différent. Il est vrai que certaines juridictions ont retenu un taux horaire de 15 voire 16 € de l'heure, mais il s'agissait de cas d'espèces que l'on ne peut généraliser sur tout le territoire français. Une décision exceptionnelle ne crée pas un principe.

Force est de constater que la moyenne judiciaire est cependant en dessous du prix du marché pour les victimes atteintes de dommage important et ne correspond pas à une réparation intégrale du préjudice. En effet, la moyenne horaire des prix des prestataires pour l'année 2004 pratiqués par les Associations d'aides à domicile de cinq départements est de 16,92 €/heure, à PARIS le taux horaire peut être de 20,67 € de l'heure.

Ainsi, il est certain que pour répondre au souhait de la Cour de Cassation sur la réparation intégrale du préjudice corporel, le prix du taux horaire doit être élevé au prix du marché et donc être considérablement réévalué.

Le barème de capitalisation :

Enfin, le nombre d'heures et le taux horaire retenus par le Tribunal permettent de déterminer une dépense annuelle de cette tierce personne, Ce montant annuel est capitalisé sur un taux de rente établi par différentes tables dites de "mortalité", en fonction de l'âge et du taux d'incapacité au jour de la consolidation.

Certaines juridictions retiennent le barème TD 88/90 du Trésor Public, qui est nettement plus avantageux que celui du décret du 8 août 1986. Ce barème est fondé sur une table de mortalité plus récente (celle homologuée en 1993) et sur un taux d'intérêt de 3,01 % ; c'est pourquoi la 17ème Chambre de la Cour d'Appel de PARIS dans un arrêt rendu le 28 octobre 2002 l'a appliqué pour la réparation du préjudice corporel : « *...C'est à tort que le Tribunal a indemnisé ce poste de préjudice au moyen du barème issu du décret du 8 août 1986 et non de celui qui ressort du barème TD 88/90 utilisé non seulement par le Trésor Public mais aussi par les assureurs eux-mêmes...* ».

L'objectif à atteindre : être proche de la réalité, et donc réparer intégralement les besoins en aide humaine pour les victimes, et plus encore pour celles atteintes d'un dommage important, tel les traumatisés crâniens, les traumatisés médullaires, les amputés, les brûlés, non seulement dans leur vie quotidienne, mais aussi pour assurer leur sécurité et leur dignité afin d'éviter qu'elles soient une deuxième fois victimes.

Me Catherine MEIMON NISENBAUM

Avocate à la Cour d'Appel de PARIS

www.meimonnisenbaum.com – 2005

ANMSR 3eme trimestre 2005

PS : (Mai 2024)

Pour les dommages corporels graves, selon les besoins et le taux d'incapacité, les Tribunaux de l'ordre Judiciaire peuvent allouer pour la tierce personne une durée supérieure à 24 heures, et même l'assistance de deux personnes sur la même période. Le calcul annuel retenu est de 410 jours pour tenir compte des congés payés notamment dans le cadre prestataire. Que de même le taux horaire pour la tierce personne peut atteindre 18 à 20 euros de l'heure pour la tierce personne active, voire beaucoup plus si la victime est assistée d'un service prestataire plus élevé.

Par ailleurs, Il n'existe pas de barème de capitalisation officiel ni obligatoire en droit du dommage corporel.

Le choix du barème de capitalisation est très important pour évaluer les préjudices patrimoniaux permanents futurs qu'ils soient viagers ou temporaires.

Actuellement, le barème de capitalisation le plus favorable aux victimes d'un dommage corporel et retenu en justice est celui publié par la Gazette de Palais de 2022, au taux de 0%. Cependant, parfois selon certains cas d'espèces, il peut être intéressant de solliciter l'application d'un autre barème de capitalisation.

LOGEMENT : ACCESSIBILITE

Transports : une restriction des droits

Avocate au barreau de Paris, Catherine Meimon-Nisenbaum analyse la réforme de l'accessibilité des transports édictée par voie d'ordonnance, et conclut à une restriction des droits en regard des conventions internationales que la France a ratifiées.

La loi 2005/102 du 11 février 2005 pour l'égalité des droits et des chances, la participation et la citoyenneté des personnes handicapées, a instauré en son article 41 un principe d'accessibilité universelle aux personnes handicapées. « *Article L.111-7 [du code de la construction] – Les dispositions architecturales, les aménagements et équipements intérieurs et extérieurs des locaux d'habitation, qu'ils soient la propriété de personnes privées ou publiques, des établissements recevant du public, des installations ouvertes au public et des lieux de travail doivent être tels que ces locaux et installations soient accessibles à tous, et notamment aux personnes handicapées, quel que soit le type de handicap, notamment physique, sensoriel, cognitif, mental ou psychique, dans les cas et selon les conditions déterminées aux articles L.111-7-7 L.111-7-3* ».

L'article 45 du même texte précise notamment les mesures à prendre en matière de transport collectif : « *La chaîne du déplacement, qui comprend le cadre bâti, la voirie, les aménagements des espaces publics, les systèmes de transport et leur inter mobilité, est organisée pour permettre son accessibilité dans sa totalité aux personnes handicapées ou à mobilité réduite. Dans un délai de 10 ans à compter de la date de publication de la présente loi, les services de transport collectif devront être accessibles aux personnes handicapées et à mobilité réduite [...] En cas d'impossibilité technique avérée de mise en accessibilité de réseaux existants, des moyens de transport adaptés aux besoins des personnes handicapées ou à mobilité réduite doivent être mis à leur disposition. Ils sont organisés et financés par l'autorité organisatrice de transport normalement compétente dans un délai de trois ans. Le coût du transport de substitution pour les usagers handicapés ne doit pas être supérieur au coût du transport public existant.* »

Ainsi, la loi de 2005 est claire : les transports collectifs doivent être mis en accessibilité. Il ne suffit pas d'ailleurs d'aménager le moyen de transport pour que la personne handicapée soit autonome mais de faire en sorte que les différentes étapes du déplacement (chaque point d'arrêt) soient accessibles et compatibles depuis le lieu de départ jusqu'au lieu de destination. En cas d'impossibilité, la loi prévoyait de mettre en place un transport de substitution, à un tarif équivalent au coût du transport existant, de telle sorte qu'il puisse être instauré une égalité entre les usagers.

Toutefois, l'ordonnance 2014-1090 du 26 septembre 2014 relative à la mise en accessibilité des établissements recevant du public, des transports publics, des bâtiments d'habitation et de la voirie pour les personnes handicapées a aménagé la loi de 2005 en la réformant totalement dont notamment l'accessibilité aux transports des personnes handicapées. L'article 6 de cette ordonnance prévoit désormais que : *« L'accessibilité du service de transport est assurée par l'aménagement des points d'arrêt prioritaires compte tenu de leur fréquentation, des modalités de leur exploitation, de l'organisation des réseaux de transport et des nécessités de desserte suffisante du territoire. »*

Elle a également modifié l'article L1112-4 du code des transports s'agissant de l'organisation de moyens de transport de substitution : *« Lorsque dans un réseau existant, la mise en accessibilité d'un arrêt identifié comme prioritaire au sens de l'article L1112-1 s'avère techniquement impossible en raison d'un obstacle impossible à surmonter sauf à procéder à des aménagements d'un coût manifestement disproportionné, des moyens de transport adaptés aux besoins des personnes handicapées ou à mobilité réduite doivent être mis à leur disposition. Ils sont organisés et financés par l'autorité organisatrice de transport normalement compétente dans un délai de 18 mois à compter de la validation de l'impossibilité technique par l'autorité administrative. [...] Le coût du transport de substitution pour les usagers handicapés ne doit pas être supérieur au coût du transport public existant. »*

Désormais, seuls « *des points d'arrêt prioritaires* » doivent être aménagés et accessibles aux personnes handicapées ou à mobilité réduite et non l'ensemble de la chaine de déplacement, comme c'était le cas avec la loi de 2005. Des mesures de substitution sont toujours prévues mais à une échelle réduite par rapport à 2005, puisqu'elles ne concernent plus que les points d'arrêts prioritaires dont la mise en accessibilité est techniquement impossible.

Ces points d'arrêt prioritaires sont définis par chaque Autorité responsable de transport et selon certains critères, dont la fréquentation, les modalités de leur exploitation, de l'organisation des réseaux de transport et des nécessités de desserte suffisante du territoire. Dans ces conditions, il apparaît que de nombreux points d'arrêts ne seront pas aménagés et accessibles, ce qui pose un problème d'égalité entre usagers. En effet, lorsqu'une personne à mobilité réduite (notamment les personnes handicapées et personnes vieillissantes utilisant un fauteuil roulant, un déambulateur, etc.) se présentera à un point d'arrêt non aménagé, son accès au transport public s'avèrera impossible et on pourra même lui opposer un refus de monter à bord et donc d'être transporté.

Le fait de cibler seulement certains points d'arrêts à aménager va contraindre les personnes handicapées à parcourir davantage de chemin pour rejoindre ces points d'arrêts, et si la distance à parcourir est trop longue, elles devront renoncer à se déplacer, contrairement aux usagers dont la mobilité n'est pas réduite.

Cette ordonnance crée donc, outre une inégalité de fait entre les usagers, une discrimination à l'égard des personnes handicapées, ce qui est contraire au principe même d'accessibilité universelle de la loi de 2005 qui cherchait à lutter contre toute discrimination mais également à de nombreux textes internationaux ratifiés par la France telle que la Convention relative aux droits des personnes handicapées du 13 décembre 2006 et son protocole facultatif : *« Article 9. Afin de permettre aux personnes handicapées de vivre de façon indépendante et de participer pleinement à tous les aspects de la vie, les Etats parties prennent des mesures appropriées pour leur assurer sur la base de l'égalité avec les autres, l'accès [...] aux transports »* Telle également que la Convention Européenne des Droits de l'homme dont l'article 14 définit le principe de non-discrimination. Telle enfin que la Charte des Droits Fondamentaux de l'Union Européenne du 18 décembre 2000 : *« Article 26. L'union reconnait et respecte le droit des personnes handicapées à bénéficier de mesures visant à assurer leur autonomie, leur intégration sociale et professionnelle et leur participation à la vie de la communauté. »*

Par ailleurs, le Défenseur des Droits a rendu le 11 février 2013 la décision 2013-16 concernant la loi de 2005. Il rappelle en introduction que *« l'accessibilité constitue un moyen de lutter contre les discriminations en permettant aux personnes handicapées, quel que soit leur handicap, de vivre de façon indépendante et de participer pleinement à tous les aspects de la vie, sur la base de l'égalité avec les autres. »* Il rappelle également que les objectifs de la loi de 2005 sont un enjeu prioritaire. Concernant les transports, il indique : *« Permettre aux personnes handicapées de se déplacer, avec la plus grande autonomie possible, en dehors de leur logement et d'accéder sans entrave aux activités ouvertes à tous, suppose de rendre accessible la totalité de la chaîne de déplacement. »*

Or, l'article 9 de l'ordonnance du 26 septembre 2014 supprime l'accessibilité de la totalité de la chaîne du déplacement. L'ordonnance de 2014 qui n'impose plus d'aménager l'ensemble des transports publics mais seulement certains points d'arrêts prioritaires s'analysent donc comme une restriction des droits des personnes handicapées ou à mobilité réduite qui n'est pas acceptable et qui est infondée, notamment au regard de la loi de 2005 et des textes internationaux ratifiés par la France.

Me Catherine MEIMON NISENBAUM

Avocate à la Cour d'Appel de PARIS

www.meimonnisenbaum.com – 12/2014

www.yanous.com – 12/2014

PS : (Mai 2024)

La loi du 11 février 2005 qui ouvrait une accessibilité pour tous a été amendée par l'ordonnance signée par le Président de la République du 26 septembre 2014.Celle-ci a reculé de 10 ans son délai de mise en œuvre, a assoupli la réglementation, a instauré des contrôles et des sanctions qui n'ont pas été réellement mis en œuvre. Finalement, cette réforme présidentielle a rendu peu lisible la mise en accessibilité des transports, du cadre bâti et des installations ouvertes au public.

Le combat d'une avocate handicapée

Parce que de nombreux lieux de justice lui sont inaccessibles, une avocate a obtenu la condamnation de l'État pour défaut d'accessibilité par la plus haute juridiction administrative.

Le législateur, par la loi du 11 février 2005, instituait à l'article L. 111-7-3 du Code de la Construction et de l'Habitation, un principe selon lequel : « Les établissements existants recevant du public doivent être tels que toute personne handicapée puisse y accéder, y circuler et y recevoir les informations qui y sont diffusées, dans les parties ouvertes au public ». Le décret du 17 mai 2006 a fixé au 1er janvier 2015 le délai au terme duquel les établissements existants doivent être rendus accessibles. Cette loi est donc une avancée considérable, même si on peut regretter qu'avant le 1er janvier 2015, peu d'obligation d'accessibilité des lieux existant et recevant du public soit imposée : parties de bâtiment des Préfectures où sont délivrées les prestations offertes au public et établissements d'enseignement supérieur appartenant à l'État.

Cependant, le Conseil d'État, en sa formation la plus solennelle (assemblée du contentieux de la 6eme sous-section), par sa décision rendue le 22 octobre 2010, ouvre la porte à une accessibilité obligatoire et immédiate. Ainsi, une personne handicapée, exerçant la profession d'avocate au barreau de Béthune, a saisi le Tribunal Administratif de Lille afin de voir condamner le Ministère de la Justice à lui verser une indemnité en réparation du préjudice économique et moral qu'elle subit du fait de la non-accessibilité des juridictions devant lesquelles elle est amenée à travailler. La requérante est en effet atteinte d'un handicap moteur qui s'est aggravé en 2001 et elle doit depuis lors se déplacer le plus souvent en fauteuil roulant, ce qui a pour conséquence qu'elle ne peut plus ni monter les escaliers de façon autonome ni se déplacer normalement.

Le Tribunal Administratif de Lille, par jugement du 5 avril 2005, ainsi que la Cour Administrative d'Appel de Douai par arrêt du 12 décembre 2006, ont rejeté l'intégralité de ses demandes. L'avocate s'est alors pourvue en cassation devant le Conseil d'État. Il convient de relever qu'en premier lieu, le Conseil d'État a écarté la responsabilité pour faute de l'État et a débouté sur ce point la requérante, et a considéré que les dispositions législatives françaises n'étaient pas en contradiction avec celles du Droit européen puisque l'accessibilité obligatoire des lieux accueillant du public et donc des locaux de justice, était prévue et qu'un délai de 10 ans pour ces mises en conformité des bâtiments était compatible avec la directive européenne du 27 novembre 2000.

Le conseil d'État a ainsi considéré que le Ministère de la Justice « a engagé depuis plusieurs années un programme visant à mettre progressivement aux normes d'accessibilité aux personnes handicapées l'ensemble des bâtiments du patrimoine immobilier judiciaire, et que, dans le ressort de la Cour d'Appel de Douai, dans lequel exerce la requérante », il est relevé que :

« le parc immobilier est composé de nombreux bâtiments répartis sur de multiples sites, dont plusieurs, anciens, présentent des difficultés d'accès pour les personnes handicapées ;

les travaux d'aménagement ou de reconstruction ont notamment permis qu'à Béthune [...] un accès aux personnes à mobilité réduite aux locaux des juridictions judiciaires soit assuré ;

que les autorités judiciaires se sont par ailleurs efforcées, au-delà de l'adaptation du seul cadre bâti, de faciliter dans la mesure du possible l'accès de la requérante aux lieux d'exercice de sa profession [...] soit en réalisant les aménagements ponctuels, soit en mettant à sa disposition l'aide de personnel d'accueil et de sécurité, soit encore en déplaçant le lieu de l'audience pour lui permettre d'y participer. »

Le Conseil d'État considère donc que la responsabilité pour faute de l'État n'est pas caractérisée. Cependant le Conseil d'État, a condamné l'État, sur le fondement de la rupture de l'égalité devant les charges publiques, au paiement d'une somme de 20.000€ en réparation du préjudice moral résultant des troubles qui ont été causés à la plaignante dans les conditions d'exercice de sa profession. Le Conseil d'État donne donc satisfaction à la requérante sur un autre moyen de droit, considérant qu'en l'absence même d'une faute, la responsabilité de l'État est engagée du fait d'une rupture de l'égalité devant les charges publiques. Le Conseil d'État précise que, même si la requérante n'est pas usager du service public, mais simplement auxiliaire de justice en sa qualité d'avocate, celle-ci est en droit de se prévaloir d'une rupture de l'égalité devant les charges publiques.

L'avocate sollicitait donc la réparation de ses préjudices, qu'elle imputait à l'absence et à l'insuffisance d'aménagements spécifiques lui permettant l'accès à certaines juridictions dans lesquelles elle exerce habituellement sa profession. Le Conseil d'État relève justement que les difficultés rencontrées par l'avocate, compte tenu de son handicap moteur, lui causent des préjudices dans l'exercice de sa profession. C'est pourquoi le Conseil d'État a jugé qu'il existe en l'espèce un préjudice moral dans les conditions d'exercice de la profession de la requérante au regard « *d'une part, de la multiplicité les locaux dans lesquels elle est amenée à exercer son activité et la nécessité pour elle, du fait de ses obligations professionnelles, d'accéder à différentes parties de ces bâtiments, d'autre part, à la particularité de la fonction de l'avocat tenant à son rôle de représentation vis-à-vis tant de ses clients que des professionnels de la justice ainsi que, lors des audiences publiques, du public, et au caractère pénible des situations régulièrement provoquées pour cette auxiliaire de justice par ses difficultés d'accès aux palais de justice, que ne pouvaient pas totalement pallier les mesures prises par les autorités judiciaires pour remédier à cette situation.* »

Cette situation, dont la charge ne peut normalement incomber à l'avocat, est jugée comme grave et spéciale. C'est pourquoi le Conseil d'État a condamné l'État, et relève également « *la lenteur des progrès réalisés* » en matière d'accessibilité. Le fondement juridique de la rupture d'égalité devant les charges publiques a déjà permis à la jurisprudence administrative de sanctionner l'Etat lorsque la scolarité d'un enfant handicapé s'avère impossible malgré des aménagements réalisés. La responsabilité de l'État a donc été engagée pour défaut de scolarisation. En l'espèce, la responsabilité de l'État est engagée pour défaut d'accessibilité.

Tous les citoyens bénéficient des mêmes droits, ces droits ne doivent pas qu'être virtuels. L'accessibilité des établissements accueillant du public est un droit qui doit devenir réalité. Cette décision ne permet pas d'obliger l'État de mettre en conformité l'ensemble des bâtiments accueillant du public avant le 1er janvier 2015, mais elle a le mérite de reconnaître que la situation d'inaccessibilité de bon nombre de personnes handicapées est anormale, voire dans certains cas intolérables, et qu'elle peut être reconnue judiciairement. Au-delà de cette décision, on ne peut que rendre hommage à cette avocate, qui exerce un métier difficile dans des conditions inacceptables.

Me Catherine MEIMON NISENBAUM

Me Nicolas MEIMON NISENBAUM

Avocats à la Cour d'Appel de PARIS

www.meimonnisenbaum.com – 12/2010

www.yanous.com – 12/2010

Circuler en prison

Un prisonnier handicapé doit pouvoir accéder aux locaux carcéraux en pleine autonomie et être traité dignement : ainsi en a jugé la Cour Européenne des Droits de l'Homme.

La Cour Européenne des Droits de l'Homme a rendu, le 24 octobre 2006 dans l'affaire Vincent contre France, un arrêt qui, statuant sur l'impossibilité pour un prisonnier paraplégique de circuler dans la maison d'arrêt de Fresnes, a conclu à l'unanimité à la violation par la France de l'article 3 de la Convention Européenne des Droits de l'Homme. Le requérant, condamné à une peine de 10 ans de réclusion criminelle, paraplégique et ne se déplaçant qu'en fauteuil roulant, a saisi le 11 janvier 2003 la Cour Européenne des Droits de l'Homme. Le prisonnier a été incarcéré dans les maisons d'arrêt de : Nanterre (25 novembre 2002 au 17 février 2003) où, suite à une tentative de suicide le 25 décembre 2003, il a été transféré quelques jours à l'hôpital de cette ville ; Fresnes (17 février 2003 au 11 juin 2003); Cergy-Pontoise (11 juin 2003 au 21 février 2005); Meaux-Chauconin (21 février 2005 au 21 mars 2006); Villepinte (21 mars 2006 au jour de l'arrêt).

La Cour, après avoir examiné les différents griefs portant sur l'accessibilité des lieux de détention, considéra que lesdites maisons d'arrêt, à l'exception de celle de Fresnes, ne répondaient pas de l'application de l'article 3 de la Convention Européenne des Droits de l'Homme. Le requérant, faisant valoir que l'étroitesse des portes ne lui permettait pas de les passer en fauteuil, expliqua que l'intervention d'un surveillant était nécessaire pour le porter afin de procéder au démontage d'une roue. Dans ce contexte, l'accès au bâtiment du secteur socio-éducatif lui était impossible et il ne pouvait de ce fait participer à aucune activité (sport, culte, travail). De même, durant deux mois, l'accès à l'installation de douche lui a été impossible et il était contraint d'effectuer ses soins intimes en présence de son codétenu. Le Gouvernement français, pour sa part, a fait notamment valoir que la maison d'arrêt de Fresnes a été construite à la fin de XIXe siècle, que les cellules ont été aménagées et les embrasures des portes élargies pour prendre en compte le passage des fauteuils roulants, que le requérant occupait au rez-de-chaussée une cellule adaptée (sanitaire et mobilier), qu'une garde médicale était assurée 24h /24 et qu'il lui était possible d'être accompagné pour accéder à la bibliothèque, aux salles d'enseignement et à la chapelle, ce qu'il avait refusé. La Cour rappelle que, conformément à sa jurisprudence, l'article 3 de la Convention qui stipule que : « *Nul ne peut être soumis à la torture ni à des peines ou traitements inhumains ou dégradants* », s'applique dès lors que le mauvais traitement atteint un minimum de gravité :

« *Dans la présente affaire se posent la question de la compatibilité de l'état de santé du requérant avec son maintien en détention pendant quatre mois dans un établissement où il ne pouvait circuler seul et celle de savoir si cette situation a atteint un niveau suffisant de gravité pour entrer dans le champ d'application de l'article 3 de la Convention. Si des cellules ont été aménagées au plan du mobilier et des sanitaires, il n'en demeure pas moins qu'en l'espèce le requérant ne pouvait ni quitter sa cellule, ni se déplacer dans l'établissement par ses propres moyens. Le fait que, pour passer des portes, le requérant ait été contraint d'être porté pendant qu'une roue de son fauteuil était démontée, puis remontée après que le fauteuil eut été passé l'embrasure de la porte peut en effet être considéré comme rabaissant et humiliant, outre le fait que le requérant était entièrement à la merci de la disponibilité d'autres personnes. En outre, le requérant a vécu dans ces conditions pendant quatre mois, alors que la situation avait été constatée par le service pénitentiaire d'insertion et de probation et un médecin, que de nombreux autres établissements pénitentiaires existent dans la région parisienne et que le Gouvernement ne soutient pas que des raisons impérieuses nécessitaient son maintien à Fresnes. En l'espèce, rien ne prouve l'existence d'une intention d'humilier ou de rabaisser le requérant. Toutefois, la Cour estime que la détention d'une personne handicapée dans un établissement où elle ne peut se déplacer et en particulier quitter sa cellule par ses propres moyens, constitue un traitement dégradant au sens de l'article 3 de la Convention. Dès lors, elle conclut pour cette raison à la violation de cette disposition en l'espèce, les autres griefs du requérant relatifs à ses conditions de détention dans la maison d'arrêt de Fresnes n'apparaissant pas aux yeux de la Cour, pour leur part, comme atteignant le seuil de gravité nécessaire pour que l'article 3 entre en jeu* ».

Il est mentionné que le requérant a été transféré le 21 février 2005 dans la maison d'arrêt de Meaux-Chauconin, qui est un établissement récent adapté aux personnes handicapées. Or, tandis que ce détenu n'avait présenté aucun recours contre l'Etat au regard de cet établissement tout à fait approprié à son handicap, force est de constater que, pour des raisons ignorées, il en a été retiré. Ainsi, la Cour relève que « *de nombreux autres établissements pénitentiaires existent dans la région parisienne et que le Gouvernement ne soutient pas que des raisons impérieuses nécessitaient son maintien à Fresnes* ». Dès lors, on ne peut que moins encore comprendre les raisons pour lesquelles le prisonnier a été maintenu à Fresnes. Un prisonnier doit certes effectuer sa peine, mais dans des conditions normales de détention. En tout premier lieu, son handicap doit être respecté ; on ne saurait à l'évidence l'empêcher de se rendre et de circuler en tous lieux autorisés aux autres prisonniers. L'application d'une peine d'emprisonnement implique le respect par l'Etat des droits de l'homme, et tout particulièrement celui des droits des personnes en situation de handicap.

Monsieur Jean-Paul Delevoye, Médiateur de la République, demande l'implication, au sein du monde carcéral, de délégués qu'il présente comme *« un relais privilégié entre le citoyen et les pouvoirs publics »*. Ceux-ci auraient alors sans nul doute permis, dans le cas d'espèce, l'instauration d'un dialogue qui aurait abouti au transfert du requérant dans une maison d'arrêt accessible et adaptée. Enfin, il ne faut pas omettre que le principe de l'accessibilité, loi votée le 11 février 2005, donne accès à toute personne handicapée, que ce handicap soit physique, sensoriel, mental, psychique ou cognitif, à l'exercice des actes de la vie quotidienne et sociale. De surcroît, le décret du 18 mai 2006 vise expressément, dans son champ d'application, les établissements pénitentiaires. En attendant l'application de cette loi, il faut absolument que les droits des personnes en situation de handicap soient respectés, et de telles exactions inlassablement dénoncées.

Me Catherine MEIMON NISENBAUM

Avocate à la Cour d'Appel de PARIS

www.meimonnisenbaum.com – 12/2006

www.yanous.com – 12/2006

ERES Reliance n°24 06/2207

Une discrimination sanctionnée

La propriétaire parisienne d'un logement en étage élevé a été condamnée pour avoir refusé de le louer à une candidate locataire handicapée motrice.

La 17e Chambre Correctionnelle du Tribunal de Grande Instance de Paris a rendu le 28 juin 2005 un jugement qui retient le délit de discrimination dans l'offre ou la fourniture d'un bien. Le jugement condamnait un propriétaire qui avait refusé de louer un appartement à Paris XVIIe, situé au 6e étage avec ascenseur, au motif que la candidate locataire était une personne handicapée.

En l'espèce, la candidate locataire, après avoir trouvé un appartement qui lui convenait, déposa un dossier de candidature présentant toutes les garanties administratives et financières, c'est d'ailleurs ce que lui confirma l'agence. A sa grande surprise, son dossier fut refusé par la propriétaire qui ne voulait pas louer son appartement à une personne handicapée. Les motivations du propriétaire étaient ambiguës, elle ne souhaitait pas exposer sa future locataire qui se déplaçait avec une canne, à des risques de chutes dans l'escalier au cas où l'ascenseur viendrait un jour à se trouver en panne. Pour la propriétaire âgée de 79 ans, pédiatre à la retraite qui s'était occupée de 12 enfants handicapés, ce refus était dépourvu de toute intention de nuire.

Cependant, la victime a été discriminée et le délit est constitué, c'est pourquoi, le Tribunal a retenu le délit de discrimination dans l'offre où la fourniture d'un bien ou d'un service en raison d'un handicap, prévu et réprimé par les articles 225-1 et 2, 225-21 et 4 du Code Pénal et a condamné la prévenue à une peine de 1.500€ d'amende dont 1.000€ avec sursis et 1€ au titre de dommages et intérêts au profit de la candidate locataire.

Il convient de rappeler que l'article 225-1 du Code Pénal au chapitre V « des atteintes à la dignité de la personne » est défini comme suit : *« constitue une discrimination toute distinction opérée entre les personnes physiques à raison de leur origine , de leur sexe, de leur situation de famille, de leur grossesse, de leur apparence physique, de leur patronyme, de leur état de santé, de leur handicap, de leurs caractéristiques génétiques, de leurs mœurs, de leur orientation sexuelle, de leur âge, de leurs opinions politiques, de leurs activités syndicales, de leur appartenance ou de leur non appartenance, vraie ou supposée, à une ethnie, une nation, une race ou une religion déterminée. constitue également une discrimination toute distinction opérée entre les personnes morales à raison de l'origine, du sexe, de la situation de famille, de l'apparence physique, du patronyme, de l'état de santé, du handicap, des caractéristiques génétiques, des mœurs, de l'orientation sexuelle, de l'âge, des opinions politiques, des activités syndicales, de l'appartenance ou de la non appartenance, vraie ou supposée, à une ethnie, une nation, une race ou une religion déterminée des membres ou de certains membres de ces personnes morales »*. La loi du 4 mars 2002, dite loi sur les droits des malades, a rajouté notamment : *« de leur état de santé, de leur handicap »*.

Il est certain en l'espèce que la prévenue a commis le délit de discrimination et quelles que soient ses explications ultérieures, celui-ci était établi ; cependant, elle n'a été que faiblement condamnée, certainement en raison de son âge, parce qu'elle s'était occupée de 12 enfants handicapés et qu'elle avait un casier judiciaire vierge. Cette décision a appliqué la loi, mais avec modération et bienveillance eu égard aux circonstances actuelles et passées de la prévenue. En l'état actuel des textes, il n'appartenait qu'à la locataire candidate et à elle seule d'apprécier les caractéristiques de son logement. La locataire candidate n'avait aucun trouble mental ou cognitif, et même dans ce cas, c'est à son représentant légal d'apprécier les caractéristiques du logement et non au propriétaire. Notons au passage, qu'il est rare que le délit de discrimination trouve application dans de telles circonstances car les loueurs se gardent bien d'afficher publiquement leurs motivations...

Me Catherine MEIMON NISENBAUM

Avocate à la Cour d'Appel de PARIS

www.meimonnisenbaum.com – 11/2006

www.yanous.com – 11/2006

Accessibilité : un décret, deux arrêtés

Les premiers textes réglementaires relatifs aux établissements et installations recevant du public, ainsi qu'aux habitations sont parus. Points forts et lacunes.

La loi du 11 février 2005 sur l'égalité des droits et des chances, la participation et la citoyenneté des personnes handicapées, prévoit que le gouvernement organise tous les trois ans, à compter du 1er janvier 2006, une conférence nationale du handicap, à laquelle il convie notamment les associations représentatives des personnes handicapées, qui doit établir un rapport pouvant être débattu à l'Assemblée nationale et au Sénat. Mais surtout, la loi du 11 février 2005 a défini très largement la notion de handicap en visant « *les fonctions physiques, sensorielles, mentales, cognitives ou psychiques d'un polyhandicap ou d'un trouble de santé invalidant* » et a notamment légiféré sur l'accessibilité du cadre bâti et des transports.

Mais attention, d'un part cette réglementation ne concerne pas l'habitation existante (à l'exception des gros travaux) mais les habitations collectives ainsi que leurs abords et les habitations individuelles (vente et location) ainsi que leurs abords. Elle concerne d'autre part les établissements recevant du public et des installations ouvertes au public qui doivent être accessibles à tous dans un délai de 10 ans à compter de la publication de la loi. La loi prévoit des dérogations qui peuvent être accordées par le Préfet lorsqu'il existe une « *impossibilité technique* », une contrainte « *liée à la préservation du patrimoine architectural* » ou une « disproportion manifeste entre les améliorations apportées et leurs conséquences ». Aucun organisme ou institution ne contrôle le bien-fondé de la décision du préfet, qui est souverain en la matière (il convient cependant de solliciter l'avis obligatoire de la CCDSA ou de la CDS). La loi instaure néanmoins des sanctions aggravées pour infraction à ses dispositions, et notamment une amende de 45.000 €, ainsi qu'en cas de récidive une peine de six mois d'emprisonnement et 75.000 € d'amende.

La partie réglementaire prévue par la loi vient d'être partiellement publiée, à savoir :

– Le décret 2006-555 du 17 mai 2006, relatif à l'accessibilité des établissements recevant du public, des installations ouvertes au public et des bâtiments d'habitation et modifiant le code de la construction et de l'habitation.

– Deux arrêtés en date du 17 mai 2006 : l'un sur les caractéristiques techniques relatives à l'accessibilité aux personnes handicapées lors de la construction et de l'aménagement des bâtiments d'habitation, l'autre portant sur la construction ou la création d'établissements recevant du public ou d'installations ouvertes au public.

Il est intéressant de relever que ces textes retiennent une notion large de l'accessibilité : une fois encore, il est rappelé, conformément à la loi, que l'accessibilité concerne toute personne handicapée, ayant notamment une déficience visuelle, auditive, motrice, cognitive, mentale et « *quel que soit le handicap* ». Pour les cheminements extérieurs, il est retenu « *la continuité de la chaîne du déplacement* » donc une accessibilité qui doit être réalisée en plusieurs lieux et en plusieurs points, de l'entrée du bâtiment aux autres bâtiments, pour un usager handicapé et aussi pour un visiteur handicapé. Les verbes employés définissent largement la notion d'autonomie, de déplacement et de compréhension tels que : s'orienter, atteindre, accéder, utiliser, circuler, communiquer, comprendre, repérer... Les mots employés pour définir l'accessibilité sont aussi essentiels, le déplacement doit se faire « *aisément* » et « *sans danger* » et encore « *avec la plus grande autonomie possible* ».

Il est certain que pour les bâtiments d'habitation collectifs, on peut regretter que le décret dispose en son article R 111-18-2.2 : « *Les logements situés au rez-de-chaussée, en étages desservis par un ascenseur [doivent] offrir dès leur construction des caractéristiques minimales [...] la cuisine ou une partie du studio aménagée en cuisine, le séjour, une chambre ou une partie du studio aménagée en chambre, un cabinet d'aisances et une salle d'eau* ».

C'est donc une définition du cadre de vie *a minima* qui est retenue pour les habitations collectives accessibles. Que feront les personnes handicapées qui vivent en famille : elles vivront alors dans un appartement qui pourra légalement n'être adapté qu'en partie ! Pourquoi avoir introduit cette limitation qui créé deux territoires à l'intérieur d'un même logement et ne correspond ni à l'esprit de la loi, ni à l'attente des personnes en situation de handicap ? Un appartement familial ne comprend pas qu'une cuisine, un séjour, une chambre, un cabinet d'aisances et une salle d'eau. Que faire des chambres et autres pièces dans lesquelles la personne handicapée ne pourra pas accéder ?

Ces dispositions sont applicables à compter du 1er janvier 2007 aux permis de construire, avec deux exceptions :

1. Dans les logements faisant l'objet d'un permis de construire déposé à compter du 1er janvier 2008, au moins un accès depuis « *une pièce de vie à tout balcon, terrasse ou loggia [...] doit être conçu de manière telle que le seuil et les portes permettent, par des aménagements simples, le passage d'une personne en fauteuil roulant.* »

2. Dans les logements faisant l'objet d'un permis de construire déposé à compter du 1er janvier 2010, *« une salle d'eau doit être conçue et équipée de manière à permettre, par des aménagements simples, l'installation ultérieure d'une douche accessible à une personne handicapée* ».

L'ensemble de ces dispositions et des dates de mise en œuvre s'applique aux maisons individuelles construites pour être louées ou vendues. Celles qui sont construites pour leur propriétaire et son usage propre dérogent à cette réglementation. Cette dérogation créera une difficulté juridique à retardement, lors de la cession de ladite maison du vivant du propriétaire occupant ou après sa mort : le vendeur sera-t-il obligé de réaliser une mise en accessibilité avant de réaliser la transaction ? La loi ne traite pas ce cas de figure.

Par ailleurs, il faut retenir que les places de stationnement adaptées doivent être à l'usage des occupants et également des visiteurs. Bien entendu, doivent être notamment accessibles les parties communes, les revêtements de sol, les portes, les sas, les équipements intérieurs et extérieurs, celliers, caves. Les bâtiments ouverts au public doivent comporter des places de stationnement adaptées, les circulations doivent être accessibles, les escaliers doivent être utilisés en toute sécurité par les personnes handicapées, tous les ascenseurs doivent être empruntables par les personnes handicapées. Un ascenseur est obligatoire au-delà d'une capacité d'accueil de 50 personnes, ou si l'activité ne peut être réalisée en rez-de-chaussée (seuil porté à 100 personnes pour les établissements d'enseignement). Dans chaque étage ouvert au public, il doit exister au moins un cabinet d'aisances aménagé pour les personnes circulant en fauteuil roulant, et un lavabo accessible (ainsi que ses accessoires). Les cabines d'essayages doivent être aménagées « *et accessibles par un cheminement praticable* »; il en est de même pour les douches. Les locaux d'hébergement « *doivent comporter des chambres aménagées et accessibles* » avec salles de bains aménagées ou, à défaut, une salle de bains aménagée à l'étage ; il en est de même pour le cabinet d'aisances.

Diverses catégories d'établissements et installations recevant du public feront l'objet, du fait de leur caractère spécifique, d'arrêtés pris par les ministères dont ils dépendent : enceintes sportives et établissements de plein air, établissements conçus en vue d'offrir au public une prestation visuelle ou sonore (théâtres, cinémas, etc.), établissements pénitentiaires, établissements militaires, centres de rétention administrative et locaux de garde-à-vue, chapiteaux, tentes et structures, gonflables ou non, hôtels-restaurants d'altitude et refuges de montagne, établissements flottants.

Il appartient aux personnes en situation de handicap et aux associations de veiller à ce qu'il ne soit fait application qu'à bon escient et avec rigueur des exceptions prévues dans les textes, et d'éviter que le principe ne devienne l'exception. Il faudra attendre les quatre arrêtés techniques à venir pour apprécier les moyens techniques qui sont proposés pour le respect de la mise en œuvre de l'accessibilité des personnes en situation de handicap, dans une pleine et entière autonomie, qui ne peut se limiter aux « *caractéristiques minimales* » prévues par le décret pour les logements collectifs.

Me Catherine MEIMON NISENBAUM

Avocate à la Cour d'Appel de PARIS

www.meimonnisenbaum.com – 06/2006

www.yanous.com – 06/2006

PS : (Mai 2024)

La loi du 11 février 2005 qui ouvrait une accessibilité pour tous a été amendée par l'ordonnance signée par le Président de la République du 26 septembre 2014.Celle-ci a reculé de 10 ans son délai de mise en œuvre, a assoupli la réglementation, a instauré des contrôles et des sanctions qui n'ont pas été réellement mis en œuvre. Finalement, cette réforme présidentielle a rendu peu lisible la mise en accessibilité des transports, du cadre bâti et des installations ouvertes au public.

Lors de la Conférence nationale du handicap du 26 avril 2023, la création effective du 2 novembre 2023 jusqu'au 31 décembre 2028, d'un Fonds territorial d'accessibilité (FTA) ayant vocation à accompagner financièrement les ERP privés de 5ème catégorie dans leurs équipements et réalisation de travaux en la matière subventionne très faiblement en ratio les établissements recevant du public qui sont encore très défaillants.

Un grand nombre de conditions sont exigées pour bénéficier du FTA, et le montant maximal de prise en charge est relativement faible, lorsque l'on connaît le coût de la mise en accessibilité.

Doté d'une enveloppe de 300 millions d'euros, le FTA sera déployé pendant 5 ans, du 2 novembre 2023 jusqu'au 31 décembre 2028. En 2023 et 2024, une priorité sera accordée aux ERP privés de 5e catégories, situés dans les communes accueillant des épreuves des Jeux Olympiques et Paralympiques de 2024.

Pour pouvoir bénéficier du FTA, il faut répondre aux conditions cumulatives suivantes, fixées par le décret n° 2023-993 du 27 octobre 2023 relatif à l'instauration du fonds territorial d'accessibilité à destination des micros, petites et moyennes entreprises classées établissements recevant du public de 5e catégorie. À la date du dépôt de la demande, celles-ci doivent :

1° Employer moins de deux cent cinquante salariés. Ce seuil est calculé selon les modalités prévues par le I de l'article L. 130-1 du code de la sécurité sociale ;

2° Avoir un chiffre d'affaires annuel n'excédant pas 50 millions d'euros hors taxe ou un total de bilan n'excédant pas 43 millions d'euros ;

3° Appartenir à la 5e catégorie des établissements recevant du public, au sens de l'article R. 143-19 du code de la construction et de l'habitation ;

4° Appartenir aux types M, N, O et W des établissements recevant du public au sens de l'article GN 1 de l'arrêté du 25 juin 1980 portant approbation des dispositions générales du règlement de sécurité contre les risques d'incendie et de panique dans les établissements recevant du public. En outre, les établissements recevant du public de 5e catégorie appartenant à d'autres types pourront être éligibles au dispositif sur décision expresse du représentant de l'Etat dans leur département d'implantation ;

5° Avoir été créées avant le 20 septembre 2023 ;

6° Être inscrites au registre national des entreprises ;

7° Être à jour de leurs obligations à l'égard de l'administration fiscale et de l'organisme de recouvrement des cotisations patronales de sécurité sociale ;

8° Ne pas être en procédure de liquidation judiciaire.

Le FTA permettra de financer :

L'État finance à hauteur de 50 % des dépenses engagées pour les équipements et les travaux de mise en accessibilité, pour un montant maximal de prise en charge de 20.000 euros. Pour le diagnostic des conditions d'accessibilité et l'assistance d'ouvrage, l'État finance 50 % des dépenses engagées, pour un montant maximal de prise en charge de 500 euros. Les propriétaires ou gestionnaires pourront déposer plusieurs demandes au titre d'une aide pour travaux et équipements, et d'une aide pour l'ingénierie, pour un montant maximal de prise en charge de 20.500 euros.

La prise en charge des frais d'aménagements et d'acquisition du logement des victimes d'un grand handicap

En général, ce type d'indemnisation concerne de grands handicapés, notamment, les tétraplégiques ou les traumatisés crâniens, car ils ont besoin, pour vivre au quotidien leur handicap, d'un aménagement spécifique, tels que notamment : la création d'un ascenseur, l'élargissement des huisseries, la modification des prises électriques, l'adaptation de la salle de bains et des toilettes. Il n'existe pas un texte de loi particulier qui légifère sur ce poste d'indemnisation pourtant essentiel, puisqu'il permet à la personne handicapée de retourner à son domicile définitivement ou pour une courte durée

La victime d'un dommage corporel peut demander en justice à l'encontre de la personne responsable de son handicap, les frais qu'il convient d'exposer pour l'aménagement de son logement ou pour l'acquisition de ce dernier avec ou sans aménagements spécifiques.

En général, ce type d'indemnisation concerne de grands handicapés, notamment, les tétraplégiques où les traumatisés crâniens, car ils ont besoin, pour vivre au quotidien leur handicap, d'un aménagement spécifique, tels que notamment : la création d'un ascenseur, l'élargissement des huisseries, la modification des prises électriques, l'adaptation de la salle de bains et des toilettes. Il n'existe pas un texte de loi particulier qui légifère sur ce poste d'indemnisation pourtant essentiel, puisqu'il permet à la personne handicapée de retourner à son domicile définitivement ou pour une courte durée.

C'est la Cour de Cassation qui a permis d'obtenir cette indemnisation devant les Tribunaux en rappelant, à de nombreuses reprises, le droit de la victime d'un dommage corporel d'obtenir la réparation intégrale de son préjudice

Cependant, lorsqu'on parle d'indemnisation, encore faut-il, définir les frais qui vont être pris en compte et qui vont être mis en général, par le Tribunal, à la charge de la compagnie d'assurances du responsable de l'accident.

Cette jurisprudence est très récente, elle a évolué de la prise en charge des aménagements spécifiques à l'acquisition d'un logement.

Un arrêt important en date du 09/10/96 (cassation 2ème Civ. n°94-19 763 – GUEGAN c/ LE GUEN) a estimé que compte tenu de l'usage du fauteuil roulant pour une personne handicapée, celle-ci devait nécessairement changer de domicile et que l'acquisition d'un logement de plain-pied était nécessaire. Il a été jugé, également, que le coût de ce bien immobilier et les aménagements de ce logement devaient être pris en charge par le responsable du dommage.

D'autres décisions ont été rendues, mais en nombre limité, considérant parfois qu'il convenait de déduire du prix de l'acquisition du bien immobilier, la valeur de l'appartement précédemment occupé par une personne handicapée, pour éviter un enrichissement patrimonial (Cour d'appel Paris 17ème Chambre arrêt du 08/01/2001- MIGLIORINI c/ MILUTINOVIC - Cour d'appel de VERSAILLES – arrêt du 28/05/1999 - GOSSELIN c/ VANCOM). D'autres encore refusent le règlement de l'acquisition du logement considérant qu'il s'agit de simples convenances personnelles et que l'achat d'un bien immobilier n'est pas lié à la nécessité du handicap (Cour d'Appel de BOURGES du 19/03/2001 DELATRE c/ JAIKO FONTAINE. Le taux d'I.P.P. de la victime tétraplégique était de 90 %).

Les proches de la victime peuvent, eux aussi demander la réparation des frais engagés, telle une mère pour le remboursement d'aménagements spécifiques pour son fils dans les limites des dépenses nécessaires (Cass. 1er Chambre Civile du 27/05/1997 – ALBERT- BRUNET c/ GAN).

Les Tribunaux, lorsque la demande de frais d'acquisition et/ou d'aménagement du logement leur est présentée, désignent un expert judiciaire, en général un architecte, pour requérir son avis.

Une fois le rapport de l'expert judiciaire déposé et après avoir entendu les avocats des parties, les tribunaux peuvent juger notamment que :

- Le relogement dans l'ancien logement est possible avec ou sans aménagement.
- Un nouveau logement locatif est possible avec ou sans aménagement. Le surcoût du nouveau loyer d'un appartement adapté est indemnisé. (Cour d'Appel Paris 17ème Chambre arrêt du 19/02/2001 – MAAF c/ ROY. - Cour d'Appel de PARIS – 1ER Chambre – Arrêt du 17/12/1997 GOFFIC c/ BERNARDIN).
- Seule l'acquisition d'un nouveau logement avec ou sans aménagement est possible.

Pour les grands handicapés, le relogement dans leur ancien appartement ou dans une nouvelle location est impossible en raison du défaut d'accessibilité des parties communes : les marches, les étages, le défaut ou la dimension de l'ascenseur, l'étroitesse des couloirs, et également, s'agissant des parties privatives, les appartements ne sont en général pas adaptés pour les personnes en fauteuil roulant. Dès lors, il faut obtenir l'accord de la copropriété et du bailleur pour la réalisation de travaux d'aménagement, lesquels seront refusés parce que coûteux et entraînant des adaptations souvent irréversibles.

Reste donc la seule réparation possible, celle correspondant à la réparation intégrale du dommage, l'acquisition d'un logement lorsque les contraintes architecturales sont incompatibles avec le logement habité par la victime avant l'accident et empêchent l'aménagement de celui-ci. Dans le débat judiciaire, la personne handicapée définit pour son logement ses besoins en fonction des contraintes qu'imposent son handicap, contraintes d'autant plus lourdes que le taux d'incapacité est important et l'obligera de ce fait, à passer la majeure partie de son temps dans son logement.

Il est donc essentiel de réparer intégralement ce poste de préjudice, le grand handicapé est une victime, il ne faut jamais l'oublier.

Ainsi, pour les grands handicapés, il convient de tenir compte indépendamment des aménagements, de l'acquisition d'un logement en rez-de-chaussée avec un jardin et une terrasse aménagée comprenant au minimum pour ses besoins personnels: une chambre spacieuse - une chambre pour la tierce personne avec douche et WC - une salle de bains adaptée, des toilettes adaptées, un salon - salle à manger à titre personnel – une cuisine accessible - une pièce pour le rangement du matériel – un garage aux grandes dimensions.

Actuellement, devant les Tribunaux, cette notion d'espace nécessaire et confortable pour les grands handicapés fait l'objet de nombreuses discussions, car il ne faut pas le cacher, cela se traduit dans les faits par des mètres carrés supplémentaires, d'où un coût plus onéreux du logement.

Accorder pour l'habitation d'un grand handicapé, un espace apparemment important n'est pas un luxe, ce n'est qu'une des formes de la réparation intégrale de son préjudice corporel.

Cependant, ces mètres carrés supplémentaires que les victimes réclament sont onéreux et sont judiciairement discutés. Il est donc indispensable que les grands handicapés se défendent pour la reconnaissance de leur espace de vie qui est vital.

En général, les défendeurs s'opposent au règlement de l'acquisition du logement où discutent la superficie réclamée par la victime, ils l'estiment souvent trop importante et donc trop onéreuse, il en est de même pour les aménagements.

Il appartient aux Juges en cas de contestations judiciaires de trancher.

Ces problèmes d'aménagement et d'acquisition du logement devraient être jugés en urgence, car on sait pertinemment que les grands handicapés ne peuvent souvent quitter le Centre de Rééducation Fonctionnelle que dans la mesure où ils possèdent un logement accessible, adapté à leurs besoins, appareillé et confortable.

Me Catherine MEIMON NISENBAUM

Avocate à la Cour d'Appel de PARIS

www.meimonnisenbaum.com – 12/2002

La lettre ANMSR La lettre ANMSR 4eme trimestre 2002 n° 65 Médecine Physique et de Réadaptation - **www.anmsr.asso.fr**)

PS : (Mai 2024)

La nomenclature Dintilhac définit le poste logement adapté comme suit : " *les dépenses concernant les frais que doit débourser la victime directe à la suite du dommage pour adapter son logement à son handicap et bénéficier ainsi d'un habitat en adéquation avec ce handicap* ".

La jurisprudence retient les dépenses consécutives à l'aménagement du domicile préexistant et aussi à l'acquisition d'un nouveau domicile prenant en compte le surcoût financier engendré par cette acquisition, les frais de déménagement et d'emménagement, les frais de surcoût de loyers pour un logement plus adapté à l'handicap. Sont prises en compte uniquement les dépenses liées à l'handicap.

Concernant les personnes gravement handicapées, les Tribunaux désignent des experts judiciaires pour évaluer ce préjudice, ce sont en général des architectes et/ou des ergothérapeutes. Ce poste de préjudice peut être très élevé et donc un débat et différend interviennent souvent entre la victime et les régleurs qui sont souvent assistés par un architecte.

Les frais de logement adapté correspondent aux dépenses que doit débourser la victime d'un événement traumatique pour adapter son logement aux séquelles dont elle est victime et bénéficier ainsi d'un habitat en adéquation avec son handicap. Ce poste de préjudice inclut traditionnellement non seulement l'aménagement du domicile rendu nécessaire par l'état pathologique de la victime, mais également le surcoût découlant de l'acquisition d'un domicile mieux adapté au handicap (frais architecturaux et structurels et domotiques, surface complémentaire liée à la circulation d'un fauteuil roulant, aménagement d'une pièce pour la tierce personne assurant une surveillance constante, aménagement d'un espace pour le matériel spécifique, un système de climatisation pour les personnes tétraplégiques ...).

Cependant, depuis quelques années, la Cour de cassation, en vertu du principe de réparation intégrale, met à la charge de l'assureur du tiers responsable ou du fonds le coût non seulement des aménagements architecturaux et domotiques mais également le coût de l'achat d'un logement adapté, ou un surcoût de loyer. Le statut de la victime vis -à -vis de son logement existant (propriétaire ou locataire) peut influer sur la décision des juges.

Pour les victimes locataires, quand il est établi que le logement locatif occupé par la victime avant son accident n'est pas adapté à sa situation de handicap, l'indemnisation des frais de logement adapté sont indemnisés et peuvent correspondre par exemple à l'acquisition du terrain, aux coûts de la construction et aménagements spécifiques à l'handicap, aux honoraires de l'agent immobilier, et aussi a un surcoût de loyer. Il a été jugé que l'acquisition du logement adapté pour un ancien locataire ne constitue pas un enrichissement sans cause du fait de la dispense du paiement des loyers pour la victime, mais est la conséquence directe de son accident corporel.

La Cour de cassation, 2e chambre civile, par arrêt du 6 Mai 2021 – n° 19-25.524 a statué comme suit :

"Pour débouter M. [W] de sa demande d'indemnisation des frais d'acquisition d'un logement, l'arrêt énonce que le poste de préjudice des frais de logement adapté correspond aux frais que doit débourser la victime directe

à la suite du dommage pour adapter son logement à son handicap et bénéficier ainsi d'un habitat en adéquation avec ce handicap et que cela peut inclure non seulement l'aménagement du domicile préexistant mais éventuellement, dans certaines hypothèses, celui découlant de l'acquisition d'un domicile mieux adapté prenant en compte le surcoût financier engendré par cette acquisition.

L'arrêt, après avoir rappelé que M. [W] sollicitait d'une part, l'indemnisation du prix d'acquisition du logement qu'il occupait à titre locatif et d'autre part, les frais liés à l'adaptation de celui-ci à son handicap impliquant des déplacements à l'aide de prothèses ou d'un fauteuil roulant, ajoute que selon le médecin-expert, le choix de M. [W] d'acheter son logement est personnel et nécessitera quelques aménagements extérieurs et intérieurs afin de l'adapter à son état de santé (mise en place d'un portail et d';un garage télécommandés, adaptation de l'allée extérieure, mise en place d'un plan incliné gommant le dénivelé avec pente de 5% et d'une rampe d'accès à la véranda, modification des portes, aménagement de la cuisine, suppression d'un mur porteur, installation d'une douche type italienne, d'une planche lavabo et d'un WC surélevé).

L'arrêt en déduit que dès lors que M. [W] sollicite l'indemnisation du prix d'acquisition d'un logement qui est, sans contestation, inadapté à son handicap, il s'agit d'un choix purement personnel qui n'est pas directement imputable aux séquelles de l'accident.

En statuant ainsi, sans répondre au moyen des conclusions de M. [W] qui soutenait que l'acquisition de son logement était rendue nécessaire par l'importance des aménagements que la gravité de ses séquelles imposait d'y apporter, la cour d'appel n'a pas satisfait aux exigences du texte susvisé. »

Pour les victimes propriétaires, quand il est établi que le coût de l'adaptation de son ancien logement est soit impossible soit plus élevé que celui d'un nouveau logement qui serait adapté, l'indemnisation de ce poste de préjudice est retenue car il lui est imposé par son handicap. En général, le seul surcoût lié à l'aménagement est indemnisable et non l'acquisition totale de la maison.

Le droit à l'accessibilité : ne pas banaliser les dérogations

Le droit à l'accessibilité des personnes handicapées est réglementé en France, pourtant on peut s'étonner dans la vie quotidienne du manque d'application de celui-ci. Des mesures et des sanctions pénales et civiles existent, mais hélas, aussi des dérogations.

Etonné du manque d'application du droit à l'accessibilité des personnes handicapées, j'ai voulu faire le point et comprendre les raisons pour lesquelles, il semblerait qu'en fait, celui-ci soit illusoire.

La législation actuelle régit l'accessibilité de ce droit pour les établissements recevant du public, les peines encourues et les dérogations.

L'article L 111-7 et suivants du Code de la construction et de l'habitation, loi du 13 Juillet 1991 et des décrets d'application des 26 janvier et 31 mai 1994 posent le principe de l'accessibilité des personnes handicapées. L'article R111-19-1 du code de la construction et de l'habitation est très claire, à savoir :

- *« est réputé accessible aux personnes handicapées tout établissement ou installation offrant à ces personnes, notamment à celles qui se déplacent en fauteuil roulant, la possibilité, des conditions normales de fonctionnement, de pénétrer dans l'établissement ou l'installation, d'y circuler, d'en sortir et de bénéficier de toutes les prestations offertes au public en vue desquelles cet établissement ou cette installation a été conçue »*

Des obligations à respecter… :

Il s'agit donc d'une obligation de résultat, du droit des personnes handicapées de jouir de toutes les fonctions d'une installation, au même titre que les autres.

Cela concerne tous bâtiments, locaux et enceintes dans lesquels des personnes sont admises soit librement, soit moyennant une rétribution ou une participation quelconque ou dans lesquels sont tenues des réunions ouvertes à tout venant ou sur invitation payante ou non, les locaux scolaires, universitaires et de formation, ainsi que les espaces publics ou privés et le mobilier urbain qui y est implanté ».

Ces dispositions sont applicables depuis le 1er août 1994 notamment :

- Cheminement praticable par les personnes handicapées qui doit être le même que le cheminement usuel (le sol non glissant, pente inférieure à 5 %, paliers de repos horizontaux, trous ou fentes dans le sol (grilles, etc) avec un diamètre ou une largeur inférieure à 2 cm).
- aux ascenseurs qui doivent être accessibles aux utilisateurs d'un fauteuil roulant, ou aux escaliers qui, à défaut d'ascenseur praticable, doivent être conformes aux prescriptions (largeur minimale est de 1,20 à 1,40 m suivant les cas - hauteur maximale des marches est de 16 cm).
- Aux parcs de stationnement automobile dont le nombre de places doit être au minimum d'1 place aménagée par tranche de 50 places de stationnement.
- Au-delà de 500 places, le nombre de ces places ne saurait être inférieur à 10.
- Aux Cabinets d'aisances qui doivent être aménagés pour les personnes handicapés circulant en fauteuil roulant (0,8 m x 1,3 m)
- Au Téléphone mis à la disposition du public qui doit être installé de manière à être utilisable par les personnes handicapées (numéro de téléphone de la cabine doit être inscrit en relief et en caractères Braille.
- Aux établissements d'hébergement hôtelier dont le nombre de chambres aménagées pour des personnes handicapées et accessibles doit être d'au moins 1 chambre si l'établissement ne compte pas plus de 20 chambres et de 2 s'il n'en compte pas plus de 50.
- Aux Installations sportives et socio-éducatives où, lorsqu'il existe des douches, au moins une d'entre elles doit être aménagée et accessible par un cheminement praticable pour une personne handicapée. De même elles doivent être séparées pour chaque sexe.

Des sanctions, mais aussi des dérogations :

Des sanctions peuvent être appliquées en cas de non- respect de ces dispositions comme l'interruption des travaux, sur réquisition du Ministère Public, agissant à la requête du Maire.

En cas de continuation des travaux nonobstant une décision judiciaire ou un arrêté ordonnant l'interruption, une amende de 4.5734,37 € (300.000 F) et/ou un emprisonnement de trois mois par la loi. Le Tribunal pourra assortir sa condamnation d'une astreinte de 3,05 € (20 F) à 76,22 € (500 F) par jour de retard ; des dommages et intérêts pourront être alloués à la Partie civile, en fonction du préjudice subi.

On peut penser, eu égard aux textes législatifs sus exposés que le droit à l'accessibilité est sauvegardé, or il n'en est rien.

En effet, le législateur a introduit un article R111-19-3 au Code de la Construction et de l'Habitation qui remet en cause, la légitimité du droit à l'accessibilité des personnes handicapées.

Cet article précise qu'en :« *cas de difficulté matérielle grave, ou s'agissant des bâtiments existants en raison des difficultés liées à leurs caractéristiques ou à la nature des travaux* » le Préfet peut accorder des dérogations après consultation de la Commission Consultative Départementale de la protection civile, de la sécurité, et de l'accessibilité (CCDPCSA).

De telles dérogations ne devraient donc pas être délivrées facilement.

Ainsi, si les personnes handicapées veulent que le droit à l'accessibilité soit sauvegardé, il convient impérativement qu'elles saisissent le Procureur de la République d'une plainte simple ou à défaut le doyen des Juges d'Instruction au moyen d'une plainte aux constitutions de partie civile, afin que les sanctions pénales et civiles ci-dessus exposées soient appliquées.

En conclusion, il est certes très important pour une personne handicapée de faire valoir ses droits, notamment, dans un procès, afin que ses dommages corporels, matériels et moraux soient réparés, mais il est tout aussi important pour elle de faire valoir son droit à l'accessibilité pour lui permettre de mieux vivre au quotidien.

Me Catherine MEIMON NISENBAUM

Avocate à la Cour d'Appel de PARIS

MNH - Mutuelle Nationale des Hospitaliers n°123 – 2/1999 - www.mnh.fr

www.meimonnisenbaum.com – 2000

LOI SUR LES MALADES ET AUTRES LOIS

Petite révolution pour les victimes

Les victimes d'accident n'ont plus à craindre que leur indemnisation soit entièrement récupérée par les organismes qui ont pris en charge leurs dépenses de santé et de rééducation.

L'article 25 de la loi n°2006-1640 du 21 décembre 2006 portant sur le financement de la Sécurité sociale modifie la réparation du préjudice corporel en prévoyant un recours poste par poste des tiers payeurs avec un droit de préférence pour la victime. Cela veut dire que les sommes dépensées pour les soins et la rééducation ne peuvent pas être prélevées sur la globalité de l'indemnisation accordée par une convention ou un tribunal, mais uniquement sur la partie Soins de cette indemnisation. Cette disposition de la loi, en partie préconisée par le groupe de travail présidé par Yvonne Lambert-Faivre (professeur émérite à l'Université de Lyon III), ainsi que le rapport de la Cour de Cassation de 2004, largement soutenue par Monsieur le Médiateur de la République, le Conseil National des Barreaux, l'ANADAVI, les Associations de défense des victimes, a été présentée lors du débat parlementaire par voie d'amendement par le sénateur Alain Vasselle, au nom de la commission sénatoriale des Affaires sociales.

Cet article de loi va permettre l'introduction de la *nomenclature Dintilhac* : une commission de réflexion, présidée par Jean-Pierre Dintilhac (Président de la 2eme chambre civile de la Cour de Cassation) a remis au Ministère de la Justice en octobre 2005 un rapport proposant une nomenclature des préjudices corporels pour l'indemnisation des victimes directes ou indirectes. Cette nomenclature a retenu deux grands postes de préjudices, « *les préjudices patrimoniaux* » et « *les préjudices extrapatrimoniaux* » et a inclus des sous catégories, « *les préjudices à caractère temporaire* » et « *les préjudices à caractère permanent* ». Cette nomenclature ne fait donc plus référence aux préjudices soumis ou non au recours des tiers payeurs.

L'article 25 de ladite loi induit dès lors un équilibre entre les droits de la victime et ceux des organismes sociaux, mais en faveur de celle-ci. Elle stipule notamment : *« III – les recours subrogatoires des caisses contre les tiers s'exercent poste par poste sur les seules indemnités qui réparent des préjudices qu'elles ont pris en charge, à l'exclusion des préjudices à caractère personnel. IV – l'article 31 de la loi n°85-677 du 5 juillet 1985 tendant à l'amélioration de la situation des victimes d'accidents de la circulation et à l'accélération des procédures d'indemnisation, est ainsi rédigé :* 'Article 31

– Les recours subrogatoires des tiers payeurs s'exercent poste par poste sur les seules indemnités qui réparent des préjudices qu'elles ont pris en charge, à l'exclusion des préjudices à caractère personnel. Conformément à l'article 1252 du Code Civil, la subrogation ne peut nuire à la victime subrogeante, créancière de l'indemnisation, lorsqu'elle n'a été indemnisée qu'en partie ; en ce cas, elle peut exercer ses droits contre le tiers responsable, pour ce qui lui reste dû, par préférence au tiers payeur dont elle n'a reçu qu'une indemnisation partielle. »

Ainsi, le principe d'un recours poste par poste permet-il à la victime d'éviter le recours global des organismes sociaux, qui absorbaient souvent dans le cadre d'un partage de responsabilités l'intégralité des préjudices patrimoniaux. En effet, avant l'application de cette loi, le recours des organismes sociaux était global. On additionnait tous les chefs de préjudices à caractère patrimonial et on déduisait ensuite la créance de la caisse de Sécurité sociale. La globalisation portait sur tous les chefs de demande, même sur ceux pour lesquels la caisse n'avait participé à aucune dépense.

La nouvelle loi de décembre 2006, en instaurant un recours et l'imputation poste par poste, permet à la victime de ne déduire que les dépenses pour lesquelles la Sécurité sociale a notamment concouru. De ce fait, il n'y a plus d'appauvrissement. Ainsi, le recours étant poste par poste, il ne peut plus être reporté sur les autres postes de préjudice un excédent déficitaire d'un poste de préjudice quelconque sur un autre.

Par ailleurs, le principe de préférence à la victime est un autre avantage pour cette dernière. Il s'apprécie pleinement dans le cadre du partage de responsabilités, permettant à la victime de recevoir une indemnité supérieure et de concourir prioritairement avec les organismes sociaux. Antérieurement à cette loi, dans bon nombre de cas, lorsque la victime subissait un partage de responsabilités (sa responsabilité étant mise en cause), elle ne percevait généralement aucune indemnisation sur les préjudices patrimoniaux, ou à défaut une indemnisation minorée. La créance de la caisse de Sécurité sociale absorbait souvent ces postes qui, bien entendu, étaient financièrement les plus importants.

Prenons un exemple : avant la loi de 2006, dans le cadre d'un partage de responsabilités à 50 % à l'encontre de la victime, si celle-ci se voyait attribuer au titre du préjudice professionnel la somme de 50.000€, après déduction de la rente invalidité de 60.000€, elle ne percevait plus aucune somme. Depuis la loi du 21 décembre 2006, en dépit du partage de responsabilités et grâce au principe de préférence à la victime, cette dernière percevra la somme de 25.000€. Il est certain que le principe de préférence à la victime lui permet ainsi d'obtenir une réparation plus équitable de son préjudice. Il était choquant de constater qu'en cas de partage des responsabilités, la caisse de Sécurité Sociale absorbait la quasi-totalité de l'indemnisation et que, de ce fait, la victime ne percevait souvent pas la moindre somme.

Un avis très attendu de la Cour de Cassation permettra d'apprécier l'ampleur de cette réforme. Le Conseil d'État pour sa part, dans un avis du 7 juin 2007, a estimé notamment que cet article était d'application immédiate, y compris dans les affaires en cours. La jurisprudence, notamment de la 17e chambre de la Cour d'Appel de Paris, applique cette nouvelle loi aux accidents de trajet travail. Cette loi nouvelle constitue une avancée législative considérable, voire même une petite révolution, puisqu'elle va changer dans le bon sens le montant des indemnisations pour les victimes d'accidents corporels.

Me Catherine MEIMON NISENBAUM

Avocate à la Cour d'Appel de PARIS

www.meimonnisenbaum.com – 09/2007

www.yanous.com 09/2007

Droits des malades et fin de vie

La loi du 22 avril 2005 relative aux droits des malades et à la fin de vie permet aux patients de décider de se "laisser mourir" dans le respect de la dignité, et autorise le médecin à intervenir pour les soulager.

L'article 1er de la loi du 22 avril 2005 relative aux droits des malades et à la fin de vie condamne d'emblée l'acharnement thérapeutique et consacre le droit pour toute personne à mourir dignement. Elle dispose : « *Ces actes ne doivent pas être poursuivis par une obstination déraisonnable. Lorsqu'ils apparaissent inutiles, disproportionnés ou n'ayant d'autre effet que le seul maintien artificiel de la vie, ils peuvent être suspendus ou ne pas être entrepris. Dans ce cas le médecin sauvegarde la dignité du mourant et assure la qualité de sa vie en dispensant les soins visés à l'article L.1110-10.* » (Code la Santé Publique, soins palliatifs).

Le droit de mourir dans la dignité vise, au terme de l'article 2 de la loi, à « *soulager la souffrance, en phase avancée ou terminale d'une affection grave et incurable, quelle qu'en soit la cause...* » Ainsi cette loi concerne, comme son nom l'indique, les malades en fin de vie.

Cette décision d'arrêter les traitements est toujours soumise à un accord médical collégial. Le médecin doit, au terme de l'article 4 de la loi, « *faire appel à un autre membre du corps médical* » et lorsqu'il est conscient, « *dans tous les cas, le malade doit réitérer sa décision dans un délai raisonnable* ». Cette décision du malade est grave, elle doit toujours être inscrite dans son dossier médical. En fin de vie, si le malade est conscient, le médecin devra tenir compte de sa volonté s'il demande l'arrêt des traitements ; le praticien devra alors l'informer des conséquences.

Il est aussi important de savoir que la loi, dans son article 7, dispose que « *toute personne majeure peut rédiger des directives anticipées pour le cas où elle serait un jour hors d'état d'exprimer sa volonté* ». Ces directives sont donc une sorte de testament de fin de vie, sans aucun formalisme, qui sont révocables à tout moment et qui ont une valeur juridique uniquement si elles sont établies moins de trois ans avant l'état d'inconscience de la personne.

Par ailleurs, le malade hors d'état d'exprimer sa volonté peut aussi avoir désigné « *une personne de confiance* » dont l'avis « *sauf urgence ou impossibilité, prévaut sur tout autre avis non médical ».* Il convient de préciser que les directives anticipées du malade prévalent sur l'avis de la personne de confiance.

Ainsi, le médecin devra prendre l'avis du corps médical et devra aussi tenir compte des directives anticipées du malade si celui-ci a exprimé sa volonté trois ans avant l'état d'inconscience ; il consultera ensuite la personne de confiance, la famille ou à défaut les proches. Il est donc recommandé de rédiger ses directives anticipées sur ses droits en fin de vie afin que sa volonté dans un moment aussi essentiel s'applique, ou à défaut de désigner une personne de confiance. Le Ministre des Solidarités, de la Santé et de la Famille en exercice a indiqué lors de la discussion de ce texte de loi que *« l'interdiction de donner la mort demeure, laisser mourir ce n'est pas donner la mort »* ...

Me Catherine MEIMON NISENBAUM

Avocate à la Cour d'Appel de PARIS

www.meimonnisenbaum.com – 02/2006

www.yanous.com 02/2006

PS : (Mai 2024)

Il fait citer tout d'abord la loi Claeys-Leonetti n°2016-87 du 2 février 2016 "*créant de nouveaux droits en faveur des malades et des personnes en fin de vie*", qui est venue renforcer l'accès aux soins palliatifs et à l'accompagnement de la fin de vie :

- Qui réaffirme que la nutrition et l'hydratation artificielles constituent des traitements qui peuvent être arrêté (art 2) ;

- Qui crée en son article 3 la sédation profonde et continue provoquant une altération de la conscience maintenue jusqu'au décès (SPCJD) lorsque le patient est atteint d'une affection grave et incurable avec pronostic vital engagé à court terme et souffrance réfractaire aux traitements ou lorsqu'il y a décision d'arrêt des traitements au titre de l'obstination déraisonnable qui engage le pronostic vital à court terme et est susceptible d'entraîner une souffrance insupportable ;

- Qui consigne le caractère contraignant des directives anticipées qui s'imposent au médecin sauf urgence vitale. Si le médecin les juge manifestement inappropriées ou non conformes à la situation du médical, il doit pour refuser de les appliquer entreprendre une procédure collégiale (réunion de concertation avec l'ensemble de l'équipe qui prend soin du patient après avoir sollicité l'avis motivé d'un autre médecin, d'un autre service ou d'un autre hôpital) à l'issue de laquelle le médecin en informe la personne de confiance ou la famille. Les directives anticipées sont désormais conservées dans un registre national ;

- - renforcement du rôle de la personne de confiance : art. 9 qui crée art. L1111-6 CSP : désignation par écrit et cosignée par la personne désignée, le témoignage de la personne de confiance prévaut sur tout autre témoignage.

L'avis du Comité consultatif nationale d'éthique (CCNE) du 13 septembre 2022 en faveur d'une aide active à mourir encadrée.

Convention citoyenne sur la fin de vie sur demande d'Elisabeth Borne avec rapport déposé au gouvernement le 02 avril 2023 en faveur d'une évolution du droit vers une aide active à mourir.

Annonce par Emmanuel Macron le 10 mars 2024 qu'un projet de loi sur la fin de vie sera présenté en Conseil des ministres en avril 2024 avec la possibilité de demander une aide à mourir sous conditions pour les personnes majeures atteintes d'une maladie incurable avec un pronostic vital engagé à court ou moyen terme et subissant des douleurs réfractaires ne pouvant être soulagée. Il reviendra au patient en faisant la demande d'attendre l'avis collégial de l'équipe médicale lui délivrant ou non la prescription d'un produit létal valable 3 mois.

Monsieur Jean Leonetti, qui a donné son nom aux lois de 2005 et de 2016 sur les droits des malades en fin de vie, s'est opposé à ce projet de loi en déclarant : *« Le projet qui nous est aujourd'hui présenté est le contraire d'un projet de fraternité. Le débat éthique est en effet un conflit de valeur entre la protection de la vulnérabilité, au nom de la fraternité, et le respect de l'autonomie de la personne, au nom de la liberté. On voit bien que les orientations proposées privilégient la liberté individuelle à la fraternité collective puisqu'on permet de donner la mort à des personnes vulnérables au nom de leur liberté de choix. Il rompt l'équilibre fragile entre autonomie et solidarité. »*

Attendons les discussions à l'assemblée et la promulgation de la nouvelle loi.

Loi Montchamp : l'état de sa mise en œuvre

Les dispositions applicables de la loi d'égalité des droits et des chances, en intégrant les décrets parus aux articles législatifs.

Les objectifs essentiels de la loi n°2005-102 du 11 février 2005 pour l'égalité des droits et des chances, la participation et la citoyenneté des personnes handicapées sont les suivants :

– Permettre aux personnes handicapées de compenser les conséquences de leur handicap ;

– Améliorer leurs moyens d'existence ;

– Leur permettre une réelle intégration scolaire ;

– Faciliter leur insertion professionnelle ;

– Rendre leur cadre de vie plus accessible ;

– Simplifier les démarches des personnes handicapées et de leur famille.

L'article L.114 dispose : *« Constitue un handicap, au sens de la présente loi, toute limitation d'activité ou restriction de participation à la vie en société subie dans son environnement par une personne en raison d'une altération substantielle, durable ou définitive d'une ou plusieurs fonctions physiques, sensorielles, mentales, cognitives ou psychiques, d'un polyhandicap ou d'un trouble de santé invalidant ».*

Un texte de loi important, en grande partie en attente des décrets d'application qui sont, hélas, loin d'être tous promulgués. Plusieurs dispositions de la loi n'entreront en vigueur qu'après la publication desdits textes. Ainsi, plusieurs décrets d'application ont été pris depuis l'entrée en vigueur de la loi, notamment :

– Deux décrets n° 2005-724 et n° 2005-725 du 29 juin 2005, relatifs à l'allocation aux adultes handicapés ;

– Décret n° 2005-988 du 10 août 2005, relatif aux professions de prothésistes et d'orthésistes pour l'appareillage des personnes handicapées ;

– Décret n° 2005-1013 du 24 août 2005, relatif aux dispositifs d'aide et de soutien pour la réussite des élèves au collège ;

– Décret n° 2005-1014 du 24 août 2005, relatif aux dispositifs d'aide et de soutien pour la réussite des élèves à l'école.

En tout état de cause, toutes les dispositions de la loi ne s'appliquent pas immédiatement, différentes dates sont prévues pour l'entrée en vigueur de certains articles.

Me Catherine MEIMON NISENBAUM,

Avocate à la Cour d'Appel de PARIS

www.meimonnisenbaum.com – 10/2005

www.yanous.com – 10/2005

La communication du dossier médical - loi n° 2002-303 du 4 mars 2002

La loi n° 2002-303 du 4 mars 2002 a donné accès au malade à son dossier médical. Antérieurement à cette loi, il ne pouvait exercer ce droit que par l'intermédiaire de son médecin. L'article 1111- 7 du Code de la Santé Publique dispose : « Toute personne a accès à l'ensemble des informations concernant la santé détenue par des professionnels et Etablissements de santé. Elle peut accéder à ces informations directement ou par l'intermédiaire d'un médecin qu'elle désigne... ».

La loi n° 2002-303 du 4 mars 2002 a donné accès au malade à son dossier médical. Antérieurement à cette loi, il ne pouvait exercer ce droit que par l'intermédiaire de son médecin. L'article 1111- 7 du Code de la Santé Publique dispose : « *Toute personne a accès à l'ensemble des informations concernant la santé détenue par des professionnels et Etablissements de santé. Elle peut accéder à ces informations directement ou par l'intermédiaire d'un médecin qu'elle désigne...* ».

Le dossier médical, aux termes de l'article R 1112-2 du Code de la Santé publique comprends les documents suivants : *« 1° Les informations formalisées recueillies lors des consultations externes dispensées dans l'établissement, lors de l'accueil au service des urgences ou au moment de l'admission et au cours du séjour hospitalier, et notamment :*

a) La lettre du médecin qui est à l'origine de la consultation ou de l'admission ; b) Les motifs d'hospitalisation ; c) La recherche d'antécédents et de facteurs de risques ; d) Les conclusions de l'évaluation clinique initiale ; e) Le type de prise en charge prévu et les prescriptions effectuées à l'entrée ; f) La nature des soins dispensés et les prescriptions établies lors de la consultation externe ou du passage aux urgences. g) Les informations relatives à la prise en charge en cours d'hospitalisation : état clinique, soins reçus, examens paraclinique, notamment d'imagerie ; h) Les informations sur la démarche médicale, adoptée dans les conditions prévues à l'article L.1111-4 ; i) Le dossier d'anesthésie ; j) Le compte-rendu opératoire ou d'accouchement ; k) Le consentement écrit du patient pour les situations ou ce consentement est requis sous cette forme par voie légale ou réglementaire ; l) La mention des actes transfusionnels pratiqués sur le patient et le cas échéant, copie de la fiche d'incident transfusionnel mentionnée au deuxième alinéa de l'article R.1221-40 ; m) Les éléments relatifs à la prescription médicale, à son exécution et aux examens complémentaires ; n) Le dossier de soins infirmiers ou, à défaut, les informations relatives aux soins infirmiers ; o) Les informations relatives aux soins dispensés par les autres professionnels de santé ; p) Les correspondances échangées entre professionnels de santé ;

2° Les informations formalisées établies à la fin du séjour. Elles comportent notamment :

a) Le compte rendu d'hospitalisation et la lettre rédigée à l'occasion de la sortie ; b) La prescription de sortie et les doubles d'ordonnances de sortie ; c) Les modalités de sortie (domicile, autres structures) ; d) La fiche de liaison infirmière ;

3°Les informations mentionnant qu'elles ont été recueillies auprès de tiers n'intervenant pas dans la prise en charge thérapeutique ou concernant de tels tiers. Sont seules communicables les informations énumérées aux 1° et 2° ».

On peut donc constater que ce droit d'accès au dossier médical par le patient est très largement ouvert à celui-ci. Si le patient est mineur, ce droit est exercé par le titulaire de l'autorité parentale. En cas de décès du patient, le conjoint, les ascendants et les descendants, peuvent également exercer ce droit, mais l'article L-1110-4 du Code de la Santé publique limite celui-ci au vu des éléments du dossier « *nécessaires pour leur permettre de connaître les causes de la mort, de défendre la mémoire du défunt et de faire valoir leurs droits* ».

Cependant, la loi a posé une exception à ce droit d'accès aux informations médicales. En effet, la présence d'une tierce personne est requise lorsqu'elle peut faire courir des risques à la personne concernée. Cette disposition devrait s'appliquer aux personnes souffrant de troubles psychiatriques.

Enfin, pour accélérer la communication du dossier médical, les délais sont très brefs, à savoir : « *dans les 8 jours suivant la demande et au plus tôt après un délai de réflexion de 48 heures* ». Il est prévu un allongement de ce délai qui est porté à deux mois « *pour les informations médicales établies depuis plus de 5 années* ».

La communication du dossier médicale est gratuite, cependant, les frais de reproduction et d'envoi des documents sont à la charge du demandeur. Il est préférable de solliciter la demande de communication en la forme d'une lettre recommandée A.R. pour éviter toutes difficultés et faire courir les délais légaux. Le non-respect de ce droit d'accès, peut être sanctionné par les Tribunaux.

Me Catherine MEIMON NISENBAUM,

Avocate à la Cour d'Appel de PARIS

www.meimonnisenbaum.com – 09/2004

www.yanous.com – 09/2004

La loi sur les malades et l'assurance obligatoire des professionnels et établissements de santé

La loi n°2002-304 du 4 mars 2002 « relative aux droits des malades et à la qualité du système de santé » mise en place par Monsieur Bernard KOUCHNER a été modifiée par la loi n°2002-1517 du 30 décembre 2002, puis complétée par le décret n°2003-168 du 23 février 2003 et par le décret n°2003-314 du 4 avril 2003

C'est une loi importante qui a déjà fait l'objet d'aménagements.

Ces dispositions légales sont capitales, elles ont, notamment, légiféré sur :

les droits des malades (et corrélativement sur les obligations des professionnels de santé)

l'anéantissement de la jurisprudence Perruche,

Le secret médical et la transmission du dossier médical,

l'assurance obligatoire,

la prise en charge de l'aléa thérapeutique, des affections iatrogènes et des infections nosocomiales ;

la création de l'office national d'indemnisations des accidents médicaux, des affections iatrogènes et des infections nosocomiales (ONIAM) ;

la prescription décennale en matière de responsabilité médicale de droit privé et de droit public.

Définition de la loi : article L 1142-2 du code de la santé publique :

La loi du 4 mars 2002 en son article L1142-2 du Code de la Santé publique a imposé aux professionnels et établissements de santé une assurance obligatoire au titre de leur responsabilité civile ou administrative. Cette disposition est notamment rédigée comme suit :

« *Les professionnels de santé exerçant à titre libéral, les établissements de santé, services de santé et organismes mentionnés à l'article L.1142-1, et toute autre personne morale, autre que l'Etat, exerçant des activités de prévention, de diagnostic ou de soins ainsi ..., sont tenus de souscrire une assurance destinée à les garantir pour leur responsabilité civile ou administrative susceptible d'être engagée en raison de dommages subis par des tiers et résultant d'atteintes à la personne, survenant dans le cadre de cette activité de prévention, de diagnostic ou de soins »*

L'obligation d'assurance est générale et concerne les professionnels de santé, personnes physiques et morales, quel que soit leur statut, elle s'applique notamment : les médecins, chirurgiens-dentistes, sage-femmes, pharmaciens, infirmières, masseurs-kinésithérapeutes, ergothérapeutes, psychomotriciens, orthophonistes, etc...elle concerne aussi les établissements de santé, les services ou organismes, les cliniques privées et plus généralement, comme en stipule la loi « *tous les établissements et services de santé et organismes .... exerçant des activités de prévention, de diagnostic ou de soins...* »

Sont aussi concernés, les producteurs, exploitants et fournisseurs des produits de santé.

L'Etat est dispensé de cette obligation, puisqu'il peut être son propre assureur. Également est dispensé de celle-ci, le crédit bailleur.

Une dérogation est également accordée par les établissements publics de santé disposant de ressources financières leur permettant d'indemniser les dommages dans les conditions équivalentes à celles qui résulteraient d'un contrat d'assurance.

Professionnel de santé salarié :

Il faut, cependant, mentionner que dans le cadre d'une assurance obligatoire prise par des personnes morales - établissement, centre de rééducation -° celle-ci garantit obligatoirement la responsabilité de leurs salariés, tels que notamment, les médecins, et autres professionnels de santé.

La responsabilité du professionnel de santé salarié a été jugée récemment par un arrêt du 26 mai 1999 de la Cour de Cassation qui a jugé : « *qu'en vertu d'un contrat d'hospitalisation et de soins le liant à son patient, l'établissement de santé privé est responsable des fautes commises tant par lui-même que par ses substitués ou ses préposés qui ont causé un préjudice à ce patient* »,

La Cour de Cassation a également jugé : « *Dès lors, nonobstant l'indépendance professionnelle inaliénable dont le médecin bénéficie dans l'exercice de son art, un établissement de santé peut sans préjudice de son action récursoire être déclaré responsable des fautes commises par un praticien à l'occasion d'actes médicaux d'investigations ou de soins pratiqués sur un patient, c'est à condition que ce médecin soit son salarié* ».

Bien entendu, il faut que le médecin exerce son mandat sans dépasser les limites de sa mission pour engager la responsabilité de l'établissement de santé.

Mais, il ne faut pas omettre que l'indépendance professionnelle du médecin demeure et c'est celle-ci qui permet au patient d'engager sa responsabilité indépendamment de celle qu'il a introduite à l'encontre de l'établissement de santé.

En effet, le Tribunal des conflits a par arrêt en date du 14 février 2000 jugé que : « *Il est loisible au patient, indépendamment de l'action qu'il est en droit d'exercer sur le fondement contractuel à l'encontre d'un établissement de santé de rechercher sur le terrain délictuel, la responsabilité du praticien lorsque dans la réalisation d'actes médicaux, celui-ci a commis une faute* ».

Les plafonds de garantie :

La loi prévoit que « *les contrats d'assurances peuvent prévoir des plafonds de garantie...* » cette disposition pour les professionnels libéraux ne s'applique pas, ces plafonds seront fixés par décret en Conseil d'Etat.

Il est donc, essentiel de prendre connaissance du contrat d'assurance qui a été passé par l'établissement de santé afin de s'assurer que la garantie souscrite couvre largement tout dommage corporel, à défaut, une assurance personnelle complémentaire doit être souscrite.

Il faut considérer que des décisions de justices ont alloué de très importantes indemnités aux victimes ayant subi un dommage corporel, le montant de ces indemnités varie selon les Tribunaux, et la Cour de Cassation rappelle sans cesse que la réparation du dommage corporel doit être intégrale.

Les franchises :

Les franchises sont autorisées par la loi sur les malades, elles s'imposent donc aux victimes, cependant, l'ONIAM pourra exercer une action subrogatoire.

Bureau central de tarification (BCT) :

La loi a prévu en cas de refus d'assurance par un professionnel de santé qu'il peut présenter un recours devant le Bureau Central de Tarification qui est chargé de fixer le montant de sa prime moyennant laquelle l'assureur sera tenu de l'assurer.

Sanctions :

Le manquement à l'obligation d'assurance est sanctionné par décret du 28 février 2003 lequel dispose :

Des sanctions disciplinaires par les instances disciplinaires,

Et des sanctions pénales : personne physique : Amende de 45.000 € ainsi qu'une peine complémentaire d'interdiction d'exercer.

Et des sanctions pénales : personne morale : Amende au minimum de 5 fois l'amende prévue pour les personnes physiques, soit 225.000 € et à titre complémentaire, une interdiction définitive ou de 5 années et plus, d'exercer directement ou indirectement l'activité professionnelle.

Conclusion :

Le professionnel de santé exerçant à titre libéral était généralement avant cette loi assurée au titre de sa responsabilité civile ou administrative.

Pour le professionnel de santé salarié on pouvait croire qu'il est à l'abri de toute demande en paiement du patient ou de l'ONIAM lorsqu'il exerce dans la limite de la mission qui lui est impartie, mais cela n'est pas exact, cela supposerait l'existence d'un système sans failles et notamment :

qu'il n'existe pas un défaut d'assurances de l'établissement ;

que les garanties souscrites soient suffisantes au regard des indemnisations allouées au patient ;

que la garantie a joué dans le délai de validité du contrat d'assurance.

que la garantie a joué dans le délai la prescription décennale.

Il est donc souhaitable que les établissements de santé souscrivent des contrats d'assurances suffisamment larges dans le montant des indemnisations et dans la durée des garanties, et que les professionnels de santé se renseignent sur ces contrats qui les concernent.

S'il faut sauvegarder les droits du patient et ce sans discussion, il faut aussi sauvegarder les droits des professionnels de santé qui peuvent engager leur avenir, si l'obligation d'assurance fait défaut partiellement ou totalement.

La médecine évolue de plus en plus vers une technologie avancée qui expose les médecins à prendre des risques plus accrus pour soigner et sauver la vie de leurs patients.

Aussi, un équilibre doit être recherché et trouvé, entre les droits respectifs des professionnels de santé et des patients, équilibre qui doit prendre en compte et respecter un lien essentiel, celui de la confiance du malade à l'égard de tous ceux qui le soignent.

Me Catherine MEIMON NISENBAUM

Avocate à la Cour d'Appel de PARIS

www.meimonnisenbaum.com – 10/2003

La lettre N°68 ANMSR 3eme trimestre 2003 Médecine Physique et de Réadaptation, www.anmsr.asso.fr

www.yanous.com 10/2003

MESURES DE PROTECTION

Modification du droit des majeurs protégés

Une loi récemment promulguée aménage la réforme des tutelles adoptée en 2007 pour rendre durables les mesures de protection et simplifier certaines procédures. Présentation.

La loi n°2015-177 du 16 février 2015 relative à la modernisation et à la simplification du droit et des procédures dans le domaine de la justice et des affaires intérieures, a modifié quelques dispositions de la loi du 5 mars 2007 concernant les majeurs protégés. Cette loi s'applique dès le 18 février 2015, au lendemain de sa publication au Journal Officiel. Ces modifications concernent

1/ La durée de la mesure de protection :

La durée initiale de la mesure de protection ne peut excéder 5 années, cependant la loi du 16 février 2015 apporte une exception dans le cadre de la tutelle, où le juge des tutelles peut fixer une durée initiale plus longue qui ne peut excéder 10 années, compte tenu de l'absence prévisible d'amélioration de la pathologie du majeur protégé selon les données acquises de la science. Ainsi, par cette nouvelle loi, la durée de la mesure de protection en matière de tutelle, ne peut excéder 5 ans ou 10 ans selon les cas. Antérieurement la durée de cette mesure initiale ne pouvait pas excéder 5 ans. Pour le renouvellement des tutelles, le juge des tutelles, toujours lorsqu'il existe une absence prévisible d'amélioration de la pathologie du majeur protégé selon les données acquises de la science, reconduit cette mesure de protection pour une durée qui ne peut excéder 20 ans. Antérieurement cette mesure était viagère, c'est donc une avancée. Il convient de relever que la loi dispose que le juge des tutelles doit, dans un délai de 10 ans à compter du 18 février 2015, procéder à la régularisation de toutes les durées des mesures de protection.

2/ L'avis du médecin traitant du majeur protégé :

La demande de mise sous protection doit toujours être accompagnée d'un certificat circonstancié rédigé par un médecin inscrit sur la liste du Procureur de la République, mais ce praticien a la possibilité désormais de demander l'avis du médecin traitant du majeur protégé. Cette mesure permet ainsi une meilleure connaissance de la pathologie de la personne protégée, mais elle n'est pas automatique, c'est une simple possibilité pour le médecin inscrit.

3/ L'établissement du budget par le tuteur :

Dans le cadre de la tutelle, c'est désormais le tuteur qui arrête le budget et non plus le juge des tutelles, en déterminant selon la loi qui reste inchangée, « en fonction de l'importance des biens de la personne protégée et des opérations qu'implique leur gestion, les sommes annuellement nécessaires à l'entretien de celle-ci et au remboursement des frais d'administration de ses biens. » La loi dispose que le tuteur en informe le conseil de famille ou, à défaut le juge. La saisine du juge des tutelles est possible lorsque le budget arrêté par le tuteur soulèvera des difficultés. Cette disposition est importante, elle va faciliter une plus grande autonomie dans la vie quotidienne pour la gestion de la tutelle.

4/ L'avis de non-retour à domicile par un médecin :

Il n'est plus nécessaire de solliciter l'avis d'un médecin inscrit sur la liste du Procureur de la République à l'occasion de la vente ou cession du logement ou des seuls meubles le garnissant et qui a pour finalité l'accueil d'un majeur protégé dans un établissement. Cet avis préalable de non-retour à domicile peut maintenant être rédigé par un médecin, dès lors qu'il n'exerce pas de fonction ou n'occupe pas d'emploi dans l'établissement requis, ce qui devrait permettre une plus grande rapidité dans la mise en place du dossier.

Me Catherine MEIMON NISENBAUM,

Avocate à la Cour d'Appel de PARIS

www.meimonnisenbaum.com – 04/2015

www.yanous.com 04/2015 ;

PS :(Mai 2024)

L'ordonnance du 15 octobre 2015 a créée l'habilitation familiale qui est destinée à protéger une personne majeure dont les facultés mentales sont altérées. Cette mesure est plus souple que la tutelle ou la curatelle est permet de représenter ou d'assister une personne pour assurer la sauvegarde de ses intérêts.

Par ailleurs, en application de la loi du 23 mars 2019, depuis le 1er janvier 2020, le Juge des contentieux à la protection exerce les fonctions du juge des tutelles. Le juge territorialement compétent est celui de la résidence habituelle de la personne à protéger ou protégée.

Nouvelles curatelle et tutelle

Les modalités d'ouverture d'une curatelle ou d'une tutelle résultant de la réforme de mars 2007 sont entrées en vigueur cette année.

La loi n°2008-308 du 5 mars 2007 réformant la protection des personnes vulnérables (mineurs et majeurs protégés : sauvegarde de justice, curatelle et tutelle) est entrée en vigueur le 1er janvier 2009. Les décrets permettant en partie la mise en œuvre de cette loi – plus d'une quinzaine – sont parus dans les derniers jours de décembre dernier. Devant l'importance de cette nouvelle réglementation, cet article ne traitera que de la procédure d'ouverture de la mesure de protection des majeurs protégés : des droits nouveaux leurs sont enfin reconnus.

Personnes majeures pouvant faire l'objet d'une mesure de protection :

La loi donne la définition suivante (Article 425 du Code civil) : « *Toute personne dans l'impossibilité de pourvoir seule à ses intérêts en raison d'une altération médicalement contestée, soit de ses facultés mentales, soit de ses facultés corporelles et de nature à empêcher l'expression de sa volonté, peut bénéficier d'une mesure de protection juridique* ». La curatelle « *pour prodigalité, oisiveté et intempérance* » est supprimée.

Demande d'ouverture de la mesure de protection (conditions identiques pour la curatelle et la tutelle) :

L'ouverture d'une mesure de protection est à demander au juge des Tutelles de la résidence habituelle de la personne concernée, soit par le majeur, son conjoint, son partenaire de pacs ou de son concubin (à moins que la vie commune n'ait cessé entre eux), un parent ou un allié, une personne entretenant avec le majeur des liens étroits et stables, soit la personne qui exerce à son égard une mesure de protection juridique, si le majeur est déjà sous sauvegarde de justice ou sous curatelle ou tutelle. Cette demande peut être aussi effectuée au procureur de la République, soit d'office, soit à la demande d'un tiers. Le juge des tutelles n'a plus le droit de se saisir sur signalement. Ainsi, notamment, les professionnels de santé doivent saisir le procureur de la République, qui sera seul juge de l'opportunité de la mesure de protection.

Documents nécessaires lors de la demande d'ouverture de la mesure de protection :

Il faut impérativement joindre à la demande d'ouverture un certificat circonstancié, à peine d'irrecevabilité. Ce certificat médical est rédigé par un médecin inscrit sur la liste arrêtée par le procureur de la République, qui établit l'altération des facultés de la personne à protéger. Ce certificat est remis à l'intéressé sous pli cacheté et doit être à l'attention exclusive du procureur de la République ou du juge des Tutelles. Il faut noter que le Parquet dispose maintenant d'un pouvoir exclusif pour dresser la liste des médecins qui sont choisis pour établir ces certificats médicaux. Le décret n°2008-1485 du 22 décembre 2008 dispose que le médecin auteur du certificat circonstancié, perçoit un honoraire de 160€. Si un certificat de carence est établi par le médecin qui n'a pu voir la personne à protéger, l'honoraire est fixé à 30€. La requête doit préciser l'identité de la personne à protéger, les faits qui justifient la demande de protection, les noms des proches et celui du médecin traitant s'il y a lieu. Un extrait de l'acte de naissance est nécessaire.

Audition de la personne protégée et décision du juge des Tutelles :

L'audition de la personne à protéger est obligatoire. Celle-ci peut être accompagnée par son avocat, ou par toute autre personne mais avec l'accord du juge des Tutelles. Le juge peut décider de ne pas entendre la personne si son audition peut nuire à sa santé ou si la personne ne peut manifester sa volonté. Le juge des Tutelles doit alors motiver sa décision. L'audition n'est pas publique. Le juge peut, avant de prendre sa décision, ordonner une mesure d'information ou entendre les parents ou proches de la personne à protéger. Le juge choisit, dans la famille et parmi les proches du majeur, la personne la plus à même d'exécuter la protection juridique. Le juge est ainsi guidé par la volonté du majeur protégé, la loi faisant référence aux « sentiments exprimés » par le majeur (article 449 du Code Civil). A défaut, si aucun membre de la famille et aucun des proches ne peut être désigné par le juge, celui-ci désigne un mandataire judiciaire à la protection de la personne, tels que gérants de tutelle bénévoles, gérants de tutelles hospitaliers, associations type UDAF, etc. Le juge transmet la décision au procureur de la République pour avis. Le juge doit rendre sa décision dans un délai d'une année à compter de sa saisine, à défaut de quoi la demande d'ouverture devient caduque.

Les mesures de protections juridiques :

La mesure de protection doit, selon la loi, être « *proportionnée et individualisée en fonction du degré d'altération des fonctions personnelles de l'intéressé* ». En application de ce principe d'adaptation des besoins de la personne à protéger de son état, le juge des Tutelles doit choisir la protection la plus appropriée : sauvegarde de justice, curatelle ou tutelle. Ces mesures de protection sont les mêmes qu'avant la réforme.

1/ Sauvegarde de justice : Article 433 du Code Civile « *Le juge peut placer sous sauvegarde de justice la personne qui, pour l'une des causes prévues à l'article 425, a besoin d'une protection juridique temporaire ou d'être représentée pour l'accomplissement de certains actes déterminés* ».

2/ Curatelle : Article 440 du Code Civil « *La personne qui, sans être hors d'état d'agir elle-même, a besoin, pour l'une des causes prévues à l'article 425, d'être assistée ou contrôlée d'une manière continue dans les actes importants de la vie civile, peut être placée en curatelle* ». La curatelle renforcée est maintenue et peut être prononcée par le Juge à tout moment.

3/ Tutelle : Article 440 du Code Civil « *La personne qui, pour l'une des causes prévues à l'article 425, doit être représentée d'une manière continue dans les actes de la vie civile, peut être placée en tutelle.* » La mesure de protection est portée en marge de l'acte de naissance de la personne protégée.

Durée de la mesure :

La sauvegarde de justice n'est ouverte que pour une année et n'est renouvelable qu'une seule fois. La curatelle et la tutelle ne peuvent être ouvertes que pour une durée maximale de 5 ans, renouvelable pour une durée identique à celle initialement fixée. A défaut de renouvellement à la date fixée par le juge des Tutelles, la mesure prend fin et la personne protégée retrouve alors toute sa capacité. La loi permet au juge des tutelles de renouveler une mesure pour une durée plus longue si l'état de la personne n'est pas susceptible d'amélioration selon les données acquises de la science. La décision du juge des Tutelles doit alors être motivée et corroborée par un avis conforme du médecin sur liste du procureur de la République. Le juge des Tutelles peut également mettre fin à tout moment à la mesure de protection, la modifier, lui en substituer une autre, mais il doit alors exiger un nouveau certificat médical et l'audition de l'intéressé(e). Le juge des Tutelles *« peut également mettre fin à la mesure de protection lorsque la personne protégée réside hors du territoire national, si cet éloignement empêche le suivi du contrôle de la mesure* ». (article 443 du Code Civil).

Recours contre les décisions de Curatelle ou de Tutelle du juge des Tutelles :

La décision de Curatelle ou de Tutelle du juge des tutelles est susceptible d'un recours devant le Tribunal de Grande Instance, dans un délai de 15 jours pour le majeur et le requérant. La décision du Tribunal de Grande Instance n'est pas susceptible d'appel, le Tribunal doit motiver sa décision. Un recours en cassation est possible. A compter du 1er janvier 2010, un appel sera possible et jugé par un magistrat de la Cour d'appel.

Me Catherine MEIMON NISENBAUM, avocate à la Cour d'Appel de PARIS

Nicolas MEIMON NISENBAUM, master2 assurances,

www.meimonnisenbaum.com – 05/2009

www.yanous.com 05/2009

PS : :(Mai 2024)

L'ordonnance du 15 octobre 2015 a créée l'habilitation familiale qui est destinée à protéger une personne majeure dont les facultés mentales sont altérées. Cette mesure est plus souple que la tutelle ou la curatelle est permet de représenter ou d'assister une personne pour assurer la sauvegarde de ses intérêts.

Par ailleurs, en application de la loi du 23 mars 2019, depuis le 1er janvier 2020, le Juge des contentieux à la protection exerce les fonctions du juge des tutelles. Le juge territorialement compétent est celui de la résidence habituelle de la personne à protéger ou protégée.

Le mandat de protection future

Introduit dans la réforme des tutelles, il entrera en vigueur début 2009 mais peut déjà être conclu pour préserver l'avenir d'un parent handicapé.

La loi n°2007-308 du 5 mars 2007 portant réforme de la protection juridique a instauré un mandat de protection future qui peut être conclu dès la publication de la loi (J.O du 7 mars 2007), mais qui ne prendra effet qu'à compter de l'entrée en vigueur de la loi, soit le 1er janvier 2009. Cette loi donne le pouvoir à chacun d'entre nous d'organiser sa propre protection future, ainsi que celle de ses enfants handicapés, pour le jour où il n'aura plus la possibilité de le faire (maladie, altération des facultés, décès). Ce mandat de protection future se mettra alors en place sans l'intervention du juge des tutelles. Il existe déjà dans d'autres pays, mais sous d'autres formes : Pays-Bas, Allemagne, Espagne, Québec.

En France en 2006, 847.219 personnes étaient sous protection juridique soit 661.976 majeurs et 186.243 mineurs. Ce chiffre atteindra certainement un million de personnes en 2012 compte tenu du vieillissement de la population et de la progression de la maladie d'Alzheimer. Cette réforme était nécessaire pour tenir compte des volontés individuelles et familiales des personnes, alléger la tâche des juges, tout en assurant la sécurité des personnes handicapées, des personnes âgées et des malades. L'article 428 du nouveau Code civil (version en vigueur au 1er janvier 2009) stipule que le juge des tutelles ne pourra prononcer aucune mesure de tutelle ou de curatelle en présence d'un mandat de protection future sauf, notamment, s'il est insuffisant pour assurer la protection des intérêts du bénéficiaire. Ce mandat peut être modifié, voire annulé.

Le bénéficiaire est le mandant lui-même (mandat de protection future pour soi-même) ou un enfant handicapé (mandat de protection future pour autrui). Le mandant « *pour soi-même* » doit être une personne capable (au sens juridique du terme) ou un mineur émancipé. Le majeur sous curatelle doit être assisté de son curateur. Le mandant « *pour autrui* » sont les parents, ou le dernier vivant des père et mère, exerçant l'autorité parentale sur un enfant mineur ou assurant la charge matérielle et affective de leur enfant majeur. Il concerne les enfants handicapés mineurs et majeurs. Le mandant ne peut faire l'objet d'une mesure de curatelle ou de tutelle.

Le mandataire peut être une personne physique ou morale. S'il est une personne morale, il doit être choisi sur la liste des mandataires judiciaires de la protection des majeurs (M.J.P.M). Il est possible de désigner plusieurs personnes physiques et/ou morales. Le mandataire doit être capable et remplir les conditions d'aptitude et de moralité (articles 395 à 397 du code civil). Le mandataire est responsable de sa gestion. Il assure la protection de la personne et de ses biens, ou les deux à la fois si le mandant le souhaite. C'est le mandant qui détermine la mission de son mandataire et la finalité du mandat. Les pouvoirs du mandataire et ses obligations découlent en grande partie du choix du mandat, sous seing privé ou notarié, que décide de conclure le mandant.

Si le mandat de protection future est établi par acte sous seing privé, le mandataire ne pourra conclure que des actes de gestion courante et des actes d'administration. Il ne pourra effectuer un acte de disposition (vendre un bien par exemple) qu'avec l'autorisation du juge des tutelles. Ce contrat peut être rédigé de la main du mandant, daté et signé par lui, et devra être contresigné par un avocat. Cependant, il peut également être établi conformément au modèle défini par le décret N°2007-1702 du 30 novembre 2007; dans ce cas, la contre signature d'un avocat n'est pas nécessaire. Ce décret défini un modèle de mandat qui est très détaillé (neuf pages). Il est notamment indiqué que le mandataire peut accepter sa fonction à titre gratuit, en remboursement de frais, être rémunéré annuellement, ou mensuellement ou autre. Il est également précisé qu'il surveillera les animaux domestiques. Le mandant est bien sûr libre de valider les dispositions qui le concernent. Le mandataire devra établir un compte annuel qu'il remettra au juge des tutelles et devra annexer toutes les pièces justificatives utiles.

Si le mandat de protection future est établi par acte notarié, c'est le mandant qui choisit son notaire. Le mandataire pourra réaliser les actes de gestion courante et les actes d'administration mais aussi, s'il le souhaite, les actes de disposition. Cependant, ces actes à titre gratuit doivent être autorisés par le juge des tutelles. Il faut faire attention : le mandat de protection future dont le bénéficiaire est un enfant handicapé doit toujours être notarié pour être valable. Le mandataire devra établir un compte de gestion annuel qu'il remettra avec tous les justificatifs au notaire. Le notaire a une obligation d'alerte : il devra, en effet, saisir le juge des tutelles de tout mouvement de fonds et de tout acte non justifier ou n'apparaissant pas conforme aux stipulations du mandat.

Le mandat de protection future prend effet lorsque le mandant ne peut plus exercer seul ses intérêts ou celui de l'enfant handicapé. Dès l'entrée en fonction, le mandataire doit dresser un inventaire des biens à gérer. Le mandat prend fin notamment par le rétablissement des facultés personnelles de la personne protégée, le décès de la personne protégée, le décès du mandataire, le placement en curatelle ou en tutelle de la personne protégée, le placement sous une mesure de protection du mandataire, la révocation du mandat par décision du juge des tutelles à la demande de toute personne intéressée. Toute personne intéressée peut saisir le juge des tutelles aux fins de contester la mise en œuvre du mandat ou de le voir statuer sur les conditions et modalités de son exécution.

Ainsi, le juge des tutelles reste l'organe de contrôle habituel de la mesure de protection. Il est certes déchargé d'une partie de ses attributions, tel le choix et la désignation du mandataire qui représente la personne vulnérable. Pour les parents d'un enfant handicapé, la possibilité de choix qui leur est offerte est capitale, leurs inquiétudes pour l'avenir de leurs enfants seront moindres. La liberté de choix pour l'individu et sa famille constitue un droit fondamental qui est sauvegardé, il lui appartiendra de faire le bon choix, celui du mandataire.

Me Catherine MEIMON NISENBAUM

Avocate à la Cour d'Appel de PARIS

www.meimonnisenbaum.com – 02/2008

www.yanous.com 02/2008

Editions ERES, Reliance 10/2008 N°28

PS : :(Mai 2024)

Par ailleurs, en application de la loi du 23 mars 2019, depuis le 1er janvier 2020, le Juge des contentieux à la protection exerce les fonctions du juge des tutelles. Le juge territorialement compétent est celui de la résidence habituelle de la personne à protéger ou protégée.

La tutelle réformée

La réforme de la tutelle édictée par la loi du 5 mars 2007 portant réforme de la protection juridique des majeurs modifie quelque peu le régime existant : explications.

La réforme du droit de la protection juridique était annoncée de longue date, la loi applicable, ancienne et considérée obsolète, datant du 3 janvier 1968 ; il était donc temps que celle-ci soit améliorée et adaptée pour tenir compte des nouvelles conditions de vie et de représentation des mineurs et majeurs sous protection juridique. Ainsi, désormais, un nouveau texte de loi N°2007-308 portant réforme de la protection juridique des mineurs et des majeurs a été publié le 5 mars 2007. Cette loi renvoie à un décret d'application non encore publié ; elle doit entrer en vigueur le 1er janvier 2009 pour la plupart de ses dispositions. Il convient d'indiquer que cette loi se veut protectrice du droit des personnes, raison pour laquelle certains mots ont été remplacés, tels que : « incapable » remplacé par « mineur ou majeur en tutelle » ou encore par « la personne protégée ». Les mesures de protection demeurent : mise sous sauvegarde de justice, curatelle ou tutelle.

La définition de la personne majeure protégée figure dans l'article 425 du code civil qui donne la définition suivante : « *Toute personne dans l'impossibilité de pourvoir seule à ses intérêts en raison d'une altération, médicalement constatée, soit de ses facultés mentales, soit de ses facultés corporelles de nature à empêcher l'expression de sa volonté peut bénéficier d'une mesure de protection juridique* ». La loi n'a donc pas fixé un taux d'incapacité pour l'ouverture de cette mesure qui s'apprécie au cas par cas. Cependant l'ouverture de la mesure de protection est élargie : elle peut être demandée au juge des tutelles par la personne concernée, le conjoint, le partenaire avec qui elle a conclu un pacte civil de solidarité, son concubin, où une personne qui exerce à son égard une mesure de protection juridique.

Expressément, la loi dispose que le juge des tutelles qui statue sur la mesure de protection doit avoir entendu ou appelé la personne protégée qui peut être accompagnée par un avocat, ou sous réserve de l'accord du juge par toute autre personne de son choix. Le juge des tutelles fixe la mesure de protection dont la durée ne peut excéder cinq ans ; en cas de renouvellement, le juge peut opter pour la même durée ou, à titre exceptionnel, décider d'une durée plus longue mais sur décision motivée avec un avis médical préalable. Le juge peut désigner un ou plusieurs curateurs ou tuteurs pour exercer des mesures de protection : un chargé de la personne, et un autre chargé de la gestion patrimoniale. Lorsqu'un membre de la famille ou des proches ne peut assurer la mesure de protection, le juge des tutelles peut procéder alors à la désignation d'un mandataire judiciaire à la protection des majeurs inscrits sur liste prévue à l'article 471-2 du code de l'action sociale et de la famille, établie par le Conseil Général. Le directeur d'un établissement d'hébergement, ou son représentant, peut assurer la tutelle d'un ou plusieurs résidents. Le mandataire judiciaire à la protection des majeurs exerce les mesures que lui confie le juge des tutelles tant dans le cadre de la sauvegarde de justice, de la curatelle que de la tutelle. Il a la charge totale ou partielle de la personne protégée en fonction des ressources de celle-ci, et du mandat que lui donne le juge.

La loi prévoit qu'il doit être remis à la personne protégée une « notice d'information » à laquelle est annexée une charte du droit de la personne protégée. Cette notice, selon la loi, définit : *« les objectifs et la nature de la mesure de protection sous le respect des règles déontologiques et éthiques, des recommandations de bonnes pratiques professionnelles et du projet de service »*. Le contenu minimum de ce document sera fixé par décret. La loi prévoit des amendes et des peines d'emprisonnement en cas d'exercice sans agrément ou fautif des mandataires judiciaires à la protection des majeurs. Un mandat de protection future est créé : il permet à toute personne majeure qui ne fait pas l'objet d'une mesure de protection de type mineur émancipé ou tutelle ou curatelle, de charger à l'avance une ou plusieurs personnes d'un mandat de représentation si, dans l'avenir, elle ne pourrait pourvoir seule à ses intérêts. Ce mandat peut être conclu par acte notarié ou par acte sous seing privé. Cependant, le juge des tutelles a la possibilité de procéder à une mesure complémentaire et de désigner un mandataire. Le droit de vote est accordé aux personnes sous tutelle, mais le juge des tutelles a la faculté de le retirer sur décision motivée. Les frais de gestion de tutelles ne seront plus récupérables sur la succession du majeur protégé.

Le décret d'application est attendu avec intérêt par la personne protégée, sa famille et ses proches, pour permettre d'apprécier l'application de cette nouvelle loi.

Me Catherine MEIMON NISENBAUM

Avocate à la Cour d'Appel de PARIS

www.meimonnisenbaum.com – 05/2007

www.yanous.com 05/2007

PS : :(Mai 2024)

L'ordonnance du 15 octobre 2015 a créée l'habilitation familiale qui est destinée à protéger une personne majeure dont les facultés mentales sont altérées. Cette mesure est plus souple que la tutelle ou la curatelle est permet de représenter ou d'assister une personne pour assurer la sauvegarde de ses intérêts.

Par ailleurs, en application de la loi du 23 mars 2019, depuis le 1er janvier 2020, le Juge des contentieux à la protection exerce les fonctions du juge des tutelles. Le juge territorialement compétent est celui de la résidence habituelle de la personne à protéger ou protégée.

PCH-Prestation compensatoire du handicap

La Constitution sécurise la PCH

Saisi par le Conseil d'État, le Conseil Constitutionnel a rejeté la demande de récupération de la Prestation de Compensation du Handicap par les départements qui la versent aux victimes d'un accident entraînant un préjudice corporel indemnisé. Analyse.

Le Conseil Départemental d'Ille-et-Vilaine a posé une Question Prioritaire de Constitutionnalité (QPC) au Conseil d'État, qui a saisi le Conseil Constitutionnel le 12 décembre 2016, relative à la conformité à la Constitution de l'article 29 de la loi Badinter de 1985. Le département demandait si le mot « *seules* » de cet article est conforme à la Constitution de la Ve République et le Conseil Constitutionnel l'a déclaré conforme. Par cette question, le Conseil Départemental espérait obtenir le droit de récupérer sur la tierce personne attribuée pour indemniser la victime d'un préjudice corporel les sommes qu'il verse au titre de la Prestation de Compensation du Handicap (PCH).

Cet article 29 ouvre en effet, au profit de tiers payeurs qu'il énumère limitativement et à l'égard de prestations spécifiques, un droit d'exercer un recours subrogatoire contre le responsable d'un dommage à l'origine d'une atteinte à la personne. En pratique, ces tiers-payeurs peuvent obtenir le remboursement des sommes qu'ils versent à la victime. Pour cela, l'article 29 établit une liste limitative des prestations ouvrant droit à ce recours des tiers payeurs contre le tiers responsable ou son assureur. Au sens de cet article, les tiers payeurs sont :

les organismes de Sécurité Sociale, assurance maladie et assurances accidents des exploitants agricoles ;

l'État, les collectivités territoriales, les Etablissements Publics Administratifs, la Caisse des Dépôts et Consignations ;

les organismes ayant versé des sommes en remboursement de frais médicaux et rééducation ;

l'employeur de la victime ;

la mutuelle, l'institut de prévoyance et d'assurance pour les indemnités journalières et prestations d'invalidité.

Ainsi, la Prestation de Compensation du Handicap ne figure-t-elle pas au nombre des prestations énumérées par l'article 29, de sorte que le département n'a aucun recours subrogatoire et ne peut légalement se prévaloir d'une demande. A l'origine de la QPC, le département d'Ille-et-Vilaine a sollicité le remboursement par le Centre hospitalier de Dinan (Côtes d'Armor) de prestations sociales et services. Par une ordonnance du 12 septembre 2016, le Tribunal Administratif de Rennes a transmis la QPC au Conseil d'État.

Le département reproche à l'article 29 de méconnaitre les principes d'égalité devant la loi et devant les charges publiques au motif qu'elles ne prévoient pas de recours subrogatoire au profit des départements lorsqu'ils sont amenés à verser des prestations sociales dont l'objet est indemnitaire. Le département dénonce une rupture d'égalité entre les victimes du fait d'une divergence d'interprétation du juge civil et administratif. En effet, la Cour de Cassation considère que la prestation est indemnitaire mais refuse tout recours subrogatoire de sorte que la victime cumule PCH et indemnisation alors que le Conseil d'État ne statue pas sur l'existence ou non d'un recours subrogatoire et déduit la PCH des indemnités dues à la victime.

Dans sa décision rendue le 24 février 2017, le Conseil Constitutionnel rappelle le principe d'égalité devant la loi et les charges publiques, et ajoute qu'une différence de traitement est toujours possible. Il rappelle que la PCH est une prestation bien spécifique, et confirme qu'il existe bien une différence de traitement entre les départements et les tiers payeurs énumérés à l'article 29 puisqu'on refuse tout recours subrogatoire pour les départements. Mais cette différence de traitement est justifiée. En effet, le département lorsqu'il paie la PCH verse une aide sociale reposant sur la solidarité nationale de telle sorte qu'il n'est pas placé dans la même situation que les autres tiers payeurs. Le Conseil Constitutionnel justifie donc que la PCH est de nature différente des autres prestations versées par les tiers payeurs qui, eux, indemnisent dans une logique assurantielle. Les tiers payeurs servent des prestations en contrepartie des cotisations qu'ils ont perçu de leur assuré ce qui n'est pas le cas de la PCH. L'aide sociale, elle, est servie sans contrepartie financière de la part du bénéficiaire ce qui la distingue des prestations de Sécurité Sociale par exemple.

Enfin, la PCH compense le handicap et n'est pas un complément de rémunération, de sorte également qu'elle a un caractère indemnitaire très limité. Ainsi la différence de traitement est fondée sur une différence de situation et en rapport direct avec l'objet de la loi. Concernant la différence de traitement des victimes devant le juge civil et administratif, le Conseil Constitutionnel écarte le moyen soulevé par le département d'Ille-et-Vilaine. Ainsi l'article 29 et le mot « seules » sont bien conformes à la constitution, ce qui éteint les velléités des Conseils Départementaux à vouloir récupérer sur la tierce personne l'éventuelle Prestation de Compensation du Handicap qu'ils versent à la victime d'un accident.

Me Catherine MEIMON NISENBAUM

Avocate à la Cour d'Appel de PARIS

www.meimonnisenbaum.com – 02/2017

www.yanous.com 02/2017

PCH : déductible ou pas ?

La Prestation de Compensation du Handicap peut, dans certains cas, être déduite de l'indemnisation du préjudice corporel quand il est réglé par un fonds de garantie. La loi étant muette, quelle est la jurisprudence en la matière ? Éléments de réponse.

Mise en place par la loi du 11 février 2005, la Prestation de Compensation du Handicap (PCH) est une aide financière et personnalisée prenant en charge des dépenses liées à la perte d'autonomie de la personne handicapée. Versée par le département, elle constitue une prestation en nature qui peut être, selon le choix de l'intéressé, en nature ou en espèces. Elle est soumise à des conditions d'âge, de régularité de séjour et de résidence ainsi que de qualification de handicap, et sont prises également en compte les ressources de la personne pour déterminer le taux de prise en charge.

Lors de l'indemnisation des conséquences d'un accident, la question de la déductibilité ou non de la PCH est importante : devrait-elle venir en déduction de l'indemnisation de la victime d'un dommage corporel ? Les Fonds de garantie, les compagnies d'assurances et mutuelles estiment que la PCH est déductible du montant de l'indemnisation et ce, afin d'éviter un cumul d'indemnisation. Les associations de victimes sont en général d'un avis contraire.

L'article 29 de la loi du 5 juillet 1985 détermine les prestations qui ouvrent droit au recours subrogatoire en raison soit de la qualité des tiers payeurs, soit de la nature de la prestation (indemnitaire ou forfaitaire), et doivent être imputées sur les postes de préjudice dus à la victime. Cependant, cet article ne vise pas la PCH : dès lors, peut-elle être déduite de l'indemnisation de la victime alors même qu'elle n'est pas visée par l'article 29 de la loi du 5 juillet 1985 et n'ouvre pas droit à un recours subrogatoire ?

A cette question, la jurisprudence a répondu différemment, notamment selon qu'il s'agit d'une indemnisation versée par un fonds ou de droit commun par une compagnie d'assurances ou une mutuelle, de même en matière de contentieux médical, la jurisprudence judicaire et administrative sont opposées.

1. PCH et FGAO et FGTI

Dans un premier temps, la Cour de cassation avait retenu en 2006 que l'Allocation Compensatrice Tierce Personne (ACTP, ancienne PCH mais plus restreinte) n'était pas déductible du montant de l'indemnisation de la victime dans la mesure où elle était versée dans le cadre d'un devoir de solidarité nationale et qu'elle n'avait donc pas de caractère indemnitaire. Compte tenu de l'entrée en vigueur au 1er janvier 2006 de la PCH, prestation plus large que l'ACTP, la Cour de Cassation a modifié sa jurisprudence à différentes reprises. Actuellement, les arrêts les plus significatifs sont les suivants :

1.1. Fonds de garantie des assurances obligatoires : accident de la circulation :

Dans un arrêt de la 2e chambre civile en date du 16 mai 2013, la Cour de cassation retient le caractère indemnitaire et déductible de la PCH : « *Attendu que pour déclarer le jugement opposable et condamner M. Y...à payer à Mme Maria X...une certaine somme au titre des préjudices patrimoniaux temporaires et une rente tierce personne à compter du 9 juillet 2004 payable trimestriellement à terme échu et indexé à compter du 9 juillet 2004 conformément aux termes de la loi du 27 décembre 1974 modifiée par la loi du 5 juillet 1985 renvoyant à l'article L. 434-17 du code de la sécurité sociale, et débouter ainsi le FGAO de ses demandes tendant, à titre principal, à ce que Mme X...justifie des sommes attribuées au titre de la prestation de compensation du handicap ou d'une demande formée afin de bénéficier de cette prestation et, subsidiairement, à la réduction de cette rente, l'arrêt retient que l'éventuelle prestation de compensation du handicap n'indemnise pas les conséquences de l'accident mais l'existence d'un handicap ; que, de plus, elle ne fait pas partie de celles visées limitativement aux articles 29 et 32 de la loi du 5 juillet 1985 comme ouvrant droit à une action contre la personne tenue à réparation du dommage ou son assureur ; que la prestation de compensation du handicap ne peut être imputée sur l'indemnité en réparation de l'atteinte physique de Mme Maria X...; Qu'en statuant ainsi, la cour d'appel a violé les textes susvisés* ».

Cependant, un très récent arrêt de la chambre criminelle de la Cour de Cassation en date du 1er septembre 2015 statue le contraire et juge que la PCH n'est pas déductible mais en énonçant son caractère indemnitaire. Elle justifie cette non-déductibilité par le fait que seules sont déductibles les prestations ouvrant droit à l'existence d'une action récursoire contre le responsable du dommage. Tel n'est pas le cas de la PCH. « *Attendu qu'en se déterminant ainsi, la cour d'appel a fait une exacte application des textes visés au moyen, dès lors que si la prestation de compensation du handicap définie aux articles L 245-1 et suivants du code de l'action sociale et des familles dans leur rédaction issue de la loi du 11 février 2005 constitue une prestation indemnitaire, il résulte des articles L 421-1 du code des assurances et R 421-*

13 du même code définissant les obligations du FGAO que la déduction des versements effectués par des tiers payeurs est subordonnée à l'existence d'une action récursoire contre le responsable du dommage. »

1.2. Fonds de garantie des victimes des actes de terrorisme et d'autres infractions :

Commission d'indemnisation des victimes d'infraction (CIVI). La 2e chambre civile de la Cour de cassation, dans un arrêt en date du 13 février 2014 rendu en formation plénière, a jugé du caractère déductible de la PCH et a retenu : « *Attendu que pour fixer à une certaine somme l'indemnisation du besoin en tierce personne de M. X..., l'arrêt retient que la prestation de compensation du handicap versée par le Conseil général n'a pas un caractère indemnitaire justifiant sa déduction des sommes allouées ; Qu'en statuant ainsi, alors qu'elle constatait que l'état de M, X.- nécessitait une aide humaine, justifiant une indemnisation du besoin d'assistance par une tierce personne la cour d'appel qui a refusé d'imputer la prestation de compensation du handicap sur ce poste de préjudice qu'elle indemnise, les demandes relatives aux autres postes concernés ayant été réservées, a violé les textes et le principe susvisés* ».

Cette solution a été récemment confirmée par la 2e chambre civile de la Cour de cassation dans un arrêt du 12 juin 2014 qui a retenu : « *Attendu que pour allouer à M.X une certaine somme au titre de son préjudice corporel et une rente mensuelle au titre de la tierce personne à venir, et débouter ainsi le Fonds de Garantie des victimes des actes de terrorisme et d'autres infractions de sa demande tendant à ce que M.X justifie des sommes attribuées au titre de la prestation de compensation du handicap, l'arrêt retient que cette dernière, qui est une allocation servie en exécution d'une obligation nationale destinée à garantir un minimum de ressources aux personnes handicapées et dont le montant est fixé par le président du conseil général du département de la résidence de l'intéressé, compte tenu notamment de ses ressources, constitue une prestation d'assistance dépourvue de caractère indemnitaire, qui ne doit pas être déduite des sommes allouées à la victime ; Qu'en statuant ainsi, la cour d'appel a violé les textes susvisés* ».

La jurisprudence estime qu'en présence du FGAO et du FGTI, la PCH est une prestation qualifiée d'indemnitaire qui doit être déduite des indemnités versées à la victime. Cependant, la discussion reste toujours ouverte en raison de l'arrêt contraire de la chambre criminelle de la Cour de Cassation du 1er septembre 2015.

2. PCH et contentieux relevant de la loi Badinter (accident de la circulation) avec prise en charge par un assureur ou une mutuelle :

De façon générale, la PCH n'est pas considérée comme une prestation indemnitaire et ne doit donc pas être déduite du montant de l'indemnisation due à la victime au titre de la tierce personne. La Cour d'Appel de Paris (P2 C3 17) par arrêt de mars 2014 a jugé que : « *Or, l'allocation compensatrice pour tierce personne, qui est servie en exécution d'une obligation nationale destinée à garantir un minimum de ressources aux personnes handicapées, et dont le montant est fixé en tenant compte, notamment, des ressources de l'intéressé, constitue une prestation d'assistance dépourvue de caractère indemnitaire. Elle ne doit donc pas s'imputer sur les indemnités allouées en réparation du préjudice et il n'y a pas lieu de surseoir à statuer ni d'inviter Madame Marie Claude M. épouse B. à justifier des sommes qu'elle reçoit à ce titre* ». Récemment, la 2e chambre civile de la Cour de Cassation par arrêt en date du 2 juillet 2015 rappelle ce principe de non déductibilité de la PCH.

3. PCH et contentieux médicaux relevant de l'ordre judiciaire :

Récemment encore, la 1ere chambre civile de la Cour de Cassation par arrêt en date du 19 mars 2015 a jugé du caractère déductible de la PCH en l'absence de recours subrogatoire : « *Attendu que, dès lors que la prestation de compensation du handicap à laquelle Bernard Y pouvait prétendre ne donnait pas lieu à recours subrogatoire contre la personne tenue à réparation, de sorte qu'elle n'avait pas à être imputée sur l'indemnité réparant l'atteinte à son intégrité physique, l'arrêt n'encourt pas le grief du moyen* ».

4. PCH et contentieux médicaux relevant de l'ordre administratif :

Il a été admis que la PCH devait être déduite du montant de l'indemnisation de la tierce personne, aussi bien passée que future. Le Conseil d'Etat par arrêt du 23 septembre 2013 juge seulement que la PCH doit être déduite de l'indemnisation allouée à la victime du dommage dont un établissement public hospitalier est responsable, dès lors qu'aucune disposition ne permet au département qui verse la prestation d'en réclamer le remboursement au bénéficiaire revenu à meilleure fortune.

Conséquences du caractère déductible de la PCH :

La déductibilité de la PCH a d'importantes conséquences qui entraine un ralentissement considérable dans la solution des litiges et une complexité accrue des procédures. En effet, dès lors qu'il est jugé que la PCH a un caractère déductible, sa prise en compte pour la détermination de l'indemnisation du dommage corporel de la victime, implique que le montant des sommes perçues par elle doit être communiqué aux parties. A ce titre, le Fonds de Garantie sollicite que soit mis en cause le Conseil Départemental, qui verse ladite prestation, et qu'un sursis à statuer soit ordonné dans l'attente de la production des montants versés ou de la décision de la MDPH, si celle-ci ne s'est pas encore prononcée.

Sur ce point, on observe que les décisions récentes sont divergentes et que toutes les juridictions n'accèdent pas à la demande du Fonds de Garantie. D'autres cependant retardent considérablement l'indemnisation du dommage corporel des victimes en prononçant un sursis à statuer ou en réservant les droits futurs de la victime. On observera également que les compagnies d'assurances et mutuelles sollicitent aussi la production des documents de la MDPH ainsi qu'un sursis à statuer sur les postes concernant la tierce personne, le logement adapté et le véhicule adapté qui peuvent être concernés par la PCH. Le Fonds de Garantie sollicite aussi que la victime demande la PCH, rendant ainsi obligatoire cette demande qui est facultative et qui retarde encore et encore l'indemnisation de la victime.

Il convient de rappeler que le Conseil Départemental ne bénéficie pas d'un recours subrogatoire, ainsi ce retard considérable dans le règlement des indemnisations des victimes ne lui profite en rien et nuit indiscutablement à ces dernières. A l'évidence, on ne peut déduire une prestation qui n'est pas pérenne ce qui obligera les victimes en cas de modification ou de suppression de la PCH de saisir à nouveau la justice. Ainsi certaines décisions ont jugé que les montants de la PCH devront être déduits de la rente tierce personne et que le solde de la rente sera recalculé à chaque renouvellement de la PCH en fonction du montant accordé. Que de même, l'incertitude demeure, certaines décisions déduisent les heures de tierce personne pour le passé et pour l'avenir au titre de la PCH du montant de la tierce personne, d'autres déduisent le coût de la PCH.

La jurisprudence n'est donc pas encore nettement établie, les points juridiques en suspens sont importants et très discutables. Ainsi plus que jamais il est indispensable d'être assisté par un avocat spécialisé qui a l'habitude et la pratique pour traiter ce type de dossiers car il est difficile de se défendre contre des compagnies d'assurances, des mutuelles et le Fonds de Garantie qui sont représentés par des spécialistes. Il est des plus regrettable que ce nouveau contentieux retarde une fois encore l'indemnisation des victimes d'un dommage corporel, que le différend soit traité à l'amiable ou devant un tribunal.

Me Catherine MEIMON NISENBAUM

Avocate à la Cour d'Appel de PARIS

www.meimonnisenbaum.com – 12/2015

www.yanous.com 12/2015

PS : (Mai 2024)

Evolution jurisprudentielle :

1.1. Fonds de garantie des assurances obligatoires : accident de la circulation :

La chambre criminelle a confirmé sa position par un arrêt du 3 mai 2016 (RG 14-84246), jugeant que la PCH n'est pas déductible : *« en ce que la cour d'appel, déclarant l'arrêt opposable au FGAO, a dit que la prestation de compensation du handicap qui est prévue par le code de l'action sociale et des familles n'a pas vocation à s'imputer sur l'indemnisation des dommages résultant d'atteinte à la personne et a débouté en conséquence le FGAO de ses demandes tendant à se voir réserver la possibilité de modifier ses versements à venir en fonction du bénéfice de cette prestation dont disposerait M. Pierre-Alain X et à ce qu'il soit sursis à statuer sur le poste de préjudice d'assistance tierce personne en raison de la possibilité d'imputation de cette prestation (...) Attendu qu'en statuant ainsi et dès lors que seules doivent être imputées, sur l'indemnité réparant l'atteinte à l'intégrité physique de la victime, les prestations versées par les tiers payeurs qui ouvrent droit au profit de ceux-ci à un recours subrogatoire, la cour d'appel a justifié sa décision* ».

Finalement, la 2ème chambre civile de la Cour de Cassation est revenue sur sa position et s'est ralliée à la position de la chambre criminelle par un arrêt du 6 février 2020 (RG n°18-19.518), jugeant la non déductibilité de la PCH. En se fondant sur les articles L 245-1 et suivants du Code de l'action sociale et des familles, L 421-1 du Code des assurances et R 421-13 du même code définissant les obligations du FGAO, la deuxième chambre civile considère clairement que la déduction des versements effectués par des tiers payeurs est subordonnée à l'existence d'une action récursoire contre le responsable du dommage, ce qui exclut la déduction de la prestation de compensation du handicap. *"Alors que la prestation de compensation du handicap définie aux articles L 245-1 et suivants du code de l'action sociale et des familles n'étant pas mentionnée par l'article 29 de la loi n° 85-677 du 5 juillet 1985, elle n'ouvre droit à aucune action contre la personne tenue à réparation du dommage et ne peut donc être imputée sur l'indemnité allouée, que celle-ci soit payée par la personne tenue à réparation ou prise en charge à titre subsidiaire par le FGAO."*

1.2. Fonds de garantie des victimes des actes de terrorisme et d'autres infractions :

La jurisprudence estime qu'en présence du FGTI, la PCH est une prestation qualifiée d'indemnitaire qui doit être déduite des indemnités versées à la victime.

Toutefois, il faut préciser que la PCH n'est pas une prestation obligatoire et les victimes n'ont pas l'obligation de la solliciter même si elles remplissent les conditions légales pour en bénéficier. Aussi, dès lors que cette prestation n'est pas sollicitée, elle ne saurait être considérée comme une indemnité à recevoir au sens de l'article L 706-9 du code de procédure pénale et les juges ont l'obligation de liquider l'indemnité due à la victime sans attendre que celle-ci sollicite ladite prestation. Telle est la position de la Cour de Cassation (2ème Civ 4 février 2016) : *« Mais attendu qu'ayant exactement énoncé que les indemnités allouées par le FGTI ne sont pas subsidiaires à la prestation de compensation du handicap à laquelle peut prétendre une victime sans qu'elle soit obligée de la demander et qui n'est pas versée par un organisme gérant un régime obligatoire de sécurité sociale, de sorte que si, elle n'a pas été sollicitée, cette prestation ne saurait être considérée comme une indemnité à recevoir au sens de l'article L 706-9 du code de procédure pénale, la cour d'appel en a déduit à bon droit que l'exception dilatoire présentée par le FGTI n'était pas fondée. Qu'elle a ainsi légalement justifiée sa décision de liquider l'indemnité due à la victime sans attendre que celle-ci sollicite ladite prestation. ».*

La Prestation de Compensation du Handicap

Instaurée en 2006 pour améliorer la vie autonome des personnes handicapées, cette prestation n'a pas évolué depuis, que ce soit dans ses conditions d'octroi, les aides qu'elle finance et les montants maximums. Analyse.

Mise en place par la loi du 11 février 2005 pour l'égalité des droits et des chances, la participation et la citoyenneté des personnes handicapées, la Prestation de Compensation du Handicap (PCH) est une aide financière et personnalisée prenant en charge les dépenses liées à la perte d'autonomie de la personne handicapée. Elle est versée par le département. Elle se substitue à l'Allocation Compensatrice pour aide d'une Tierce Personne (laquelle est maintenue pour ses anciens bénéficiaires qui le souhaitent) et constitue une prestation en nature qui peut être versée, selon le choix de l'intéressé, en nature ou en espèces.

Des conditions strictes :

Les conditions d'octroi sont définies par l'article L.245-1 du Code de l'action sociale et des familles (CASF). Les enfants de moins de 20 ans peuvent l'obtenir s'ils bénéficient de l'Allocation d'Education de l'Enfant Handicapé (AEEH) et remplissent les conditions pour ouvrir droit à un complément de cette allocation pour prendre en charge l'aménagement du logement, du véhicule ou du surcoût résultant du transport. L'âge maximum est fixé à 60 ans, avec plusieurs dérogations. D'abord, les personnes de plus de 60 ans bénéficiaires de l'allocation compensatrice optant pour le bénéfice de la PCH en application de l'article 95 de la loi du 11 février 2005 peuvent la solliciter à tout âge. Ensuite, les personnes de plus de 60 ans qui répondaient avant cet âge aux critères d'octroi peuvent solliciter la prestation jusqu'à 75 ans. Enfin, les personnes qui exercent une activité professionnelle après 60 ans et présentent les critères requis de handicap peuvent la solliciter. Ces critères consistent en une difficulté absolue pour la réalisation d'une activité (mobilité, entretien personnel, tâches et exigences générales, relations avec autrui) qui ne peut pas du tout être effectuée par la personne elle-même, ou une difficulté grave pour la réalisation d'au moins deux activités qui est effectuée difficilement et de façon altérée par rapport à l'activité habituelle.

Ces difficultés doivent être définitives ou d'une durée prévisible d'au moins un an. Il n'est pas nécessaire que l'état de la personne soit stabilisé. Les difficultés couvrent 4 grands domaines : mobilité, entretien personnel, communication, capacité générale à se repérer dans l'environnement et à protéger ses intérêts. Pour déterminer le niveau de difficulté, il est fait référence pour les adultes à la réalisation de l'activité par une personne du même âge qui n'a pas de problème de santé, et pour les enfants aux étapes de leur développement habituel.

Il faut également résider en France de manière stable et régulière. Il est possible sans perdre ses droits d'effectuer des séjours à l'étranger dont la durée n'excède pas trois mois au cours de l'année civile, mais la PCH n'est versée que sur les mois civils complets de présence sur le territoire français. Un séjour de plus longue durée est permis s'il est justifié pour permettre de poursuivre des études, apprendre une langue étrangère ou parfaire sa formation professionnelle. Pour les personnes de nationalité étrangère (hors des ressortissants de l'Union Européenne), il faut justifier d'une carte de résident ou d'un titre de séjour. Par ailleurs, les personnes sans logement peuvent élire domicile auprès d'une association ou d'un organisme à but non lucratif agréé à cette fin par le Président du Conseil Départemental. Le demandeur peut être hébergé ou accompagné en établissement social ou médico-social, ou être hospitalisé en établissement de santé, ou à domicile. Les personnes handicapées hébergées en établissement dans un pays ayant une frontière commune avec la France, faute de possibilité d'accueil plus proche, peuvent bénéficier de la PCH en établissement, à condition que le placement résulte d'une décision de leur Maison Départementale des Personnes Handicapées pour une durée de 1 à 5 ans, avec prise en charge par l'Assurance Maladie ou l'aide sociale.

Les ressources prises en compte :

Les revenus du demandeur n'ont aucune incidence pour la décision d'attribution de la PCH. Ils sont cependant pris en compte pour déterminer le taux de prise en charge à 100% s'ils sont inférieurs ou égaux à deux fois le montant annuel de la majoration pour tierce personne mentionnée à l'article R341-6 du CASF soit 26.473,96€ en 2015, ou de 80% s'ils sont supérieurs. Pour déterminer ce taux de prise en charge, les revenus pris en compte sont ceux qui ont été perçus au cours de l'année civile précédant la demande. Ne sont pas pris en compte les revenus professionnels de la personne handicapée, de son conjoint, de l'aidant familial ou de ses parents, les pensions de retraite ou d'invalidité versées par le régime obligatoire, les allocations de chômage et solidarité, les indemnités de maladie ou de maternité, d'accident du travail, de maladie professionnelle, de cessation d'activité pour les travailleurs de l'amiante, les prestations familiales, l'Allocation aux Adultes Handicapés, le Revenu de Solidarité Active, la prime de déménagement, les pensions de divorce ou de séparation, les bourses d'étudiant, les rentes survie ou contrat d'épargne handicap.

La procédure :

Une demande doit être faite auprès de la Maison Départementale des Personnes Handicapées du lieu de résidence au moyen du formulaire CERFA N°13788*01 et de son certificat médical CERFA N°13878*01 datant de moins de 3 mois. L'instruction du dossier est assurée par la MDPH. L'attribution de la PCH dépend de l'élaboration d'un plan de compensation personnalisé déterminant les besoins de compensation de la personne handicapée évalués par une équipe pluridisciplinaire. Le plan de compensation est transmis au demandeur, qui a 15 jours pour faire connaître ses observations. La décision appartient à la Commission des Droits et de l'Autonomie des Personnes Handicapées (CDAPH). Le demandeur peut assister à la séance et s'y faire assister ou représenter par la personne de son choix. La CDAPH rend sa décision sous un délai de 4 mois à partir de la date de dépôt de la demande. Le défaut de réponse plus de 4 mois après le dépôt de la demande correspond à un refus.

Une procédure d'attribution d'urgence peut être demandée. La demande est faite sur papier libre par le demandeur ou son représentant légal, et adressée au Président du Conseil Départemental, en précisant la nature des aides pour lesquelles la PCH est demandée et le montant prévisible des frais, ainsi que tous les éléments permettant de justifier de l'urgence, notamment un document délivré par un professionnel de santé ou un organisme à caractère social ou médico-social. Au vu de ces éléments, le Président du Conseil Départemental peut attribuer la PCH à titre provisoire pour un montant forfaitaire.

En cas de refus d'attribution, le demandeur peut engager une procédure de conciliation, et en cas d'échec un recours peut être formé auprès du Tribunal du Contentieux de l'Incapacité (TCI). A noter que le projet de loi déposé au Sénat le 31 juillet 2015 par la ministre de la Justice, Christiane Taubira, préconise de faire fusionner le TCI et le Tribunal des Affaires de Sécurité Sociale (TASS) pour les remplacer par un pôle social auprès du Tribunal de Grande Instance de chaque département. Enfin, la demande de renouvellement doit être déposée au moins 6 mois avant la fin de la période d'attribution de l'allocation.

Durée et tarifs de la PCH :

Le bénéficiaire de la PCH peut demander une ou plusieurs aides financières si les besoins relèvent d'une aide humaine ou technique, de l'aménagement du logement, d'une aide au transport ou animalière (entretien d'un chien guide ou d'assistance), ou enfin d'aides spécifiques ou exceptionnelles. A la date de rédaction du présent article, les montants pour aide humaine sont de 12,49 €/heure pour une tierce-personne directement employée et rémunérée par le demandeur, et de 17,77 €/heure si ce personnel est fourni par une entreprise prestataire. Si l'aide est assurée par un membre de la famille le montant est de 3,67€/heure, et de 5,51€/heure si cet aidant cesse ou renonce à une activité professionnelle, totalement ou partiellement. Cette aide permet d'être assisté par une tierce personne, soit pour rémunérer un service d'aide à domicile soit pour dédommager un aidant familial. Elle peut être accordée pour dix ans au plus.

L'aide technique est destinée à l'achat ou la location par la personne handicapée et pour son usage personnel d'un matériel conçu pour compenser son handicap. Si ce matériel est inscrit sur la liste des produits et prestations remboursables (LPPR) par la Sécurité Sociale, le financement peut couvrir 100 % du prix dans la limite de 3.960€ par période de 3 ans. Toutefois, lorsque le matériel est tarifé à au moins 3.000€, cette limite peut être majorée. Lorsque le matériel ne figure pas sur la LPPR, l'aide pourra atteindre 75 % de son prix dans la limite de 3.960. € par période de 3 ans.

L'aide à l'aménagement du logement doit répondre aux besoins directement liés aux limitations d'activité de la personne, que ce soit à titre définitif ou provisoire (avec une durée minimale de 1 an). Lorsque l'aide est attribuée pour le domicile d'une personne qui héberge une personne handicapée, il doit y avoir entre la personne handicapée et la personne qui l'héberge un lien d'ascendance, de descendance ou collatéral jusqu'au 4ème degré de cette personne ou de son conjoint, concubin ou partenaire pacsé. Le financement pourra atteindre 100% du coût des travaux s'ils sont inférieurs ou égaux à 1.500€, et 50% s'ils sont supérieurs, dans la limite de 10.000€ par période de 10 ans. Les frais de déménagement sont financés jusqu'à 3.000€ par période de 10 ans.

L'aide au transport concerne l'aménagement du véhicule utilisé habituellement par la personne handicapée en qualité de conducteur ou de passager et les surcoûts liés aux trajets. Dans le premier cas, le demandeur doit être titulaire du permis portant la mention restrictive d'un poste de conduite adapté. Le financement pourra atteindre 100% du coût des aménagements s'ils sont inférieurs ou égaux à 1.500€, et 75% s'ils sont supérieurs, dans la limite de 5.000€ par période de 5 ans. Les surcoûts liés aux trajets concernent des transports réguliers, fréquents ou correspondant à un départ annuel en congés, ou de déplacements entre le domicile de la personne handicapée et l'hôpital dès lors qu'ils sont effectués par un tiers ou lorsque la distance aller-retour est supérieure à 50 km. En cas d'usage d'une voiture particulière, l'aide est de 0,50€/km dans la limite de 12.000€ pour 5 ans, et de 75 % dans la limite de 5 000 € sur une période de 5 ans pour les autres moyens de transports.

Les aides spécifiques ou exceptionnelles sont des dépenses permanentes ou ponctuelles liées au handicap et non prises en compte par un des autres composants de la PCH. Les dépenses permanentes sont financées au plus à 75% des coûts dans la limite de 100€/mois pour une durée pouvant atteindre 10 ans. Les dépenses ponctuelles sont plafonnées à 1.800€ par période de 3 ans.

L'aide animalière est destinée à l'entretien d'un animal participant au maintien ou à l'amélioration de l'autonomie de la personne handicapée dans sa vie quotidienne. Elle peut être d'un montant forfaitaire de 3.000€ par période de 5 ans, ou de 50€ par mois pendant cinq ans. Enfin, les personnes aveugles ou sourdes au sens de l'article D245-9 du CASF peuvent obtenir un forfait égal à 50 heures d'aide humaine sur la base du tarif emploi direct en cas de cécité ou de 30 heures en cas de surdité, sans avoir à justifier de l'utilisation qu'elles font des sommes ainsi versées.

Il convient de noter qu'à l'exception de l'aide humaine, les montants forfaitaires, les plafonds et les périodes n'ont pas évolué depuis la création de la PCH, en 2006. Les montants attribués pour les aides techniques, l'aménagement du véhicule et du logement peuvent être complétées par d'autres financements légaux ou extra-légaux (Sécurité Sociale, Agefiph, FIPHFP, ANAH, etc.). En fin, la PCH est généralement réduite à 80% des montants maximum en cas de taux partiel de prise en charge.

Modalités de versement :

Le paiement est mensuel ou ponctuel selon la nature de l'aide. Le Conseil Départemental peut contrôler l'usage des fonds fait par le bénéficiaire, et vérifier qu'il consacre l'intégralité des sommes perçues à leur destination. A défaut, le versement de la PCH peut être suspendu ou interrompu, et le Président du Conseil Départemental peut même intenter une action en récupération des sommes indûment versées qui est effectuée soit par retenue sur les versements ultérieurs, soit par le biais d'une procédure de recouvrement amiable voire forcée par les comptables du Trésor. Les sommes versées au titre de la PCH ne sont pas récupérables sur la succession du bénéficiaire, ni sur une donation ou un legs qui lui est fait.

Me Catherine MEIMON NISENBAUM

Avocate à la Cour d'Appel de PARIS

www.meimonnisenbaum.com – 10/2015

www.yanous.com 10/2015

PS : *(Mai 2024)*

Un décret du 27 octobre 2021 fixe la durée maximale d'attribution de l'ensemble des *« éléments »* de la PCH à dix ans. Il entre en vigueur le 1er janvier 2022.

Ce nouveau décret prévoit également l'attribution de la PCH à vie, c'est à dire sans limitation de durée lorsque le *« handicap n'est pas susceptible d'évoluer favorablement »*.

PREJUDICES

Les préjudices sexuel et d'établissement

Préjudices extrapatrimoniaux, considérés comme personnels, ils sont encore mal indemnisés par les tribunaux surtout lorsque les victimes sont relativement jeunes, quoique la jurisprudence évolue. Explications.

Selon la nomenclature Dintilhac, le préjudice sexuel indemnise : Le préjudice morphologique lié à l'atteinte aux organes sexuels primaires et secondaires; Le préjudice lié à l'acte sexuel lui-même qui repose sur la perte du plaisir lié à l'accomplissement de l'acte sexuel; Le préjudice lié à une impossibilité ou à une difficulté à procréer. Ainsi, le préjudice est vu sous l'angle de trois catégories : Le préjudice morphologique évalué en termes de séquelles par un taux spécifique d'Atteinte Permanente à l'Intégrité Physique et Psychique (AIPP); En cas d'absence d'atteinte urogénitale, par la privation des joies de l'acte sexuel et donc la perte de libido; L'impossibilité ou la difficulté à procréer.

C'est donc une définition très complète et large du préjudice sexuel qui est d'ailleurs reprise par la jurisprudence de la Cour de Cassation, qui définit ce préjudice comme une atteinte sous toutes ses formes à la vie sexuelle (2e Chambre Civile 17 juin 2010 n° 09-15.842) : « *Le préjudice sexuel comprend tous les préjudices touchant à la sphère sexuelle à savoir : le préjudice morphologique lié à l'atteinte aux organes sexuels primaires et secondaires résultant du dommage subi, le préjudice lié à l'acte sexuel lui-même qui repose sur la perte du plaisir lié à l'accomplissement de l'acte sexuel, qu'il s'agisse de la perte de l'envie ou de la libido, de la perte de la capacité physique de réaliser l'acte, ou de la perte de la capacité à accéder au plaisir, le préjudice lié à une impossibilité ou une difficulté à procréer.* »

Le préjudice sexuel a longtemps été un préjudice non autonome, inclus dans d'autres préjudices. Cette inclusion a été vivement critiquée et on lui a finalement reconnu un caractère personnel, autonome et spécifique, distinct de l'AIPP, du préjudice moral et du préjudice d'agrément. Par voie de conséquence, ce poste de préjudice est exclu de l'assiette du recours des tiers payeurs ce qui est important pour l'indemnisation des victimes qui est alors plus conséquente. Seul le préjudice sexuel temporaire reste inclus dans le déficit fonctionnel temporaire qui répare la perte de la qualité de vie de la victime et des joies usuelles de la vie courante pendant la maladie traumatique (Cour de Cassation 2e Chambre Civile 11 décembre 2014 n° 13-28.774).

Que de même, pendant longtemps, en matière d'accident du travail, le préjudice sexuel était indemnisé dans le cadre du préjudice d'agrément. Depuis 2012, le préjudice sexuel est indemnisé de manière autonome en cas de faute inexcusable de l'employeur (Cour de Cassation 2e Chambre Civile 4 avril 2012 N° 11-14311 et 11-14594). Bien que la définition de ce préjudice soit maintenant nettement donnée, il est toujours difficile de le quantifier. Il s'apprécie in concerto selon les personnes et leur situation. La valeur d'indemnisation du préjudice sexuel varie bien entendu selon les cas d'espèce et ses composantes psychiques et physiques : plus le sujet est jeune et plus l'indemnité est élevée. Et plus le sujet vieillit, plus l'indemnité baisse... L'indemnité variera également selon le type de handicap et l'importance des conséquences au niveau sexuel.

Certains référentiels, même si la Jurisprudence interdit de se baser sur un référentiel au nom du principe de la réparation intégrale du dommage corporel, donnent néanmoins des pistes de réflexion et des critères de quantification. L'indemnisation sera plus élevée notamment quand la victime est jeune et que les trois aspects de la fonction sexuelle sont totalement altérés, pouvant ainsi aller en général jusqu'à 35.000€.

La jurisprudence n'est cependant pas très généreuse, et même l'indemnisation la plus élevée n'est pas représentative de ce dommage et ne l'indemnise que partiellement ou mal. En effet, à titre d'exemple, prenons le cas d'un taux d'incapacité très élevé pour un jeune homme de 18 ans à la consolidation. En principe, les tribunaux lui alloueront au maximum pour un préjudice sexuel total la somme de 35.000€, ce qui représente une indemnité de 1,50€ par jour pour une espérance de vie de 80 ans, ce qui est en réalité très faible.

Ainsi, au regard de la Jurisprudence récente, le préjudice sexuel a de plus en plus tendance à être minimisé, et cette minoration est encore plus visible pour les personnes traumatisées crâniennes où en général seul un aspect de la fonction sexuelle est altéré, à savoir la perte de libido. En effet, chez les victimes cérébrolésées, la perte de libido est souvent habituelle : la victime ressent moins ou plus de plaisir au moment de l'acte sexuel, il s'agit d'un préjudice psychique qui est pourtant de plus en plus dénié. On a donc le sentiment que le préjudice sexuel est beaucoup mieux évalué et indemnisé d'un point de vue physique lorsque la victime a une déficience physique et fonctionnelle, et qu'il est peu pris en compte quand il est seulement psychique et s'analyse en une perte de libido.

Par ailleurs, la preuve de la perte de libido n'est pas facile à établir. Lors d'une expertise judiciaire récente concernant une personne traumatisée crânienne qui se plaignait de la perte de sa libido, retenue par l'expert judiciaire dans son pré-rapport, la compagnie d'assurances a adressé un dire contestant la réalité de ce préjudice non constaté personnellement par l'expert judiciaire.

Lorsque seule une perte de libido est constatée chez la victime, la preuve de ce préjudice est donc cruciale. L'expert médical amiable ou judiciaire prendra en compte toutes les précisions qui seront apportées par la victime dans la description de ce préjudice. Il est nécessaire que la victime en parle devant le médecin expert, sans tabou, et qu'elle décrive précisément les troubles psychiques qu'elle rencontre. Il faut à ce titre noter un arrêt de la 12e Chambre civile, Pôle 6 de la Cour d'appel de Paris du 23 mai 2013 (n°08/01098) qui a rejeté la demande d'indemnisation au titre du préjudice sexuel d'un homme traumatisé crânien de 44 ans invoquant une perte de libido car ce préjudice n'avait pas été invoqué devant le médecin expert.

Il faut aussi relever que lorsque le dommage corporel est relativement important, le préjudice sexuel est souvent assorti d'un préjudice d'établissement qui est quant à lui défini de la manière suivante par la nomenclature Dintilhac : « Ce poste de préjudice cherche à indemniser la perte d'espoir, de chance ou de toute possibilité de réaliser un projet de vie familiale « normale » en raison de la gravité du handicap permanent, dont reste atteint la victime après sa consolidation : il s'agit de la perte d'une chance de se marier, de fonder une famille, d'élever des enfants et plus généralement des bouleversements dans les projets de vie de la victime qui l'obligent à effectuer certaines renonciations sur le plan familial. »

Comme pour le préjudice sexuel, le préjudice d'établissement est apprécié in concerto, en tenant compte de l'âge de la victime et de sa situation. Plus la victime est jeune et le handicap important, plus l'indemnisation est conséquente. Ainsi, lorsque le handicap est lourd, la victime obtient très souvent une indemnisation au titre de ce poste de préjudice en sus du préjudice sexuel et du déficit fonctionnel permanent avec lesquels il ne se confond pas (Cour de Cassation 2 Chambre Civile, 12 mai 2011 n° 10-17148), et qui peut atteindre 35.000€. La jurisprudence admet au titre du préjudice d'établissement qu'un homme gravement handicapé, déjà père d'un enfant avant l'accident et ayant eu un enfant après l'accident mais par procréation médicalement assistée, subit un préjudice d'établissement dès lors que les perspectives familiales sont limitées du fait du handicap et suspendues à l'évolution de l'état de santé de la victime (Tribunal de Grande Instance de Grenoble, 6e Chambre Civile, 18 février 2016, RG n° 15/04203).

Plus encore, la Cour de cassation a précisé que le préjudice d'établissement recouvre, en cas de séparation ou de dissolution d'une précédente union, la perte de chance pour la victime handicapée de réaliser un nouveau projet de vie familiale (2e chambre Civile, 15 janvier 2015 N° 13-27761). Enfin, et très récemment, la Cour de Cassation a indiqué que le préjudice d'établissement ne saurait être exclu au motif que la jeune femme victime qui était en couple au moment de l'accident, résidait toujours chez ses parents (2e Chambre Civile 21 janvier 2016 N° 15-10731).

En conclusion, pour les dommages corporels très importants l'indemnisation du préjudice sexuel et du préjudice d'établissement peut atteindre la somme totale de 70.000€. Le préjudice sexuel et le préjudice d'établissement sont des postes qu'il faut connaitre pour savoir les identifier, les évaluer et bien les indemniser, il est donc important que la victime soit assistée d'un avocat spécialisé qui la préparera à l'expertise et aux questions que pourrait poser l'expert. Ceci est d'autant plus vrai que ces postes de préjudice sont souvent rarement évoqués, ou mal, lors de l'expertise médicale. Il faut ensuite savoir les indemniser et contester les prétentions des compagnies d'assurances et des fonds de garantie. L'indemnisation d'un dommage corporel est une matière spécifique qui relève d'un droit spécifique et d'une spécialisation. Les notions de préjudice sexuel et d'établissement peuvent paraitre simples mais soulèvent des difficultés importantes qui apportent une riche jurisprudence.

Me Catherine MEIMON NISENBAUM

Avocate à la Cour d'Appel de PARIS

www.meimonnisenbaum.com – 11/2016

www.yanous.com 11/2016

PS : (Mai 2024)

Il a été récemment jugé que la gêne positionnelle est un préjudice sexuel *(Cass. 2ᵉciv. 4 avril 2019 et que le* préjudice sexuel se distingue du déficit fonctionnel permanent *(Cass.2ᵉciv 30 mars 2023). Certaines décisions ont alloué des indemnités au titre de ces préjudices de l'ordre de 80.000 euros.*

Le préjudice d'agrément

Soumis à des fluctuations jurisprudentielles depuis une vingtaine d'années, ce poste de préjudice reste inféodé au pouvoir souverain d'appréciation du juge. Analyse.

Le préjudice d'agrément est un préjudice dont l'indemnisation n'est pas facile à obtenir en raison de l'évolution de la jurisprudence de la Cour de Cassation qui, depuis 2009, le définit de manière très stricte. Les tribunaux se montrent donc de plus en plus réticents à accorder une indemnisation de ce poste de préjudice sans justificatif bien établi. Par ailleurs, la jurisprudence retient une conception bien différente en droit commun et en matière d'accident du travail et faute inexcusable.

Le préjudice d'agrément en droit commun :

Sa définition a fait l'objet d'une longue évolution jurisprudentielle. Quoi qu'il en soit, il s'agit d'un préjudice bien spécifique qui est distinct du préjudice sexuel et du déficit fonctionnel. Avant 2003, la Cour de Cassation le définissait comme « *la privation des agréments normaux de l'existence* » (Chambre criminelle 26 mai 1992) ou la « *privation des agréments d'une vie normale* ». La Cour adhérait donc à une conception extrêmement large et objective du préjudice autorisant sa reconnaissance au profit de toutes les victimes et pas seulement celles qui se livraient avant l'accident à des activités spécifiques auxquelles elles ont dû renoncer.

Toutefois, un arrêt d'Assemblée Plénière rendu le 19 décembre 2003 a modifié la définition ainsi : « *Préjudice subjectif à caractère personnel résultant des troubles ressentis dans les conditions d'existence* ». Le terme subjectif portant à discussion, des arrêts postérieurs ont clarifié la situation. Tout d'abord, deux arrêts rendus en matière d'accident du travail et faute inexcusable de l'employeur ont jugé qu'il s'agissait « *d'un préjudice subjectif à caractère personnel, distinct de celui résultant de son incapacité* » (Chambre civile 19 avril 2005 et 11 octobre 2005).

Le Fonds de garantie essaya alors de faire reconnaitre que ce préjudice à caractère personnel devait être soumis au recours des tiers payeurs car il correspondait, selon lui, à une atteinte objective à l'intégrité physique de la victime. La Cour de Cassation rejeta le pourvoi du fonds de garantie et estima : « *que la somme allouée au titre du préjudice d'agrément pendant la période d'ITT indemnisait les seuls troubles de caractère subjectif »* (Chambre civile 5 octobre 2006). A cette occasion, la Cour de Cassation a donc jugé qu'il s'agissait d'une indemnité de caractère personnel non soumise au recours des tiers payeurs et a reconnu également la possibilité de retenir un préjudice d'agrément temporaire pendant la période d'Incapacité Totale de Travail.

Toutefois, cette vision large du préjudice d'agrément a été remise en cause par la suite. En effet, cette définition ne correspondait pas à la définition retenue par les commissions ou groupes de travail (notamment le rapport Dintilhac) qui n'envisagent la réparation du préjudice spécifique d'agrément que sous l'angle de la privation d'activités sportives et de loisirs. Au surplus, la réforme de 2006 sur l'imputation, poste par poste, des recours des tiers payeurs, ne permettait plus aucun recours sur les indemnités allouées au titre du déficit fonctionnel qui englobe la définition large du préjudice d'agrément. C'est donc cette dernière définition étroite et défavorable aux victimes qui a été retenue par la Cour de Cassation dans un arrêt de principe du 28 mai 2009 : « *Ce poste de préjudice vise exclusivement à réparer le préjudice d'agrément spécifique lié à l'impossibilité pour la victime de pratiquer régulièrement une activité sportive ou de loisirs* ».

De la même manière, la possibilité de retenir un préjudice d'agrément temporaire n'existe plus, celle-ci étant incluse dans le déficit fonctionnel temporaire, ce qui confirme bien la tendance à limiter de plus en plus ce préjudice. Ainsi, dans un arrêt récent, la Cour de cassation a retenu que ce préjudice constitué pour la victime de l'impossibilité de pratiquer le ski et la musique avant la consolidation relève du déficit fonctionnel temporaire (Chambre civile 5 mars 2015). En effet, s'il est bien distinct du DFP (déficit fonctionnel permanent), le préjudice d'agrément demeure inclus dans le DFT (déficit fonctionnel temporaire) qui indemnise l'invalidité subie par la victime dans sa sphère personnelle pendant la maladie traumatique : il inclut la période d'hospitalisation et la perte de la qualité de vie, ceci comprenant le préjudice sexuel et le préjudice d'agrément temporaire.

Cette conception étroite du préjudice d'agrément réduite aux seules activités sportives et de loisirs impose désormais aux victimes de prouver leur préjudice de façon très détaillée et de prouver qu'elles exerçaient leurs activités sportives de manière régulière avant l'accident. A défaut de rapporter une telle preuve, elles risquent fortement d'être déboutées de leur demande à ce titre. Toutefois, cela est compensé en partie par une vision très large du déficit fonctionnel permanent qui est mieux indemnisé. Comme nous l'avons vu, la définition du préjudice d'agrément n'est pas vraiment figée et il est possible qu'on revienne d'ici quelque temps à une conception large de ce préjudice comme celle retenue avant 2003. Un projet de décret propose un retour à une vision large en retenant « *la perte de la qualité de vie et les troubles dans les conditions d'existence que la victime rencontre au quotidien* ».

Le préjudice d'agrément en accident du travail :

Deux arrêts rendus par la 2e chambre civile de la Cour de Cassation le 8 avril 2010 reviennent à une conception objective du préjudice d'agrément : *« Au sens de l'article L 452-3 du code de la sécurité sociale le préjudice d'agrément est celui qui résulte des troubles ressentis dans les conditions d'existence.* » La Cour de Cassation retient donc pour les accidents du travail une vision large du préjudice d'agrément, contraire à la vision de la nomenclature Dintilhac. Toutefois, cette définition ne vaut que pour les accidents du travail au sens de l'article L 452-3 du code de la Sécurité Sociale. Ces arrêts posent un problème car on a une dualité de conception que l'on se trouve ou non en accident du travail, et cela crée donc une différence de traitement entre les victimes d'un même dommage.

Le montant des indemnités est très variable, il dépend d'une part, de la fréquence et de l'importance des activités, des lésions, de l'âge de la victime. D'autre part, le tout est soumis au pouvoir souverain du juge du fond, si bien qu'il n'existe finalement aucune règle en la matière.

Me Catherine MEIMON NISENBAUM

Avocate à la Cour d'Appel de PARIS

www.meimonnisenbaum.com – 05/2016

www.yanous.com 05/2016

Pluralité du préjudice professionnel

Après un accident ou une agression, l'évaluation du préjudice professionnel de la victime s'apprécie dans tous ses aspects présents, futurs et même hypothétiques : explications.

Le préjudice professionnel concerne tous les accidents corporels, notamment les accidents de la circulation, médicaux, domestiques et sportifs, les agressions. Il n'est exclu que lorsque le dommage corporel est pour ainsi dire inexistant. Depuis la nomenclature Dintilhac, qui donne une définition non limitative des différents postes de préjudices, le préjudice professionnel comprend trois catégories de dommages :

– Les pertes de gains professionnels actuels (PGPA) ;

– Les pertes de gains professionnels futurs (PAGF) ;

– L'incidence professionnelle (IF).

La nomenclature Dintilhac n'est pas obligatoire, mais elle est pourtant retenue par les Tribunaux et dans le cadre des règlements amiables des dommages.

Les pertes de gains professionnels actuels (PGPA), sont ainsi définies dans cette nomenclature : *« les pertes de gains liées à l'incapacité provisoire de travail, à la réparation exclusive du préjudice patrimonial temporaire subi par la victime du fait d'un accident, c'est-à-dire les pertes actuelles de revenus éprouvées par cette victime du fait de son dommage. Il s'agit là de compenser une invalidité temporaire spécifique qui concerne uniquement les répercussions du dommage sur la sphère professionnelle de la victime jusqu'à sa consolidation. »*

Les PGPA font donc partie du préjudice patrimonial, ces pertes actuelles de revenus sont temporaires, elles se calculent du jour de l'accident au jour de la consolidation des blessures. Par revenus, on entend pour les salariés leurs salaires. Cette perte de salaire nette est relativement facile à calculer, il est plus délicat de la définir lorsque la durée du dommage corporel est longue et en cas de reprise d'activité. A l'occasion de l'expertise médicale amiable ou judicaire, il est important de définir sans se tromper les périodes des PGPA totales ou partielles.

Il convient également de ne pas omettre de solliciter de la Caisse d'Assurance Maladie son relevé de créance, sur lequel apparaîtront les indemnités journalières (IJ) perçues par la victime, qui sont déductibles. Souvent les victimes ont le sentiment que ces indemnités journalières n'ont pas à être déduites, car elles ont cotisé au régime général de la sécurité sociale. Cette croyance est erronée dans le cadre de la réparation d'un dommage corporel quel qu'il soit. En effet, la victime ne peut jamais s'enrichir de son dommage corporel. Dans le cadre de la réparation intégrale du dommage, les préjudices sont réparables intégralement selon l'adage : « *Tout le préjudice, mais rien que le préjudice* ».

Il est regrettable de constater que, souvent, le relevé intégral des créances des organismes sociaux est long à obtenir, surtout lorsque l'accident est ancien et important. Ce défaut de production peut retarder l'indemnisation.

Pour les professions libérales, artisanales et commerçantes, la perte des revenus peut être une perte de chiffres d'affaires après déduction des charges variables et fixes, qui peut s'être accrue par l'embauche d'une tierce personne de remplacement et d'une perte de clientèle, surtout lorsque celle-ci est attachée aux prestations de la victime, et la perte de bénéfices.

Les pertes de gains professionnels futurs (**PGPF**) sont définies ainsi dans la nomenclature Dintilhac : *« la perte ou la diminution de ses revenus consécutive à l'incapacité permanente à laquelle elle est désormais confrontée dans la sphère professionnelle à la suite du dommage »*.

Les PGPF font donc partie du préjudice patrimonial, ces pertes futures de revenus sont permanentes, elles se calculent à compter de la date de consolidation des blessures. La perte ou la diminution de revenus peuvent recouvrir plusieurs situations, telle la perte définitive de toute activité, celle définitive ou partielle de son emploi, l'obligation de trouver un nouvel emploi avec ou sans reclassement, la perte de carrière ou d'avancement, l'impossibilité de travailler à plein temps ou en milieu ordinaire...

Là encore, pour les professions libérales, artisanales et commerçantes, les PGPF peuvent être une perte de chiffres d'affaires et/ou de bénéfices après déduction des charges variables et fixes qui peuvent s'être accrues par l'embauche d'une tierce personne de remplacement, et une perte de clientèle surtout lorsque celle-ci est attachée aux prestations de la victime. Souvent un avis comptable est nécessaire et à défaut d'accord entre les parties, le Tribunal ordonne la désignation d'un expert judiciaire comptable ou financier.

Les experts médicaux amiables ou judiciaires donnent leur avis sur les possibilités et sur les conditions, s'il y a lieu, de la reprise du travail. Des discussions importantes et discordantes apparaissent lors de ces expertises entre les deux parties : victime et compagnie d'assurances ou fonds. Dans le cadre d'un procès, c'est toujours le tribunal qui évalue le montant de la réparation de ce poste de préjudice, en tenant compte de l'avis de l'expert, du dossier professionnel et social de la victime, de ses éventuelles promotions, de sa carrière, de ses diplômes, de son âge, du marché du travail dans la branche d'activité, de la doctrine et de la jurisprudence. Dans le cadre d'une transaction, les parties doivent trouver un accord ou à défaut s'en remettre à justice.

Une fois définie la perte de revenus étayée d'un dossier circonstancié et détaillé avec jurisprudence à l'appui, il faut choisir le barème de capitalisation le plus favorable à la victime. Les tribunaux sont libres de retenir le barème de capitalisation qu'ils entendent, leur pouvoir est souverain. Le barème de capitalisation le plus favorable aux victimes est celui de la Gazette du Palais 2013 au taux de 1,20%, mais il est cependant loin d'être retenu par toutes les juridictions, qui peuvent retenir notamment le barème de la Gazette du Palais 2011 au taux de 2,35%, ou celui de la Gazette du Palais 2004 au taux de 3.20% ou bien d'autres encore.

Pour les enfants, cette évaluation est toujours difficile. Faute de références à faire valoir, on s'en tient aux notes scolaires, aux appréciations du livret scolaire, aux attestations des proches, de l'entourage familial, pour retenir un salaire moyen, le SMIC ou moindre selon la jurisprudence.

En outre, il ne faut pas omettre là encore que la pension d'invalidité est déductible des PGPF, que cette pension cesse d'être versée lorsque le bénéficiaire atteint l'âge de la retraite (60 et 62 ans selon l'âge de la naissance) et se transforme en retraite pour inaptitude. Là encore des calculs sont à faire pour réparer « *tout le préjudice et rien que le préjudice* ». La perte des annuités de retraite est souvent à envisager et à réclamer. Les PGPF sont réglées en principe en capital, cependant les tribunaux les accordent de plus en plus souvent en rente, surtout lorsque le dommage corporel est important.

Enfin, il convient de rappeler que, contrairement aux idées reçues, les prestations de solidarité (à titre d'exemple : RMI, RSA, AAH, ASS...) ne sont pas déductibles. Elles appartiennent définitivement à la victime et les régleurs ne peuvent les décompter dans le calcul les PGPA et PGPF. Concernant les indemnités chômage, celles-ci ne sont pas déductibles face à une compagnie d'assurances mais le sont lorsque l'indemnisation est due par le Fonds de Garantie ou l'ONIAM.

L'incidence professionnelle **(IP)** est ainsi définie par la nomenclature Dintilhac : *« cette incidence professionnelle a pour objet d'indemniser non la* *perte de revenus liée à l'invalidité permanente de la victime, mais les incidences périphériques du dommage touchant à la sphère professionnelle, comme le préjudice subi par la victime en raison de sa dévalorisation sur le marché du travail, de sa perte d'une chance professionnelle ou de l'augmentation de la pénibilité du travail, de sa perte de chance professionnelle ou de l'augmentation de la pénibilité de l'emploi qu'elle occupe, imputable au dommage, ou encore du préjudice subi qui a trait à sa nécessité de devoir abandonner la profession qu'elle exerçait avant le dommage au profit d'une autre qu'elle a dû choisir en raison de la survenance de son handicap. »*

Cette nouvelle appréciation du préjudice professionnel en est à ses débuts pour son évaluation jurisprudentielle. On peut retenir qu'elle s'apprécie lors de la consolidation des blessures et qu'elle couvre notamment la dévaluation sur le marché du travail, l'augmentation de la pénibilité à l'emploi, le fait d'abandonner sa profession, sa perte de chance professionnelle... En général, plus le taux du déficit fonctionnel permanent est élevé, plus cette incidence devrait être importante.

Le préjudice professionnel n'est pas un préjudice aisé à définir et à calculer. Là encore, l'assistance d'un avocat spécialisé est nécessaire au stade de l'expertise médicale amiable ou judicaire, puis devant le Tribunal ou lors d'un accord amiable.

Me Catherine MEIMON NISENBAUM

Avocate à la Cour d'Appel de PARIS

www.meimonnisenbaum.com – 09/2014

www.yanous.com 09/2014

Préjudice moral à géométrie variable

Variant de 35.000€ pour la perte d'un enfant à 8.000€ pour celle d'un frère ou d'une sœur, à 100.000€ en cas d'atteinte à une marque, voire 45 millions pour la réputation d'un couple célèbre, le préjudice moral est étrangement apprécié par la justice !

Les proches d'une victime d'un dommage corporel, notamment d'un accident de la route, d'une erreur médicale, d'une agression, d'un fait sportif ou autres sont en droit d'obtenir la réparation de leurs préjudices sous forme de dommages et intérêts qui tendent à réparer :

– si leur proche est décédé immédiatement, le préjudice moral d'affection et les préjudices matériels, frais d'obsèques, perte de revenus…

– si leur proche est décédé après de longs jours, après des semaines de souffrances, le préjudice moral dit d'accompagnement, en sus des préjudices autres que mentionnés ci-dessus ;

– si leur proche survit et conserve un handicap, le préjudice moral d'affection, le préjudice dit des troubles dans les conditions d'existence pour les proches vivant avec la victime, et les préjudices matériels dont les frais de transport…

En tout état de cause, les droits des proches suivent celui de la victime principale, ce qui signifie que si celle-ci a le droit d'être indemnisée intégralement, ses proches le seront également. En cas de partage de responsabilité ou en cas d'exclusions d'indemnisation, les proches seront indemnisés de la même manière.

On pourrait penser que rien n'égale la douleur d'un père ou d'une mère qui a perdu son enfant. Pourtant, force est de constater que le montant des indemnisations allouées en pareils cas par les tribunaux est bien inférieur à l'indemnisation d'autres préjudices moraux tels que notamment : les atteintes à l'honneur, à la réputation, à la vie privée des personnalités… Il est souvent avancé que l'on ne monnaye pas les larmes, ce qui expliquerait le montant dérisoire de ces indemnisations. Certes, mais dans ce cas il devrait en être de même pour toutes les larmes, pour toutes les souffrances.

On peut difficilement admettre que le préjudice moral d'un parent pour la perte d'un enfant unique soit indemnisé par la justice d'une somme de l'ordre de 35.000€ par parent, alors que d'autres préjudices moraux sont bien mieux indemnisés. Y aurait-il des souffrances plus nobles que d'autres ? Ou le fait de solliciter une indemnisation serait-il indécent ? Existe-il une échelle de valeurs différente dans la souffrance humaine ?

La jurisprudence confirme hélas que l'indemnisation du préjudice moral des proches est bien moins indemnisée que d'autres préjudices moraux. En voici quelques exemples :

– En février 2010, la Cour d'Appel de Basse-Terre (Guadeloupe) allouait à une personne ayant subi sur une longue période l'utilisation intempestive de son image, la somme de 50.000€ ;

– En septembre 2010, la Cour d'Appel de Paris condamnait la Société Ebay à payer la somme de 100.000€ au titre du préjudice moral à la Société Louis Vuitton pour avoir présenté à la vente des produits sans en vérifier l'authenticité ;

– En mars 2011, la Cour d'Appel de Paris condamnait un employeur à payer à un salarié qui avait été discriminé en raison de son homosexualité la somme 35.000€ ;

– En octobre 2011, la Cour d'Appel de Paris allouait la somme de 100.000€ à la SNCF en réparation de son préjudice moral en raison d'une publicité trompeuse ;

– En juin 2012, la Cour d'Appel de Poitiers allouait au propriétaire de la jument « Perte d'amour », décédée, la somme de 8.000€ au titre du préjudice moral ;

– En septembre 2012, la Cour d'Appel de Rennes allouait à Loïc Secher la somme de 600.000€ au titre de son préjudice moral en raison des sept années d'emprisonnement qu'il a effectuées à tort ;

– En janvier 2013, la Cour d'appel d'Aix-en-Provence allouait la somme de 20.000€ au titre du préjudice moral subi par un époux à qui son épouse avait fait croire qu'il était le père biologique de l'enfant qu'elle attendait.

Enfin rappelons que par sentence arbitrale dans l'affaire Tapie/CDR du 7 juillet 2008, le préjudice moral des époux Tapie était fixé à la somme de 45 millions d'euros (ils en avaient demandé 50 millions) pour avoir subi une longue procédure injustifiée pendant 14 années, et avoir fait l'objet notamment d'une violente campagne de presse utilisant abusivement le nom de Tapie (inscrit sur une poubelle pour les discréditer), de saisies publiques de leur mobilier qui seront annulées par la suite, de visites spectaculaires de leur appartement, notamment une journée « portes ouvertes » devant les caméras de télévision.

Par toutes ces décisions, on peut tout de même constater que, pour des préjudices moindres en comparaison de la douleur engendrée par le décès ou le handicap d'un être cher, le montant des indemnisations est nettement plus élevé. Peut-on comparer la douleur morale de la SNCF, celle du propriétaire d'une jument décédée, celle encore de cet homme injustement emprisonné, ou des époux Tapie à la douleur de parents qui perdent un enfant, à celle d'un conjoint, d'un frère ou d'une sœur ou de ceux qui vivent au quotidien avec l'être qu'il aime et qui conserve un très lourd handicap ?

Pourtant force est de constater qu'il existe bel et bien des larmes qui valent plus cher que d'autres. Comment admettre que la justice indemnise de la même manière le décès d'un frère ou d'une sœur et celui d'un cheval ? Comment admettre que la perte d'un enfant unique soit indemnisée pour des parents à hauteur de 35.000€ par les tribunaux, alors que la simple protection d'une marque déposée est évaluée à la somme de 100.000€. Indemnisation 2,5 fois supérieure à celle allouée pour la perte d'un enfant ? Sans compter l'indemnisation faramineuse de 45 millions d'euros dans le cadre de la sentence arbitrale des époux Tapie, soit 1.285 fois plus que pour la perte d'un enfant ! Où est la justice, où est l'équité, où se trouve le respect de la douleur des familles, de la mémoire des proches disparus ? Si l'argent ne répare pas la douleur des familles, ce n'est pas une raison pour allouer des indemnisations au rabais, ou alors il doit en être de même pour tous.

Le droit à la réparation du dommage corporel est un droit évolutif essentiellement jurisprudentiel. Il est particulièrement proche de l'humain, il doit donc aussi évaluer et prendre en compte ce préjudice qui est essentiel. Rien n'est plus grave que la douleur humaine, rien n'est plus difficile que de voir celui qu'on aime mourir, souffrir, ou n'être plus le même. La compensation financière, quelle que soit son montant, ne permettra pas d'effacer la douleur et les larmes des familles, mais elle doit au moins permettre une reconnaissance de cette souffrance. La justice ne peut pas être à deux vitesses. Force est d'espérer que ces exemples de jurisprudence permettront dans l'avenir une meilleure indemnisation des proches des victimes d'un dommage corporel. C'est une question d'Éthique.

Me Catherine MEIMON NISENBAUM

Me Nicolas MEIMON NISENBAUM

Avocats à la Cour d'Appel de PARIS

www.meimonnisenbaum.com – 10/2013

www.yanous.com 10/2013

Licenciement, inaptitude et pension

Le salarié qui perçoit une pension d'invalidité de 2e catégorie a droit à un reclassement professionnel, sous peine qu'un licenciement pour inaptitude soit jugé sans cause réelle et sérieuse.

Comme il est de règle pour tous les salariés, les personnes en situation de handicap qui sont classées en invalidité de deuxième catégorie ne peuvent faire l'objet d'un licenciement pour cause réelle et sérieuse en cas d'absence de propositions de reclassement au sein de l'entreprise, lorsqu'elles sont déclarées inaptes à leur poste de travail. Aux termes du Code de la Sécurité Sociale, les invalides sont classés en trois catégories :

– Catégorie 1 : « *invalides capables d'exercer une activité rémunérée* »,

– Catégorie 2 : « *invalides absolument incapables d'exercer une profession quelconque* »,

– Catégorie 3 : « *invalides qui, étant absolument incapables d'exercer une profession, sont, en outre, dans l'obligation d'avoir un recours à l'assistance d'une tierce personne pour effectuer les actes ordinaires de la vie* ».

Par ailleurs, une visite médicale de reprise du travail est obligatoire après une absence pour cause de maladie professionnelle, après une absence d'au moins huit jours pour cause d'accident du travail, après un congé de maternité, après une absence d'au moins vingt et un jours pour cause de maladie ou d'accident non professionnel, en cas d'absences répétées pour raison de santé.

C'est l'employeur qui doit prendre l'initiative de la visite médicale, le salarié doit s'y rendre. Ainsi, lorsque notamment à l'occasion d'une visite obligatoire, le médecin du travail conclut à l'inaptitude d'un salarié classé en 2e catégorie d'invalidité à tout emploi dans l'entreprise, cette décision ne dispense pas l'employeur de rechercher une possibilité de reclassement au sein de l'entreprise.

La Cour de Cassation dans un arrêt en date du 20 septembre 2006 (pourvoi n°05-406523) rappelle sa jurisprudence établie en ce sens depuis plusieurs années. En l'espèce, un salarié a été embauché en 1979 et reconnu en 1984 par la COTOREP comme travailleur handicapé, avec un taux d'invalidité de 80 %. Il a ensuite été classé par la Sécurité Sociale, en 2000, en deuxième catégorie d'invalidité. En 2001, le Médecin du travail l'a déclaré inapte à

« *tous postes dans l'entreprise* » et le salarié été purement et simplement licencié.

Le salarié a saisi la juridiction prud'homale estimant que son licenciement était infondé et ne reposait pas sur une cause réelle et sérieuse. Il a sollicité une indemnité pour licenciement sans cause réelle et sérieuse et une indemnité compensatrice de préavis. Son employeur a fait valoir qu'il ne disposait d'aucune possibilité de reclassement dans l'entreprise et que par conséquent son licenciement était justifié pour cause réelle et sérieuse. La Cour d'Appel donna gain de cause à l'employeur.

Sur pourvoi du salarié, la Cour de Cassation lui a donné gain de cause et a statué comme suit : « *Qu'en statuant ainsi, alors que seul le médecin du travail est habilité à apprécier l'aptitude du salarié à un poste de travail, et qu'il résultait de ses propres constatations que l'employeur n'avait fait aucune recherche effective des possibilités de reclassement par la mise en œuvre de mesures telles que mutations, transformations de poste de travail ou aménagement du temps de travail, la cour d'appel a violé le texte susvisé* ».

Par conséquent, un salarié en invalidité de 2e catégorie, soit en absence de propositions de reclassement de l'employeur, soit en l'absence de recherche sérieuse de reclassement de ce dernier, peut à juste raison obtenir gain de cause, voir juger un licenciement sans cause réelle et sérieuse et obtenir les indemnités y afférentes, notamment une indemnité pour licenciement sans cause réelle et sérieuse et une indemnité compensatrice de préavis.

Me Catherine MEIMON NISENBAUM

Avocate à la Cour d'Appel de PARIS

www.meimonnisenbaum.com – 02/2007

www.yanous.com 02/2007

Préjudice d'agrément et qualité de vie

Le préjudice d'agrément est un préjudice à caractère personnel non soumis aux recours des Caisses de sécurité sociale, son montant est donc intégralement versé à la victime. La jurisprudence l'a fait évoluer de manière extensive.

Classiquement, le préjudice d'agrément concernait les activités sportives, ludiques ou culturelles. On retenait essentiellement l'impossibilité ou la limitation, en raison du handicap, de la poursuite de certains sports ou de tous les sports pratiqués par la victime avant l'accident. Il n'est pas nécessaire d'avoir été inscrit avant l'accident dans un club sportif ou de pratiquer un sport de compétition pour revendiquer à juste titre la réparation de ce dommage. Les personnes blessées médullaires sont concernées par la réparation de ce préjudice car elles sont souvent dans l'impossibilité d'exercer une activité sportive, tout comme d'ailleurs les traumatisés crâniens, les brûlés, les amputés…

Depuis une vingtaine d'années, la définition du préjudice d'agrément est plus extensive, plus moderne, la jurisprudence retient également les atteintes à la qualité de la vie, *« aux habitudes de la vie sociale et aux joies usuelles de la vie courante »*. Pour les traumatisés crâniens notamment, en raison de leurs difficultés cognitives, leur qualité de vie quotidienne, familiale, sociale et professionnelle est profondément altérée. Il ne faut pas omettre que les enfants handicapés, quant à eux, n'auront jamais la possibilité de connaître les plaisirs de la vie d'enfants physiquement indemnes. Ce chef de préjudice s'étend sur toute leur vie, il est très important, et doit être indemnisé en conséquence.

Le Préjudice d'agrément est évalué par le médecin expert (amiable ou judiciaire) qui, en général, décrit les lésions et énumère les sports ou autres que la victime ne peut plus pratiquer, totalement ou partiellement. C'est l'avocat qui a la charge de réunir toutes les pièces (attestations, photographies, bulletin d'adhésion à un club sportif ou associatif…) et les faire parvenir à l'expert et à la partie adverse. Dans le cadre d'un procès, l'avocat de la victime présente ses demandes étayées par des pièces et des références de jurisprudence, l'avocat de la compagnie d'assurances fait valoir ses moyens, le Tribunal juge, il est souverain pour l'appréciation de ce préjudice et pour son évaluation.

L'indemnisation du préjudice d'agrément devant les juridictions de l'Ordre judiciaire dépend souvent de l'importance du handicap et de l'âge. Elle peut aller d'un montant très bas de l'ordre de 700 € dans les cas les moins graves à 60.000 € pour les dommages les plus importants, mais cette dernière évaluation reste exceptionnelle, en général, l'indemnisation des dommages les importants se situe plutôt aux alentours de 45.000 €. Chaque juridiction a sa propre jurisprudence et, par conséquent, les montants peuvent être très différents d'un Tribunal à un autre, d'où l'intérêt que donne le Code de Procédure Civile dans le choix de la compétence territoriale et donc du choix entre plusieurs juridictions. Devant les juridictions administratives, le préjudice d'agrément est également reconnu mais l'indemnisation est en général plus faible. Une fois encore, la reconnaissance de ce droit existe, mais il faut savoir l'établir, le défendre, l'indemniser.

Me Catherine MEIMON NISENBAUM

Avocate à la Cour d'Appel de PARIS

www.meimonnisenbaum.com – 05/2005

www.yanous.com 05/2005

Le préjudice professionnel

Un accident indemnisable a généralement un impact important sur l'activité professionnelle de la victime, générant un préjudice qui peut compromettre l'avenir.

L'incidence professionnelle dans le cadre de la réparation du préjudice corporel fait partie du préjudice soumis au recours de la Caisse de Sécurité Sociale, qui s'apprécie au moment de la consolidation et peut regrouper plusieurs situations, notamment : gêne ou fatigabilité dans l'exercice de son ancien métier, adaptation de son ancien poste de travail, impossibilité de reprendre son ancien emploi, impossibilité totale de travailler. L'incidence professionnelle dans le cadre de la réparation d'un dommage corporel (accident de la circulation, du travail, domestique, sportif, infraction, médical, etc.) sera prise en compte dans le dommage qui sera considéré. Cette indemnisation est donc une compensation financière qui doit réparer l'entier dommage subi par la victime.

Dans le cadre de l'expertise médicale, c'est le médecin qui donnera son avis sur l'incidence professionnelle, mais c'est le Tribunal qui appréciera ce chef de préjudice. Il faut également rappeler que le Tribunal n'est jamais lié par l'avis de l'expert judiciaire, qui est généralement suivi. L'expertise médicale n'est pas davantage liée par l'avis du médecin du travail. Toutefois, les décisions de reclassement professionnel prises par la COTOREP sont souvent retenues. Il est donc essentiel, là encore, d'être assisté par un médecin- conseil et par un avocat lors de l'expertise médicale, pour évaluer le préjudice professionnel.

Il est important de présenter un dossier complet de la situation professionnelle de la victime, ce qui permettra ainsi d'apprécier parfaitement son dommage, en tenant compte de son parcours scolaire, universitaire et professionnel, de son parcours professionnel de ses promotions et de son évolution professionnelle prévisible. Parfois les victimes sont au chômage ou en arrêt maladie au moment de l'accident, mais cela n'entraîne pas automatiquement l'exclusion d'une indemnisation au titre du préjudice professionnel, cela dépend des cas d'espèces et de l'incapacité de reprendre le travail indépendamment de l'accident.

Les Tribunaux retiennent l'existence d'une incidence professionnelle en raison de gênes imputables aux lésions de l'accident, ou à une obligation de reconversion dans un secteur d'activité difficile en raison du marché de l'emploi et de la formation de la victime. Il faut également tenir compte de la fatigabilité, qui peut provoquer un accident et qui aura des répercussions importantes sur la vie professionnelle.

Le préjudice professionnel des enfants pose des difficultés d'appréciation car ils ne sont pas encore rentrés dans le monde du travail ; il n'existe donc pas de référence. De ce fait, des indemnités forfaitaires sont allouées par les Tribunaux aux enfants, aux collégiens, aux universitaires qui ont perdu du fait de l'accident, une ou plusieurs années de scolarité ; mais pour les enfants gravement handicapés, les Tribunaux évaluent en général ce chef de préjudice sur la base du SMIC, ce qui est très contestable car on pénalise ces enfants qui sont des victimes et pour lesquels, dans le doute, est pronostiqué abusivement un avenir des plus modestes.

Ce préjudice est en général alloué, sous forme de capital, calculé sur un taux de rente établi par différentes tables dites « de mortalité », en fonction de l'âge et du taux d'incapacité au jour de la consolidation. Certaines juridictions retiennent le barème TD 88/90 Trésor Public qui est nettement plus avantageux que l'application du décret du 8 août 1986. Il faut donc connaître ses droits et les défendre car un accident corporel qui entraîne une incidence professionnelle peut créer un dommage susceptible de compromettre l'avenir.

Me Catherine MEIMON NISENBAUM

Avocate à la Cour d'Appel de PARIS

www.meimonnisenbaum.com – 03/2005

www.yanous.com 03/2005

Le préjudice moral d'une victime - une indemnisation trop rare

La victime d'un dommage corporel fait toujours état, avec raison, de son préjudice moral dans la mesure où un dommage corporel entraîne toujours une cassure plus ou moins importante dans sa vie quotidienne et sociale et brise une partie de sa personnalité et de sa qualité de vie qu'il convient de reconstituer.

La victime d'un dommage corporel fait toujours état, avec raison, de son préjudice moral dans la mesure où un dommage corporel entraîne toujours une cassure plus ou moins importante dans sa vie quotidienne et sociale et brise une partie de sa personnalité et de sa qualité de vie qu'il convient de reconstituer.

Mais les Tribunaux ne prennent pas en compte ce préjudice.

Le préjudice moral, d'une manière générale, est difficilement apprécié, peut-être parce que la doctrine a tendance à considérer que sa réparation est délicate puisque que d'une part, d'un point de vue éthique, on verse une somme d'argent pour compenser la souffrance morale et, que d'autre part, cette évaluation subjective est en partie arbitraire. Cependant, le préjudice moral et couramment admis par les Tribunaux lorsqu'il s'agit uniquement de la réparation des victimes indirectes ou par ricochets.

Un refus au nom d'une double indemnisation :

Le préjudice moral des victimes par ricochets (parents, enfants, conjoint, concubin grands-parents, frères et sœurs etc.) répare aussi bien le décès d'un proche que la souffrance morale que peut constituer pour l'autre l'incapacité de la victime. A l'inverse, les Tribunaux très rarement indemnisent les victimes directes de ce chef de préjudice.

Les Tribunaux qui ont en charge la réparation des préjudices corporels subis par la victime (notamment, pour les trop nombreux accidents de la route et infractions) ne prennent pas en compte la réparation de son préjudice moral lorsqu'elle est atteinte dans son intégrité physique et psychique. Pourtant, celle qui subit une incapacité garde très présent à la mémoire le souvenir de ce qu'elle était et a conscience de ce qu'elle est devenue, ses projets de vie s'en trouvant bouleversés.

Il est certain que plus l'incapacité est importante plus le préjudice moral l'est également. Dès qu'une victime, en raison notamment d'un accident de la circulation, médical, sportif, domestique ... ou d'une infraction, perd une partie de ses facultés et ne peut plus communiquer comment avant, elle éprouve souvent un sentiment profond de solitude, d'échec, de détresse, d'angoisse indescriptible parfois insurmontable.

Pour refuser l'indemnisation du préjudice moral de la victime, les régleurs des sinistres avancent que cette indemnisation est incluse dans les sommes allouées au titre des autres chefs de préjudices, comme le pretium doloris, le préjudice esthétique, le préjudice d'agrément, sexuel, professionnel, etc., et que l'on ne peut donc indemniser deux fois le même préjudice. Les Tribunaux acceptent cette thèse et rejettent les demandes au titre du préjudice moral de la victime.

Ce raisonnement n'a que l'apparence de la vérité, en effet, le préjudice moral est un épiphénomène, un phénomène secondaire lié à un autre dont il découle. En réparant par exemple le préjudice esthétique on ne répare pas la totalité du préjudice moral lié à ce dommage.

Réparer la perte de l'identité perdue :

À titre d'exemple, lorsqu'une victime, à la suite d'un accident, présente des cicatrices disgracieuses, elle perçoit au titre du préjudice esthétique des dommages et intérêts. Mais qu'en est-il de la souffrance morale de la victime lorsqu'elle saisit le regard des autres, regards souvent gênés ; lorsqu'elle est dans l'impossibilité partielle ou totale de se montrer en société et donc d'avoir une vie sociale. L'image qu'elle a de soi est modifiée, déformée, brisée.

Autre exemple : les dommages-intérêts alloués en réparation de la perte d'un emploi réparent le préjudice professionnel consécutif à une perte de salaire. Mais la souffrance morale d'une victime, qui continue à pourvoir par les indemnités allouées, à ses besoins et à ceux de sa famille, n'en est pas moins réelle. Elle est dévalorisée à ses yeux et souvent auprès des siens parce qu'elle est « à charge » souvent inactive et que ses ressources ne sont plus le fruit de son travail.

Le fait de percevoir une indemnisation pour compenser une perte de salaire, une perte d'autonomie dans le cadre de la tierce personne notamment, ne répare pas moralement une vie brisée.

Autre exemple : le préjudice sexuel. La perte de libido est ressentie à la fois comme une frustration mais aussi à l'égard de son partenaire comme une impuissance, une diminution de son identité.

Au-delà du handicap, ne pas oublier l'humain :

On pourrait, en analysant les différentes sortes de préjudices, couramment réparés par les Tribunaux, se rendre compte qu'ils sont souvent à double volet, l'un par rapport à la victime elle-même, l'autre par rapport à ses proches, à la société, à des tiers qui engendrent une souffrance morale pour la victime distincte des autres chefs de préjudice.

Pourtant, ces chefs de préjudices n'ont pas pour vocation de réparer la dignité humaine, la personnalité, le droit à l'image, la qualité de la vie...

On doit aborder le droit de la réparation du préjudice corporel en tenant compte tout particulièrement du respect de la dignité de l'être humain et reconnaître qu'une vie brisée pour une personne handicapée doit être réparée intégralement. Et ce en tenant compte de la perte d'une partie de sa personnalité, de son image, de sa qualité de vie, de sa propre perception et de celle du monde extérieur, de sa vie sociale, et aussi de la perte de ses projets et espoirs … et ce, durant souvent toute sa vie.

Lorsque l'on aborde la réparation du dommage corporel pour les personnes gravement handicapées, comment ne pas reconnaître l'existence d'un préjudice moral tel que décrit ci-dessus, qui doit être réparé distinctement et totalement.

On met toute une vie à se construire, à se sentir et en une fraction de seconde à la suite d'un accident notamment, tout bascule, tout se brise, et on voudrait que le préjudice moral de la victime soit écarté des débats.

On ne peut refuser l'indemnisation du préjudice moral de la victime qui est fondamental et qui constitue le seul préjudice personnel que la victime ne manque jamais de décrire et de revendiquer.

Il serait souhaitable que dans le cadre d'une indemnisation totale du préjudice corporel, que les Tribunaux après avoir examiné l'indemnisation de chaque poste de préjudice, prévoient un poste particulier pour le préjudice moral, ou à défaut, conviennent de créer un nouveau préjudice personnel : « *le préjudice de la perte de la qualité de la vie* » pour indemniser ce préjudice spécifique.

La reconnaissance du préjudice moral n'est pas seulement une simple revendication pécuniaire, mais c'est surtout la reconnaissance de la souffrance physique, de la dignité humaine.

Pour les personnes gravement handicapées, on ne peut pas nier l'existence d'un Préjudice moral considérable et donc de la perte de la qualité de la vie, à défaut, on ne répare pas l'intégralité de leurs préjudices.

Le Président de la République a déclaré que son septennat serait l'année du handicap, il est à espérer qu'au-delà du handicap, la société n'a pas oublié l'humain.

Me Catherine MEIMON NISENBAUM

Avocate à la Cour d'Appel de PARIS

www.meimonnisenbaum.com – 2004

MNH – Mutuelle Nationale des Hospitaliers n°143 – 11/2004 - www.mnh.fr

Editions ERES, Reliance 10/2008 N°28

Réparation du préjudice sexuel : une évolution plus qu'une révolution

A l'approche du 21e siècle, les problèmes sexuels ne sont plus tabous. Cette évolution dans les esprits permettra sans aucun doute à ce que la réparation du préjudice sexuel soit reconnue à sa juste valeur.

Au 19ème siècle, tout ce qui avait rapport avec le sexe était par les mœurs condamné ; le sexe était un sujet tabou. Il suffit de se rappeler du scandale soulevé par le déjeuner sur l'herbe de Manet et Napoléon III frappant de sa canne le tableau parce qu'il y avait une femme nue trônant en plein milieu de la toile. Il suffit d'évoquer le procès fait à Baudelaire pour son chef d'œuvre « Les fleurs du mal » ou encore de constater qu'en Faculté de médecine, il n'y avait pas de spécialité concernant la sexologie.

Une évolution dans cette fin de siècle :

Mais à la fin de ce siècle, l'état des mœurs s'est diamétralement modifié sur ce sujet et ce qui était caché, tabou, a envahi le domaine des mœurs… les problèmes sexuels ont déferlé dans la presse, le cinéma, la télévision, tous les moyens de communication ont été submergés par le sujet.

Les tribunaux, gardiens des bonnes mœurs, sont confrontés à ce nouveau problème avec une fréquence d'autant plus importante que les accidents de la voie publique, de plus en plus nombreux, entraînent souvent, par lésions d'organes, ou par suite de traumatisme crânien, la perte de la libido, désignée souvent sous le vocable de « préjudice sexuel ».

Les tribunaux n'ont pas immédiatement consacré l'existence autonome de ce chef de préjudice.

La loi stipule, en effet, que la réparation, notamment d'un accident de la circulation, doit être intégrale. Force est alors de reconnaître un des droits essentiels de l'être humain, sa sexualité et de l'indemniser totalement.

Un préjudice à part entière :

En premier lieu, lorsque l'on fait référence à un préjudice sexuel, plusieurs fonctions doivent être distinguées :

- l'aspect morphologique concernant les organes sexuels ;
- l'acte sexuel ;
- la procréation naturelle qui dépend en partie de l'acte sexuel.

Ces trois aspects peuvent exister tant chez l'homme que chez la femme et être altérés partiellement ou totalement. Il est certain que le préjudice sexuel recouvre « des troubles sexuels » plus ou moins importants. Plus particulièrement, les paraplégiques ont un préjudice sexuel considérable.

Les troubles sexuels dont ces personnes handicapées sont victimes, les amènent souvent vers le célibat. En effet, leur compagne et compagnon les quitte faute de pouvoir vivre avec eux leur sexualité.

Il est certain que ce préjudice doit être réparé distinctement et dans son intégralité.

Dans un premier temps, il a été indemnisé mais sans qu'ait été dégagée son autonomie, et il a longtemps subi l'emprise de l'I.P. P (incapacité permanente partielle) et fait partie de l'incapacité permanente.

La définition de l'incapacité permanente la plus usuelle est la suivante :

- « *réduction du potentiel physique psychosensoriel ou intellectuel dont reste définitivement atteint la victime* » dont l'état est consolidé : ce qui signifie que l'état de la victime ne peut plus être amélioré d'une façon appréciable.

L'inconvénient majeur pour la victime de la prise en compte du préjudice sexuel comme élément de l'I.P. P, est que les Caisses de Sécurité Sociale (appelées dans le jargon juridique tiers payeurs) exercent sur le montant de l'indemnité allouée par les Tribunaux en réparation de l'I.P.P., leur recours c'est-à-dire le droit de se faire rembourser, et par préférence à la victime, le montant de ses débours. Par ce biais, elles se font en fait rembourser des dépenses qu'elles ont exposées mais qui n'ont aucun rapport, aucun lien avec la réparation du préjudice sexuel.

Une réparation insuffisante :

Dans un second temps, certains Tribunaux ont intégré le préjudice sexuel dans le préjudice d'agrément, le faisant ainsi échapper au recours des tiers payeurs.

Mais cet amalgame avait un inconvénient ; l'indemnisation du préjudice sexuel était diluée dans l'ensemble du préjudice dit d'agrément et avait ainsi tendance à se réduire comme peau de chagrin. Les sommes allouées au titre du préjudice d'agrément sont rarement supérieures en jurisprudence à 53.357,16 € (350.000 F).

Pour faire cesser cette dérive, dans un arrêt récent du 19 novembre 1998 la 2ème Chambre Civile de la Cour de Cassation juge expressément que le préjudice sexuel est bien un préjudice personnel distinct.

Il est essentiel que les victimes sollicitent la réparation de leur préjudice sexuel distinctement de la réparation de leur préjudice d'agrément.

Mais pour autant, il ne semble pas que soit pris en compte la réalité des souffrances et conséquences engendrées par le préjudice sexuel, car les Tribunaux accordent très rarement plus de 76.224,51 € (500.000 F).

N'est-ce pas très insuffisant lorsque l'on met sur l'autre plateau de la balance tout ce qui a été perdu par les victimes d'un grave préjudice sexuel ?

Sans méconnaître les progrès apportés par les Tribunaux pour dégager le préjudice sexuel comme un élément propre distinct de l'I.P. P et du préjudice d'agrément, il reste encore un chemin à faire pour une juste indemnisation de ce chef de préjudice. Les victimes doivent persister à solliciter une plus juste indemnisation.

Les décisions américaines relatives au droit à la réparation corporelle sont peut-être excessives et ne correspondent pas aux normes françaises ; mais celles actuellement retenues en France pour la réparation du préjudice personnel et notamment pour le préjudice sexuel ne correspondent certainement pas à une réparation intégrale comme le préconise la loi.

Il faut donc toujours être vigilant, connaître ses valeurs et ses droits et solliciter une juste réparation de ces derniers.

Le droit à l'indemnisation ne doit pas être indemnisé au rabais.

Me Catherine MEIMON NISENBAUM

Avocate à la Cour d'Appel de PARIS

MNH – Mutuelle Nationale des Hospitaliers n°126 – 11/1999 - www.mnh.fr

www.meimonnisenbaum.com – 2000

TIERCE PERSONNE : AIDES HUMAINES

L'aide technique ne peut remplacer l'aide humaine

Une association proche des compagnies d'assurance affirme que des aides techniques peuvent remplacer l'aide humaine, alors qu'il ne s'agit que de faire des économies au détriment de la dignité et de la sécurité des victimes d'accidents corporels...

La réparation d'un dommage corporel coûte cher aux régleurs (compagnies d'assurances, Fonds de Garantie et autres fonds), car la Cour de Cassation défend sans relâche le principe de la réparation intégrale du dommage corporel. Ce principe essentiel est en effet indiscutable : la victime d'un dommage corporel doit être indemnisée intégralement de tous ses préjudices car elle n'est pour rien dans la survenance de son handicap. Certes, il peut être retenu un partage de responsabilité à l'encontre de la victime en raison de sa faute au sens large, mais son dommage corporel sera toujours réparé intégralement, un pourcentage de responsabilité restant alors à sa charge.

Actuellement, pour les dommages corporels graves, le poste de préjudice qui coûte le plus cher aux régleurs est indiscutablement celui de l'aide humaine ou tierce personne. Bien évidemment, au-delà de cette aide humaine, la victime peut avoir besoin d'aide technique. Cette aide technique est un des moyens pour aider les personnes handicapées à mieux vivre, mais elle ne vient qu'en complément de l'aide humaine. Les régleurs souhaiteraient que ces aides techniques, bien moins coûteuses, remplacent les aides humaines. Ils réaliseraient alors d'importantes économies... à l'encontre de la dignité et de la sécurité des personnes handicapées.

C'est ainsi que dans le cadre des expertises amiables ou judiciaires d'évaluation d'un dommage corporel, les régleurs avancent régulièrement l'argument selon lequel une aide technique peut remplacer une aide humaine. Ainsi le nombre d'heures humaines est proposé à la baisse par les régleurs, puisque selon eux les aides techniques remplacent les heures d'aide humaine. Les victimes, lorsqu'elles ne sont pas assistées par un avocat spécialisé lors des expertises amiables ou judiciaires, ne comprennent pas l'enjeu de cet argumentaire sophistiqué. Elles croient bien souvent que les régleurs leur offrent des avantages financiers en leur proposant des aides techniques alors qu'en réalité le nombre des heures humaines est proposé à la baisse. Ainsi, le montant total des heures des aides humaines est minoré, et le coût de l'indemnisation totale s'en trouve fortement dévalué.

Cette argumentation régulièrement avancée par les régleurs doit être combattue énergiquement, car elle est d'une part inexacte et d'autre part, elle déshumanise la vie des personnes handicapées en mettant en péril leur sécurité et leur dignité. Il est certain qu'une aide technique ne peut pas remplacer une aide humaine. L'aide technique n'est qu'un complément à l'aide humaine au service de la personne handicapée, ou de l'aidant familial ou professionnel, qui est libre de l'utiliser ou non, mais qui jamais ne peut remplacer l'aide humaine. On ne peut confondre complémentarité et substitution : à défaut, la personne handicapée est fortement lésée dans ses besoins et dans ses droits.

En décembre 2012, le Président de l'AREDOC (Association pour l'Etude de la Réparation du Dommage Corporel) a publié un article dans la Gazette du Palais (n° 335 à 336), qui défend cette thèse favorable aux compagnies d'assurances et présente des exemples qui sont des plus contestables. Il faut préciser que le Conseil d'Administration de l'AREDOC est constitué uniquement de compagnies d'assurances. Les exemples infondés que présente l'AREDOC sont ceux que l'on rencontre fréquemment dans le cadre des expertises amiables et judiciaires et devant les Tribunaux et qui peuvent séduire à tort.

Notamment, sous la plume de son Président, l'AREDOC écrit : « *Voici quelques exemples concrets d'interactions relevés lors de la réalisation d'aménagements : 1 – Mettre en place un contrôle d'environnement a un impact sur la quantification des besoins en aide humaine dès lors qu'il pallie certains actes devenus impossibles à effectuer* ». Les besoins des personnes gravement handicapées et leurs difficultés spécifiques résultant d'un handicap spécifique sont-ils bien compris ? Le contrôle de l'environnement est proposé généralement lorsque la victime gravement handicapée ne peut se déplacer seule car elle est souvent en fauteuil roulant. Afin d'améliorer son confort quotidien, elle peut bénéficier d'aides techniques tels des volets électrifiés avec ou sans télécommande, une cuisine adaptée, des rangements adaptés. Le « contrôle d'environnement » ne peut certainement pas supprimer l'aide humaine, ce n'est pas parce que l'on peut ouvrir et fermer des volets électrifiés ou déclencher une alarme que l'on peut pour autant rester seul et se passer d'une aide humaine. Le premier exemple présenté par l'AREDOC n'est pas pertinent.

Les aides techniques servent à faciliter la vie quotidienne, les aides humaines à assurer en plus la sécurité et la dignité de la personne handicapée. Avoir perdu tout ou partie de son autonomie, cela veut également dire avoir perdu tout ou partie de ses relations sociales et humaines, et l'aide technique ne peut y pallier. L'aide humaine est bien sûr l'aide qui supplée une fonction qui est perdue en tout ou partie par la personne handicapée, mais c'est aussi pour la personne handicapée une présence humaine : une personne avec qui elle parle, qu'elle ressent, à qui elle se livre. La personne handicapée qui a perdu ses fonctions de déplacement ou cognitives demeure un « *Être humain* » qui a droit à des rapports humains, elle n'est pas devenue du fait de son handicap un robot électrifié dépourvu d'âme. Avant son accident, la victime ne vivait pas dans un univers robotisé et électrifié, sa sécurité et sa dignité étaient assurées. Cette aide technique est un complément pour mieux vivre, mais pas une substitution à l'aide humaine.

Le deuxième exemple de l'AREDOC est tout aussi surprenant et infondé : « *Installer un système de surveillance sécurisée (caméras téléphoniques, fil bleu, téléalarme ou autres) permet de réduire la nécessité d'une présence permanente auprès de la personne handicapée* ». Là encore, les régleurs touchent à la sécurité et à la dignité même des personnes handicapées. En effet, les personnes tétraplégiques, paraplégiques, traumatisées crâniennes, amputées et les non-voyants notamment ne peuvent à l'évidence être en sécurité par l'installation d'une alarme sans un accompagnement humain. En cas d'incendie, de chute, d'effraction ou autres, la personne handicapée ne peut être secourue, si elle est seule, sans aide humaine. Le système de surveillance ne rendra pas l'usage de leurs membres aux personnes en fauteuil roulant, ni la vue aux personnes non-voyantes ou ses facultés de raisonnement à une personne traumatisée crânienne qui sera prise de panique, qui ne pourra ni anticiper, ni mesurer ni même comprendre le danger. Si elle est seule, la personne handicapée ne sera pas secourue à temps. Sa vie sera à l'évidence en danger.

La victime atteinte d'un traumatisme crânien, en cas de panique, ne peut pas prendre la bonne décision et la victime médullaire peut ne pas pouvoir prendre son fauteuil, s'y installer, et peut même tomber de celui-ci. Que se passerait-il en cas de panne du système ? Peut-on réellement se permettre de risquer la vie d'un être humain pour réaliser des économies ? L'installation de caméras de surveillance pour les personnes handicapées est une solution complémentaire qu'il leur appartient de choisir. Un tel dispositif n'améliorerait en rien la sécurité des victimes. En cas de danger signalé par la personne handicapée (en supposant que celle-ci signale le danger) à la personne se trouvant derrière l'écran de contrôle, en combien de temps la personne handicapée sera-t-elle secourue ? L'incendie attendra-t-il les secours, l'agresseur attendra-t-il la police ? L'accident attendra-t-il l'aide humaine ?

On peut aussi faire appel à des services privés. Cependant, on le sait et les médias ne manquent pas de le rappeler, lorsque les systèmes d'alarme contre le vol se déclenchent, les agents de sécurité mettent un certain temps pour se déplacer et parfois ne se déplacent même pas. Peut-on vraiment prendre de tels risques avec la vie des gens ? Quant à la dignité de la personne, l'installation d'un système de surveillance à la place d'une aide humaine plongerait la personne handicapée dans un silence absolu, indépendamment de ses besoins quotidiens et vitaux auxquels elle a droit, sans plus aucun contact humain. Mais surtout, comment peut-on oser proposer de placer sous vidéo surveillance des personnes handicapées ! Les personnes handicapées sont-elles devenues des détenues, un ennemi public numéro un, des animaux en cage ? Ces caméras devraient-elles être dans toutes les pièces, dans les salles de bains, les toilettes, la chambre à coucher ? Cette proposition est une atteinte inacceptable au Droit à la dignité et au Droit à la vie privée de tout être humain. Le coût de l'indemnisation est-t-il à ce prix ?

Le dernier exemple de l'AREDOC est tout aussi édifiant : « *Adopter un système de géolocalisation pour une personne traumatisée crânienne permet de la localiser en permanence, de l'aider à se déplacer seule et à se repérer dans l'espace* ». Les lésions et besoins d'une personne traumatisée crânienne ont-ils été clairement compris, pour proposer une telle solution ? Tout d'abord, et à l'évidence, une personne traumatisée crânienne ne peut être repérée, déplacée, orientée, comme une balise « Argos » conçue pour les animaux. Les compagnies d'assurances portent atteinte au respect de la dignité humaine. De plus, si une personne traumatisée crânienne s'est perdue et qu'elle doit être retrouvée, c'est bien qu'initialement un défaut de surveillance humaine a permis sa fugue. Les fugues peuvent être évitées précisément si des aides humaines de surveillance et à l'incitation sont retenues. Le système de géolocalisation n'est que la conséquence d'un manque d'aide humaine et ne peut donc remplacer celle-ci.

Le système de géolocalisation le plus souvent avancé, qui pourrait permettre à une personne traumatisée crânienne de se « *déplacer seule et à se repérer dans l'espace* ». est le GPS qui est installé notamment dans les véhicules pour aider une personne valide, et non une personne traumatisée crânienne, à circuler sur la voie publique. Il ne faut pas oublier qu'un traumatisé crânien a, en général, des difficultés de mémoire, d'orientation, de concentration et d'incitation… De plus, son caractère est souvent irascible et sujet à des déséquilibres, sa fatigabilité est un facteur important à prendre en compte dans son comportement et ses capacités. Ce GPS empêcherait-il une personne traumatisée crânienne de traverser au feu rouge, en dehors des clous, sans regarder ? Ce GPS l'empêcherait-elle de se faire agresser dans la rue, de faire de mauvaises rencontres, de se faire abuser par un tiers devant sa vulnérabilité

? Et après tout avec l'aide de ce GPS, pourquoi ne pas envisager la conduite de voitures pour les personnes traumatisées crâniennes ? Mais qui pourrait contrôler notamment leurs réactions face à un embouteillage, au contrôle de la vitesse, du code de la route, d'un simple incident ?

Il est certain que les aides techniques peuvent aider les personnes handicapées à mieux vivre, mais certainement pas à remplacer l'aide humaine. En outre, à force de vouloir oublier l'humain par mesure d'économie, on sera amené à penser que les aides techniques effacent le handicap, comme par magie. A titre d'exemple, le fauteuil roulant pour une personne atteinte d'une lésion médullaire est certes indispensable, mais il ne peut à l'évidence lui permettre de marcher, courir, se mouvoir, se lever, s'accroupir, se relever… pourtant durant les expertises notamment, on a souvent l'impression que le fauteuil roulant a remplacé les membres inférieurs.

De même, en ce qui concerne le véhicule adapté, sous prétexte que ce type de véhicule peut être coûteux, les régleurs considèrent que si une personne atteinte d'une lésion médullaire peut conduire, il convient de lui retirer des heures de tierce personne. Cet argumentaire est, là encore, une hérésie car une personne en fauteuil roulant peut, car elle est plus fragile et qu'elle a des lésions, ne pas être en mesure de conduire tout le temps, tous les jours, et qui aussi l'aidera en toutes hypothèses pour circuler, pour ses courses ?

Les aides techniques sont des aides essentielles, qui viennent en compléments de l'aide humaine mais ne la remplacent jamais. Proposer le contraire porte atteinte à la sécurité et à la dignité des personnes handicapées. Toutes les victimes que nous avons défendues nous précisent toujours qu'elles auraient préféré sans discussion bénéficier de leur vie antérieure plutôt que d'obtenir une indemnisation, si extraordinaire soit-elle. De grâce, il ne faut pas les indemniser au rabais et les assimiler à des robots au mépris de leur sécurité et de leur dignité. On ne peut défendre le principe de la réparation intégrale d'un dommage corporel en proposant des solutions financières au rabais.

La jurisprudence de la Cour de Cassation défend certes sans cesse, s'appuyant sur l'existence du principe de la réparation intégrale du dommage corporel, le droit des victimes et des personnes handicapées, mais il n'est pas certain que les compagnies d'assurances ne parviennent pas un jour à leurs fins. En effet, le Ministère de la Justice vient de se positionner pour l'application d'un référentiel d'indemnisation, se ralliant ainsi à l'argumentaire des compagnies d'assurances, et il en sera peut être de même pour les aides techniques notamment.

Il appartiendra au législateur de se prononcer, mais force est de constater que les compagnies d'assurances représentent un conglomérat financier exceptionnel, qui développe un lobby auprès des pouvoirs publics, afin de défendre leur intérêt. Il semblerait qu'à l'inverse, les victimes soient un coût important qu'il faut réduire. Fort heureusement, il existe des personnes handicapées, des familles, des associations, des avocats spécialisés notamment qui se battent sans relâche pour défendre le Droit du dommage corporel et le Principe de la réparation intégrale du dommage corporel. Il faut donc plus que jamais être vigilant et défendre le Droit du dommage corporel et le Principe de la réparation intégrale du dommage corporel en toute situation.

Me Catherine MEIMON NISENBAUM

Me Nicolas MEIMON NISENBAUM

Avocats à la Cour d'Appel de PARIS

www.meimonnisenbaum.com – 02/2013

www.yanous.com 02/2013

PS : (Mai 2024)

Pour les dommages corporels graves, selon les besoins et le taux d'incapacité, les Tribunaux de l'ordre Judiciaire peuvent allouer pour la tierce personne une durée supérieure à 24 heures, et même l'assistance de deux personnes sur la même période. Le calcul annuel retenu est de 410 jours pour tenir compte des congés payés notamment dans le cadre prestataire. Que de même le taux horaire pour la tierce personne peut atteindre 18 à 20 euros de l'heure pour la tierce personne active, voire beaucoup plus si la victime est assistée d'un service prestataire plus élevé.

Par ailleurs, Il n'existe pas de barème de capitalisation officiel ni obligatoire en droit du dommage corporel.

Le choix du barème de capitalisation est très important pour évaluer les préjudices patrimoniaux permanents futurs qu'ils soient viagers ou temporaires.

Actuellement, le barème de capitalisation le plus favorable aux victimes d'un dommage corporel et retenu en justice est celui publié par la Gazette de Palais de 2022, au taux de 0%. Cependant, parfois selon certains cas d'espèces, il peut être intéressant de solliciter l'application d'un autre barème de capitalisation.

Aides techniques contre aides humaines ?

L'évolution et la variété des aides techniques peuvent-elles peser sur l'indemnisation d'un préjudice corporel ? Les assurances y voient une source d'économie, mais la justice rechigne à les suivre.

La définition des aides techniques qui est donnée par la norme ISO 9999 est la suivante : « *Tout produit, instrument, équipement ou système technique utilisé par une personne handicapée, fabriqué spécialement ou existant sur le marché, destiné à prévenir, compenser, soulager ou neutraliser la déficience, l'incapacité ou le handicap* ». Les aides techniques sont donc des moyens permettant à une personne en situation de handicap de retrouver une autonomie et/ou de se maintenir dans son cadre de vie et dans la société. Mais avant tout, l'aide technique doit être un outil de compensation des incapacités au service de la personne handicapée et ne doit en aucun cas anéantir ses droits relatifs à la tierce personne. Dans le cadre de l'indemnisation du préjudice corporel, on constate un glissement de l'aide humaine vers l'aide technique, la première devant être défendue farouchement pour permettre aux personnes concernées de sauvegarder leurs droits. Deux exemples de jurisprudences sont à relever :

1. Cour d'Appel de Paris, 17e Chambre Section A, arrêt du 18 septembre 2000 :

Une victime accidentée de la route a été reconnue, par un expert judiciaire, atteinte d'une Incapacité Physique Permanente (I.P.P) de 90 % rendant nécessaire une tierce personne 24h/24 à raison de huit heures actives et, le reste du temps, d'heures de surveillance pouvant être assurées, selon l'expert, soit par une aide humaine soit par des systèmes sophistiqués, notamment d'alarme et d'assistance. La Compagnie d'Assurances demandait en justice que les heures de surveillance soient assurées par une aide technique moins onéreuse qu'une aide humaine. La Cour d'Appel de Paris, confirmant le jugement du Tribunal de Grande Instance de Paris, a considéré que « *Les moyens modernes d'alarme et de télésurveillance ne sont pas, en l'espèce, adaptables au handicap particulier de M. X...* »

2. Cour d'Appel de Paris, 1ère Chambre B, arrêt du 24 novembre 2000 :

La victime d'une infraction, traumatisée crânienne grave, a été reconnue, par un expert judiciaire, atteinte d'une I.P.P de 90 % rendant nécessaire une tierce personne 24h/24 à raison de six heures actives et, le reste du temps, d'heures de surveillance. Le rapport d'expertise prévoyait la possibilité de reconsidérer la réévaluation des aides humaines après la réalisation de « *l'aménagement du domicile intégrant des moyens modernes de domotique, de surveillance avec vidéosurveillance, de détecteur de fumée et de télétransmission.* » Le Fonds de Garantie sollicitait donc devant la Cour un complément d'expertise pour apprécier la diminution de l'évaluation des aides humaines au regard des aides techniques nouvellement mises en place. La Cour a débouté le Fonds de Garantie de ce chef de demande au motif que « *Le Docteur a précisé que 'l'état neurologique de la victime ne permettait pas l'utilisation de certains progrès de la domotique comme la commande vocale, que les experts ont admis que M. Y. ne pouvait faire face seul à la moindre situation périlleuse telle une complication de santé, un incendie, une chute depuis son fauteuil ou son lit, une simple envie de boire, d'aller aux toilettes', qu'en conséquence, eu égard à la nécessité d'assistance permanente pour tous les actes de la vie courante et d'une surveillance rapprochée pour faire face aux éventuelles situations d'urgence qui ne sauraient être réglées, sans risques, par des aménagements domotiques, il convient de rejeter la demande de réserve quant à l'évaluation de la tierce personne et de complément d'expertise…* »

Ces décisions sont essentielles car elles rappellent, avant tout, l'obligation de sécurité et le droit à la dignité pour toute personne en situation de handicap. On peut également indiquer que dernièrement, dans des procès concernant des personnes handicapées sévères, tétraplégiques et paraplégiques, les défendeurs et Compagnies d'Assurances sollicitaient, en raison notamment du coût élevé d'un véhicule adapté très perfectionné, la diminution de l'évaluation de l'aide humaine pendant les temps de trajet sous prétexte que les personnes blessées médullaires seraient, pendant ce laps de temps, plus autonomes. Ce procédé doit être combattu car un accident, un malaise, est toujours possible et la personne handicapée se trouvera seule, au péril de sa sécurité voire de sa vie. Il convient de souligner, de plus, que les problèmes liés à l'accessibilité ne sont pas résolus ainsi que ceux de l'aide à l'accompagnement. Les aides techniques sont importantes ; cependant, il ne faut pas confondre les genres : aider une personne en situation de handicap, c'est lui permettre d'accéder à une vie meilleure au quotidien sans pour autant la pénaliser.

Me Catherine MEIMON NISENBAUM

Avocate à la Çour d'Appel de PARIS

www.meimonnisenbaum.com – 12/2004

www.yanous.com 12/2004

La tierce personne : évolution jurisprudentielle

A la suite d'un accident corporel ou d'une infraction, la personne handicapée, enfant ou adulte, a besoin le plus souvent, de l'intervention d'une tierce personne.

La victime d'un accident de la route, du travail, domestique, sportif, médical, etc., est en droit d'obtenir l'indemnisation de cette aide humaine. Dans la majorité des cas, c'est une compagnie d'assurances ou le fonds de garantie qui effectue ce paiement, soit après accord amiable, soit dans le cadre d'un procès.

Ce poste de préjudice est essentiel pour la réparation du dommage corporel grave, car le besoin en tierce personne est dans ce domaine plus présent, notamment pour les paraplégiques, les traumatisés crâniens et les amputés.

La circulaire du Ministère des affaires sociales du 5 juin 1983 définit la tierce personne dans les actes de la vie courante à savoir : Autonomie – Alimentation – Procéder à des besoins naturels.

Depuis 1997, la jurisprudence de la Cour de Cassation a jugé que les membres de la famille pouvaient être rémunérés au titre de la tierce personne. Ainsi, la prestation pour tierce personne ne peut être réduite en cas d'assistance d'un membre de la famille (Cass. 2 CIV 19/06/2003).

Que de même, il n'est nullement besoin de rapporter la preuve du paiement, ni de la tierce personne, ni des charges sociales y afférentes pour obtenir le règlement de la prestation (Cass. 2.CIV-14/11/2002).

La prestation tierce personne s'apprécie au jour de la consolidation, néanmoins, elle peut être allouée pour la période antérieure. Il est fréquent cependant que la personne handicapée retourne vivre partiellement ou totalement à son domicile ou dans un Centre d'hébergement avant la date de consolidation. Dans ce cas, on peut obtenir une provision à valoir sur le préjudice total devant le Juge des référés ou devant le Tribunal.

Il est primordial de bien définir les besoins en aide humaine par rapport au handicap, de savoir les exposer, les argumenter lors du débat contradictoire pour faire valoir les droits de la victime. C'est la raison pour laquelle, l'assistance d'un médecin-conseil au côté de cette dernière est nécessaire.

Dans le cadre d'un procès, c'est l'expert judiciaire désigné par le Tribunal qui donnera son avis sur les besoins en aide humaine : le nombre d'heures et les qualifications requises, actives, passives, médicalisées, non médicalisées, de nursing, de surveillance, d'aide-ménagère, etc.

Le nombre d'heures de tierce personne est très variable soit : 1 heure à 24 heures – sept jours sur sept. Le prix horaire est lui aussi variable puisque les Tribunaux ont un pouvoir souverain d'appréciation : il peut être compris dans une fourchette de 8 à 13 euros de l'heure en moyenne, le taux horaire sera différent selon la qualification de l'aide.

Le nombre d'heures journalier retenu par l'expert permet de déterminer la dépense annuelle d'une telle aide, ce montant annuel est ensuite capitalisé sur un taux de rente établi par différentes tables dites « de mortalité », en fonction de l'âge et du taux d'incapacité au jour de la consolidation. Certaines juridictions retiennent actuellement le barème TD 88/90 Trésor Public qui est nettement plus avantageux que l'application du décret du 8 août 1986 (de l'ordre de 50%).

Ce barème TD 88/90 Trésor public est fondé sur une table de mortalité plus récente (celle homologuée en 1993) et sur un taux d'intérêt de 3,01 %; c'est pourquoi la 17ème Chambre de la Cour d'appel de Paris dans un arrêt rendu le 28 octobre 2002 l'a appliqué pour la réparation du préjudice corporel : *« ...C'est à tort que le Tribunal a indemnisé ce poste de préjudice au moyen du barème issu du décret du 8 août 1986 et non de celui qui ressort du barème TD 88/90 utilisé non seulement par le Trésor Public mais aussi par les assureurs eux-mêmes... »*

Il est donc important, lorsque l'on saisit une Juridiction pour solliciter l'indemnisation du préjudice corporel d'une victime, de bien choisir, dans la mesure du possible et dans le respect des règles du Code de procédure Civile, celle dont la jurisprudence est la plus favorable à la victime.

La Cour de Cassation a jugé que la réparation du préjudice corporel doit être intégrale, il convient donc d'indemniser largement la tierce personne afin de permettre à la personne handicapée de bénéficier d'une autonomie, d'une qualité de vie et d'assurer sa sécurité pour se rapprocher le plus possible de l'état physique et moral dans lesquels elle se trouvait avant l'accident.

Me Catherine MEIMON NISENBAUM

Avocate à la Cour d'Appel de Paris

www.meimonnisenbaum.com – 10/2004

www.yanous.com – 10/2004

PS : (Mai 2024)

Pour les dommages corporels graves, selon les besoins et le taux d'incapacité, les Tribunaux de l'ordre Judiciaire peuvent allouer pour la tierce personne une durée supérieure à 24 heures, et même l'assistance de deux personnes sur la même période. Le calcul annuel retenu est de 410 jours pour tenir compte des congés payés notamment dans le cadre prestataire. Que de même le taux horaire pour la tierce personne peut atteindre 18 à 20 euros de l'heure pour la tierce personne active, voire beaucoup plus si la victime est assistée d'un service prestataire plus élevé.

Par ailleurs, Il n'existe pas de barème de capitalisation officiel ni obligatoire en droit du dommage corporel.

Le choix du barème de capitalisation est très important pour évaluer les préjudices patrimoniaux permanents futurs qu'ils soient viagers ou temporaires.

Actuellement, le barème de capitalisation le plus favorable aux victimes d'un dommage corporel et retenu en justice est celui publié par la Gazette de Palais de 2022, au taux de 0%. Cependant, parfois selon certains cas d'espèces, il peut être intéressant de solliciter l'application d'un autre barème de capitalisation.

Préjudice : avec le temps...

Le niveau d'indemnisation d'un dommage corporel peut être réévalué en fonction de l'évolution des conditions de vie du bénéficiaire, sans que les séquelles soient invoquées : jurisprudence.

La 2e Chambre Civile de la Cour de Cassation a rendu, le 19 février 2004, un arrêt essentiel en matière d'aggravation qui va permettre, si cette jurisprudence se confirme, de pouvoir enfin tenir compte de l'évolution de la vie sociale, situationnelle des victimes, et non uniquement de leur état séquellaire pour apprécier l'aggravation d'un dommage corporel. Il convient de rappeler qu'une victime peut toujours, même après une transaction ou une décision de justice définitive, solliciter, dans le délai de la prescription, la réouverture de son dossier afin d'obtenir l'indemnisation d'une aggravation de son état de santé.

Dans cette affaire, une jeune femme âgée de 18 ans a été victime d'un accident de la circulation en avril 1989 au cours duquel elle fut gravement blessée : traumatisme crânien grave. En février 1994, le Tribunal de Grande Instance de Paris rendait un jugement définitif et, statuant sur la liquidation du préjudice, lui allouait pour ses lésions personnelles au titre de la tierce personne trois heures de ménage par jour et une aide à raison de trois heures par quinzaine. En mars 1995, cette victime mettait au monde un enfant. En juillet 1995, elle assignait le responsable de son accident de la circulation et son assureur devant le Président du Tribunal de Grande Instance de Rouen, en référé, et sollicitait une nouvelle expertise judiciaire, à l'effet de déterminer les séquelles dont elle restait atteinte suite à l'accident et qui l'empêchait de s'occuper de son enfant. Elle demandait donc que soient évaluées les heures supplémentaires de tierce personne dont elle avait besoin consécutivement à la naissance de son enfant.

Les experts judiciaires déposaient leur rapport et concluaient qu'il n'y avait pas aggravation de l'état séquellaire de la victime, mais qu'elle n'était pas en l'état, en raison de son handicap, d'élever seule son enfant et qu'à cette fin il lui fallait trois heures d'aide-ménagère supplémentaires tous les jours, jusqu'à ce que l'enfant soit admis en C.M 2. Devant le Tribunal de Grande Instance de Rouen, les défendeurs, avaient fait valoir qu'en vertu de l'autorité de la chose jugée, cette demande ne pouvait être accueillie. Cependant, le Tribunal a fait droit à la demande de la victime par jugement en date du 4 février 1997 et lui a alloué « *compte tenu de l'impossibilité de s'occuper seul de son enfant* » l'attribution de trois heures d'aide-ménagère supplémentaires par jour jusqu'à la fin de la scolarité primaire de l'enfant.

En 2000, la victime mettait au monde un deuxième enfant. Le responsable de l'accident de la circulation et son assureur interjetaient appel de cette décision devant la Cour d'Appel de Rouen, qui accueillait favorablement leur recours au motif notamment que « *la naissance des deux enfants issus de la relation maritale avec M. X ne constitue pas un préjudice juridiquement responsable* » et que l'état clinique de Mme X « *a été déclaré rigoureusement stable depuis plusieurs années; qu'il n'a été retenu aucune aggravation de son état séquellaire à la suite de la naissance de ses enfants* ».

La victime saisissait la 2e Chambre Civile de la Cour de Cassation qui, par arrêt en date du 19 février, 2004, lui donnait entièrement satisfaction et cassait l'arrêt de la Cour d'Appel de Rouen, au motif « *qu'en statuant ainsi, alors que le préjudice dont Mme X demandait réparation était constitué par l'augmentation, en raison de la présence de ses deux enfants, de l'aide-ménagère dont l'indemnisation lui avait été précédemment accordée à titre personnel en raison de son handicap, et que ce préjudice économique nouveau, indépendant de l'évolution de l'état séquellaire de la victime, n'avait pas été pris en compte par le jugement, antérieur à la naissance des enfants, la Cour a violé le texte et le principe susvisés* ».

Cet arrêt est très important puisqu'il permet enfin d'introduire dans la notion d'aggravation, l'évolution de la vie des personnes handicapées, qui ne voient effectivement pas leur état séquellaire se modifier, mais peuvent en raison de leur handicap être incapables, notamment, d'avoir une vie familiale normale, et avoir besoin d'aide supplémentaire. Cette victime est en droit d'avoir des enfants, il est certain que même sans aggravation de son état séquellaire, elle a besoin d'une aide supplémentaire consécutive à la naissance de ses enfants qu'elle ne peut élever seule en raison de l'accident.

Statistiquement, on sait malheureusement que les jeunes sont plus souvent concernés par les accidents de la circulation, mais également par les infractions, accidents sportifs et autres, il est donc capital de sauvegarder leur droit de mettre au monde des enfants et de pouvoir les élever normalement. De même, cet arrêt peut permettre d'appréhender d'autres situations de la vie quotidienne, à condition que le besoin d'aide supplémentaire ait un lien de causalité avec l'accident initial. L'état situationnel est tout aussi important que l'état séquellaire, cette victime a revendiqué ses droits et le respect de la vie privée, elle a obtenu satisfaction.

Me Catherine MEIMON NISENBAUM

Avocate à la Cour d'Appel de PARIS

www.meimonnisenbaum.com – 04/2005

www.yanous.com – *04/2005*

*** Cette très importante décision a été obtenue par Me André MEIMON, avocat à la Cour d'Appel de PARIS.

La tierce personne : une indemnité due aux personnes handicapées

Dans le cadre de la réparation corporelle, la personne handicapée sollicite de plus en plus souvent des Tribunaux une indemnité au titre de la tierce personne et le nombre de demandeurs ne cesse de croître.

Dans le cadre de la réparation corporelle, la personne handicapée sollicite de plus en plus souvent des Tribunaux une indemnité au titre de la tierce personne et le nombre de demandeurs ne cesse de croître.

Indemnisation pour assumer les besoins de la vie quotidienne représente des condamnations très importantes d'où l'intérêt de savoir utiliser ce chef de réparation qui devient un des postes de préjudice le plus élevé financièrement et qui détermine la vie quotidienne de la personne handicapée.

Procès ou transaction amiable :

Il faut savoir que cette indemnité peut être allouée par les Tribunaux dans le cadre d'un procès ou à l'amiable dans le cadre d'une transaction et concerne les personnes handicapées victimes, notamment :

d'un accident de la circulation (application de la loi Badinter n°85-677 du 05 juillet 1985).

d'une infraction (application des articles 706-3 à 706-15 et R 50-1 à R 50-28 du Code de Procédure Pénale qui régissent la Commission d'Indemnisation des Victimes d'Infractions « C.I.V.I ».

d'une faute, d'une inobservation à un devoir de conseil ou d'un manquement à une obligation de sécurité en matière médicale. (application de la loi du contrat en matière judiciaire et également administrative pour les hôpitaux).

A chaque fois que la victime ne peut plus assumer seule de manière partielle ou totale les actes et gestes de sa vie quotidienne et ce, à la suite d'un accident, cette indemnité au titre de la tierce personne est allouée en fonction du préjudice à réparer.

Le Ministère des Affaires Sociales a donné dans une circulaire du 5 juin 1983, une définition de la tierce personne qui regroupe les actes essentiels de la vie courante à savoir :

- l'autonomie locomotive (se laver, se coucher, se déplacer,
- l'alimentation (manger, boire),
- Procéder à ses besoins naturels.

La Cour de Cassation, quant à elle, retient à dire d'expert, la tierce personne de manière très large, puisqu'elle estime, à juste raison, que la victime a le droit à la réparation intégrale de son préjudice.

De plus en plus de personnes indemnisées :

L'indemnité de la tierce personne est généralement calculée par les Tribunaux sur les bases suivantes :

- 7,62 € (50 F) à 9,91 € (65 F) à l'heure de présence active (vigilante et attentive) ;
- 5,34 € (35 F) à 6,86 € (45 F) l'heure de présence passive et non spécialisée,

et sur 400 jours par année (365 jours pour le titulaire du poste, lequel a droit à son salaire et à ses congés payés et 35 jours, soit environ 1/10 pour le salaire de la personne chargée de remplacer le titulaire du poste pendant sa période de congés payés). Ce mode de calcul s'explique car la personne handicapée a besoin de l'aide d'une tierce personne parfois tous les jours de l'année 7 jours/7.

On détermine, par la suite, la dépense annuelle, laquelle est capitalisée en multipliant la valeur du franc de rente viagère pour le sexe masculin ou féminin à l'âge de la victime.

Les tables viagères les plus utilisées par les Tribunaux sont celles du décret n°86-973 du 8 août 1986.

En cas d'accident : quel montant d'indemnisation ?

A titre d'exemple :

- Supposant que le Juge estime qu'une personne de sexe masculin âgé de 25 ans, reste atteinte d'une incapacité partielle définitive donnant droit au titre de la tierce personne à 5 h de présence active et 3 h de présence passive tous les jours de l'année, le coût de la tierce personne s'élèverait à 35.8773,52 € (2.353.400,02 F), soit

Dépense journalière :

- 5h à 9,15 € (60,02 F) = 45,73 € (299,97 F) + (3 h à 6,10 € (40,01 F) = 18,29 € (119,97 F) = 64,03 € (420,01 F)

Dépense annuelle :

- Pour le titulaire du poste :64,03 € (420,01 F) x 365 j. = 23.370,43 € (153.299,97 F)
- Pour le remplacement durant la période de congés payés :23.370,43 € (153.299,97 F) x1/10 = 2.337,04 € (15.329,98 F)
- Total annuel : 25.707,47 € (168.629,95 F).

Dépense capitalisée :

On notera qu'à la table viagère de capitalisation pour une personne de sexe masculin âgé de 25 ans, figurant au décret du 8 août 1986, est de 13,956.

L'indemnisation de ce chef de préjudice s'élèvera donc à :

- 25.707,48 € (168.630,01 F) x 13,956 = 358.773,52 € (2.353.400,02 F).

Il convient d'évoquer l'article L-241-10 du Code de la Sécurité Sociale.

Certaines personnes handicapées ne pouvant pas bénéficier de la tierce personne à domicile sont contraintes de recourir à un placement dans des maisons spécialisées qui relèvent ou non du régime de la Sécurité Sociale également le problème des charges patronales. D'une manière générale les Tribunaux refusent de tenir compte en sus de la condamnation au paiement des charges patronales aux motifs que les personnes handicapées sont exonérées de celles-ci en application Sociale.

Le prix de la journée varie suivant les Etablissements de 76,22 € (499,97 F). à 304,90 € (2000,01 F), ce qui représente pour une victime âgée de 25 ans un capital pouvant varier entre 388.283,07 € (2.546.969,98 F). et 155.3132,29 € (1.0187.879,98 F).

On peut également obtenir des provisions au titre de la tierce personne et frais d'hébergement devant le Président du Tribunal de Grande Instance compétent, statuant en la forme des référés.

C'est dire l'importance des intérêts en jeu, des lors que l'on peut comprendre qu'en général de telles sommes ne peuvent s'obtenir amiablement sans le concours et l'aide d'un avocat spécialisé en la matière.

Il faut garder à l'esprit, que seule la réparation à un taux élevé de ce chef de préjudice, contribue d'une manière non négligeable à garantir à une personne handicapée une bonne qualité de vie.

Me Catherine MEIMON NISENBAUM

Avocate à la Cour d'Appel de PARIS

www.meimonnisenbaum.com – 2000

MNH – Mutuelle Nationale des Hospitaliers n°129 – 8/2000 - www.mnh.fr

PS : (Mai 2024)

Pour les dommages corporels graves, selon les besoins et le taux d'incapacité, les Tribunaux de l'ordre Judiciaire peuvent allouer pour la tierce personne une durée supérieure à 24 heures, et même l'assistance de deux personnes sur la même période. Le calcul annuel retenu est de 410 jours pour tenir compte des congés payés notamment dans le cadre prestataire. Que de même le taux horaire pour la tierce personne peut atteindre 18 à 20 euros de l'heure pour la tierce personne active, voire beaucoup plus si la victime est assistée d'un service prestataire plus élevé.

Par ailleurs, Il n'existe pas de barème de capitalisation officiel ni obligatoire en droit du dommage corporel.

Le choix du barème de capitalisation est très important pour évaluer les préjudices patrimoniaux permanents futurs qu'ils soient viagers ou temporaires.

Actuellement, le barème de capitalisation le plus favorable aux victimes d'un dommage corporel et retenu en justice est celui publié par la Gazette de Palais de 2022, au taux de 0%. Cependant, parfois selon certains cas d'espèces, il peut être intéressant de solliciter l'application d'un autre barème de capitalisation.

TRANSACTION

Transaction et accidents de la circulation

Voici ce qu'il faut savoir avant de transiger avec une compagnie d'assurances, une mutuelle ou le Fonds de Garantie afin de défendre au mieux ses droits après un accident grave de la circulation ayant entraîné des dommages corporels.

Le rapport d'octobre 2011 de la mission parlementaire d'information relative à l'analyse des causes des accidents de la circulation et à la prévention routière précise que chaque année plus de 4.000 personnes perdent la vie au cours d'un accident de la circulation, tandis que près de 100.000 personnes sont blessées (dont 31.000 hospitalisées) et 4.000 restent atteintes d'un handicap.

Dans le cadre de la loi Badinter du 5 juillet 1985 tendant à l'amélioration de la situation des victimes d'accidents de la circulation et à l'accélération des procédures d'indemnisation, objet de cet article, une procédure amiable est proposée immédiatement à la victime. Ainsi, les régleurs que sont les compagnies d'assurances, les mutuelles ou le Fonds de Garantie des Assurances Obligatoires de Dommages (FGAO) proposent à la victime de rencontrer un médecin expert, qui est en réalité le médecin mandaté par le régleur et qui représente ses seuls intérêts. A l'issue de cette expertise, les régleurs évaluent seuls l'indemnisation de la victime et font une offre définitive. Si la victime l'accepte, elle ne dispose plus que de 15 jours pour se rétracter, passé ce délai il lui sera très difficile voire presque impossible de contester ultérieurement cette transaction, même si celle-ci est mauvaise : elle se retrouve alors victime une deuxième fois.

Le législateur a donc préféré privilégier la procédure amiable, considérant ainsi que la victime serait globalement indemnisée plus rapidement. Certes, mais le montant des indemnisations dans le cadre de la procédure amiable n'est pas favorable à la victime, car elle est en général dépourvue de toute assistance, elle est seule, sans avoir à ses côtés un avocat spécialisé et un médecin-conseil de victimes pour valablement discuter de ses droits. Pour s'en convaincre, on précisera que la procédure amiable en matière d'accident de la circulation est la règle, puisque les transactions représentent 95% des dossiers de dommages corporels. Cependant, il faut garder à l'esprit que les 5 % de dossiers traités par la Justice représentent 45 % des indemnités payées.

Pour les petits dommages corporels, la procédure d'indemnisation amiable, avec ou sans assistance d'un avocat et d'un médecin, peut se comprendre. Il est en effet souvent inutile d'exposer des frais supplémentaires qui ne sont pas toujours pris en charge, de ralentir le processus indemnitaire, pour finalement obtenir une faible indemnisation car le dommage corporel est faible. Tel n'est pas le cas des dommages corporels plus importants, ceux qui d'une certaine manière peuvent modifier votre avenir, notamment votre vie professionnelle, votre autonomie ou votre mode de vie.

Pourtant, le plus grand nombre de victimes de dommages corporels graves se retrouve en matière d'accident de la circulation. Or, dès qu'un accident bouleverse l'avenir d'une victime, celle-ci devrait toujours être défendue par un avocat spécialisé avec l'assistance d'un médecin-conseil de victimes. Il en est de même dès que le dommage corporel est important, qu'il soit la conséquence d'un accident de la circulation ou de toute autre nature tels que notamment : les infractions, les infections nosocomiales, les affections iatrogènes, l'aléa thérapeutique, la responsabilité médicale, les accidents du travail, la responsabilité du fait des choses, les accidents sportifs, les victimes de l'amiante, les victimes d'attentats.

A l'évidence, on ne peut comprendre seul ce que l'on ne connaît pas, et donc se défendre seul. En effet, l'indemnisation d'un dommage corporel se réalise généralement en deux temps : en premier lieu, la mise en place d'une expertise médicale (à laquelle peut être associée une expertise pour le logement adapté, le véhicule aménagé, les aides techniques) et par la suite, l'indemnisation des chefs de préjudices patrimoniaux et extrapatrimoniaux. Ces deux phases peuvent être amiables (les parties s'accordent ensemble sans l'intervention de la justice) ou judiciaires (avec l'intervention de la justice lors d'un procès). Lorsqu'un avocat représente une victime lors de la procédure amiable, il fait intervenir un médecin-conseil de victimes et assiste également son client lors de l'expertise amiable. Si l'expertise amiable reflète la totalité des préjudices de son client, l'avocat l'accepte, à défaut il saisit la justice afin de solliciter la désignation d'un expert judicaire. Après l'expertise amiable, l'avocat entame une discussion avec les régleurs afin de parvenir à un accord, mais à défaut de pouvoir s'entendre, il saisira immédiatement la justice afin de faire valoir les droits de son client et sollicitera devant le Tribunal une indemnisation définitive.

L'avocat décide avec la victime ou son représentant légal s'il faut transiger ou au contraire saisir la Justice pour obtenir une meilleure indemnisation. Une victime ne peut seule faire ce choix, elle ne peut seule faire ce parcours indemnitaire amiable, car on ne s'improvise ni avocat, ni médecin. Elle ne peut d'ailleurs faire aucun choix car elle ne connaît pas la matière et se retrouve seule face aux compagnies d'assurances, aux mutuelles, au FGAO, tous de grands professionnels qui connaissent parfaitement le droit de la réparation du dommage corporel et qui sont aux surplus assistés par des avocats spécialisés et par leurs médecins d'assurances. La victime a donc besoin d'être assistée par un avocat spécialisé et par un médecin-conseil de victimes dans le cadre de la procédure amiable, pour équilibrer les plateaux de la balance de la Justice.

Au début de la procédure, la loi demande à la victime de renseigner le régleur et de lui communiquer un certain nombre de données (état civil, activité professionnelle, montant des revenus, adresse de l'employeur, personnes à charge, numéro de sécurité sociale et tiers payeurs, certificats médicaux), qui permettent au régleur de faire une offre, en général provisionnelle, à la victime et de mettre en place une expertise médicale amiable (parfois domotique) pour l'évaluation de son dommage corporel. Cependant, il ne faut pas omettre que la victime, sa famille, ses proches sont sous le choc. Pour eux cette prise en charge est essentielle, car souvent ils n'ont jamais eu affaire à un avocat, du moins spécialisé en réparation du dommage corporel. La victime connaît l'avocat qui a pu s'occuper de son divorce, de son licenciement, mais elle ne connaît nullement l'existence d'avocats spécialisés ou de médecin-conseil de victimes.

Sans assistance, la victime et sa famille sont prises en charge dès le début par le régleur, à qui elles communiquent des renseignements et des pièces et qui leur propose la mise en place d'une expertise amiable et souvent une provision. La victime se sent donc en confiance, c'est pourquoi elle ne prend aucune assistance et ne comprend pas que dans le cadre de l'expertise amiable, le médecin qui la convoque est en réalité payé par le régleur, le même qui doit ensuite l'indemniser. En effet, le médecin d'assurances reçoit sa mission de son mandant et ils discutent ensemble du dossier. Par la suite, ce médecin d'assurances adressera tous ses rapports d'expertises provisoires puis définitifs, lors de la consolidation, uniquement et directement à son mandant : le régleur.

Nombreuses sont les victimes qui nous déclarent qu'elles n'avaient pas compris que les médecins d'assurances dont elles contestaient, mais souvent trop tard, les rapports, étaient payés par la compagnie d'assurances, la mutuelle ou le FGAO. Pour une parfaite information des victimes, il devrait leur être dit immédiatement que tous les médecins d'assurances sont rémunérés par la compagnie d'assurances, la mutuelle ou le FGAO, qui les mandatent et à qui ils rendent compte. C'est pourquoi les principes du contradictoire et de la transparence sont plus que nécessaires, ils sont indispensables. On ne peut se faire expertiser et évaluer par celui qui vous indemnise. Les victimes doivent être mieux informées.

Les régleurs ne souhaiteraient certainement pas que les victimes soient évaluées par leur seul médecin-conseil de victimes. Alors pourquoi ne pas être plus clair avec les victimes, qui sont des personnes vulnérables et non des professionnels avisés. La victime a donc le plus grand intérêt à équilibrer la balance de la Justice et à se faire défendre par un avocat spécialisé, assisté d'un médecin-conseil de victimes qui collabore en général avec l'avocat spécialisé, pour ne pas être seule à l'expertise médicale et/ou domotique en présence du seul médecin d'assurances parfois assisté du régleur. Ainsi, dès le début du processus amiable d'indemnisation, les dés sont pipés. La victime ne comprend pas ces subtilités, elle n'est pas suffisamment informée, et pourtant son avenir est en jeu.

Plusieurs expertises médicales amiables peuvent être mises en place par le médecin d'assurances. Il décide seul des conditions et du délai de l'expertise, il rédige seul des pré-rapports et décide seul de la date de consolidation et enfin il évalue seul tous les postes de préjudices en rédigeant son rapport final de consolidation. Le délai de consolidation pour les dommages corporels importants est de l'ordre de trois années, voire plus ; pour les enfants, on attend en général pour les consolider qu'ils aient atteint leur majorité, voire au-delà. Bien souvent, les médecins d'assurances ne consolident pas les victimes : sans consolidation il n'y a pas d'indemnisation. Ou au contraire les consolident trop tôt, ne laissant pas le temps aux victimes d'apprécier au mieux leur handicap et ses conséquences.

Nombre de victimes qui se sont présentées seules à ces expertises amiables, sans l'assistance d'un avocat spécialisé et d'un médecin-conseil de victimes, tentent par la suite de contester les rapports des médecins d'assurances, mais souvent trop tard. Il est évident que la victime, qui n'a aucune connaissance médicale ni juridique, ne peut être laissée seule à cette expertise face à la partie adverse. Bien sûr, la loi dispose que la victime peut quitter à tout moment le processus amiable. Certes, mais lorsque l'expertise est avancée, que des rapports sont rédigés par un médecin d'assurance, même si la victime n'était pas assistée, les écrits, bien qu'ils puissent être discutés, demeurent. Il est souvent difficile, voire impossible, de contester les rapports d'expertises amiables. D'autant plus qu'il est souvent précisé que la victime était assistée du médecin missionné par sa propre assurance (c'est à dire un médecin d'assurances). De plus, ces rapports sont très détaillés et rappellent les propos des victimes, souvent contestés par la suite par ces dernières, mais les écrits demeurent.

Dans le cadre de la procédure amiable, la présence de l'avocat spécialisé au côté de la victime est essentielle, puisque c'est lui qui met en place et suit la procédure d'indemnisation, son intérêt et sa régularité, la communication de pièces, la mission du médecin-conseil de victimes, les discussions et la constitution du dossier avec son client, sa famille, et qui surtout lors de l'expertise défend son client pour que l'aspect juridique de la réparation du dommage corporel ne soit pas omis pour l'évaluation de plus de 20 postes de préjudices patrimoniaux et extrapatrimoniaux exposés notamment dans la nomenclature Dintilhac. Et surtout, lorsque l'avocat spécialisé constate que son client n'a plus d'intérêt à se maintenir dans une expertise amiable où ses droits ne sont pas reconnus car l'évaluation, même temporaire, des postes de préjudices, est incomplète, minorée, ou qu'il n'obtient pas du régleur des provisions en rapport avec l'ampleur du dommage de son client, il lui conseille de saisir la justice et surtout de ne pas accepter une expertise médicale qui ne garantit pas ses droits.

L'avocat prend alors la décision, avec la victime ou son représentant légal, de s'en remettre à la Justice et de solliciter la désignation d'un expert judicaire, indépendant et impartial. Il convient de préciser que dans le cadre de cette loi, devant le Tribunal, l'avocat est obligatoire ; ainsi lors d'un procès, la victime est toujours assistée d'un avocat. A défaut d'assistance, une victime va certainement accepter le rapport d'expertise de consolidation et les provisions qui lui sont proposées. Elle n'a pas le choix, elle ne sait pas. On ne s'improvise ni médecin ni avocat. Lors de l'expertise judiciaire, c'est l'expert judiciaire qui décide. Il donne son avis au Tribunal, il tranche entre les évaluations du médecin-conseil de victimes et celles du médecin d'assurances. Une fois l'état de santé de la victime consolidée, le régleur doit obligatoirement lui faire parvenir une offre définitive d'indemnisation. Cette offre peut comprendre plus de 20 chefs de préjudices patrimoniaux et extrapatrimoniaux pour les victimes directes, à savoir : Dépenses de santé engagées, passées et futures ; Frais d'adaptation du logement ; Frais de véhicule adapté ; Frais d'aides techniques ; Assistance à tierce personne avant et après consolidation ; Frais divers ; Pertes de gains professionnels actuels et futurs ; Incidence professionnelle, retraite, formation ; Déficit fonctionnel temporaire ; Déficit fonctionnel permanent ; Souffrances endurées ; Préjudice esthétique ; Préjudice d'agrément ; Préjudice sexuel ; Préjudice d'établissement ; Et pour les victimes indirectes : Frais d'obsèques ; Pertes de revenus ; Frais de transport notamment ; Préjudice d'accompagnement ; Préjudice moral…

Devant la complexité de ces chefs de préjudices, comment admettre qu'une victime puisse accepter seule une offre d'indemnisation, alors que cette dernière relève, même pour un avocat, d'un certificat de spécialisation en Droit de la Réparation du Dommage Corporel. La victime seule ne comprend rien, ni le contenu juridique des postes de préjudices, ni la manière de les indemniser, ni le montant des indemnisations, ni l'abondante jurisprudence depuis 1985 des Tribunaux, Cours d'Appel, et de la Cour de Cassation, sans compter les transactions. Un avocat spécialisé est nécessaire. La victime ne peut accepter seule une offre indemnitaire à laquelle elle ne comprend rien.

Pour tous ces préjudices, des dizaines de milliers de décision de justice ont été rendues, qui ont jugé du principe de la réparation intégrale du préjudice corporel défendu par notre Cour de Cassation, nos Cours d'Appel et Tribunaux. Indépendamment des montants offerts à la victime dans le cadre de l'offre indemnitaire qu'elle n'est pas à même d'apprécier seule, demeure le Droit de la Réparation du Dommage Corporel. A titre d'exemple, au stade de la reconnaissance du droit à indemnisation, doit-on accepter le refus d'indemnisation, ou un partage de responsabilité ? Au stade de l'expertise doit-on prendre en compte l'aide de la famille, la fatigabilité, la lenteur, comment décider la reprise éventuelle du travail et à quelles conditions ? Et enfin, lors de l'indemnisation doit-on prendre en compte les indemnités de chômage pour calculer les pertes de salaire, quel salaire de référence doit-on déduire, la déduction des impôts, comment s'analysent une perte de chance, une incidence professionnelle, un droit à la retraite, l'aide familiale est-elle indemnisée, à quel prix, pour quelle période, doit-on déduire de l'indemnisation les allocations du Conseil Général, l'Allocation aux Adultes Handicapés, comment évaluer une aide humaine, quel est le barème de capitalisation applicable, comment s'indemnise le doublement de l'intérêt légal ?

Les Tribunaux ont jugé de ces questions et de bien d'autres, et les régleurs, qui sont de grands professionnels, connaissent parfaitement le Droit de la Réparation du Dommage Corporel. Eux savent répondre à ces questions, les victimes non. Comment une victime peut-elle dès lors apprécier l'offre d'indemnisation amiable qui lui est présentée ? Comment accepter dans son propre intérêt ce que l'on ne comprend pas ? C'est, bien entendu, l'avocat spécialisé qui seul, au stade de l'indemnisation, discute de tous les postes de préjudices dans leur principe et dans leur quantum, et qui connaît notamment le droit et la jurisprudence, tandis que la victime les ignore. L'accélération du processus d'indemnisation, qu'a voulu la loi Badinter, consiste-t-elle à dire oui à tout sans rien comprendre ?

Mais mieux encore, à la suite à son accident la victime, le plus souvent conducteur, est informée de la position du régleur pour ce qui concerne la prise en charge de son accident. Bien souvent, les régleurs opposent à la victime ou sa famille un partage ou une exclusion et refusent donc de réparer intégralement le dommage corporel de la victime. La victime n'a même pas connaissance du procès-verbal de police, et même si elle avait celui-ci en sa possession, elle ignore le droit en la matière et ne peut le comprendre. Nombreuses sont les victimes qui pensaient être en tort, qui pensaient ne pas pouvoir obtenir la moindre indemnisation et pourtant leur avocat spécialisé n'était pas de cet avis, car lui connaît le droit. Il faut donc solliciter l'avis d'un avocat spécialisé, qui seul peut apprécier le droit à indemnisation de son client, après avoir pris connaissance du procès-verbal de police, et qui, saisira immédiatement la justice s'il estime pouvoir obtenir gain de cause.

Pire encore, c'est souvent après plusieurs années, après plusieurs expertises médicales organisées par le médecin d'assurances, que la victime apprend que son droit à indemnisation est exclu partiellement ou totalement par le régleur. Lasse, celle-ci accepte l'offre car elle n'a plus la force de se battre seule. Pour ces raisons, un avocat spécialisé en réparation du dommage corporel est indispensable pour défendre les victimes dès le début du processus d'indemnisation, que la procédure soit amiable ou judicaire. Bien entendu, il faut régler les honoraires d'un avocat. L'aide juridictionnelle peut parfois y pourvoir. Cependant, il est préférable d'être informé, assisté et défendu avant d'être contraint d'accepter une indemnisation dont peut dépendre toute une vie.

Il ne faut pas omettre qu'une transaction qui est signée entre la victime et le régleur peut être réfutée par la victime qui peut se rétracter dans les 15 jours de sa signature ; passé ce délai, toute contestation est quasiment impossible. La loi Badinter a voulu accélérer le processus d'indemnisation. Il est en effet satisfaisant que les victimes soient rapidement indemnisées afin qu'elles puissent au plus vite reprendre leur vie, mais il ne faut pas accepter une indemnisation « au rabais ». Il faut éviter et refuser d'être deux fois victime.

Me Catherine MEIMON NISENBAUM

Me Nicolas MEIMON NISENBAUM

Avocats à la Cour d'Appel de PARIS

www.meimonnisenbaum.com – 04/2012

www.yanous.com 04/2012

Les annonces de la Seine 06/12 N°37

Accidents, une transaction définitive

La Cour de Cassation a mis fin aux espoirs des victimes ayant conclu une transaction discutable au titre de la réparation de leur dommage corporel consécutif à un accident de la circulation.

Il convient tout d'abord de rappeler que la loi Badinter du 5 juillet 1985 régissant l'indemnisation des victimes d'un accident de la circulation, réglemente la transaction et précise, notamment, que celle-ci doit mentionner un délai de 15 jours à compter de sa conclusion, pour permettre à la victime de dénoncer son engagement. Toute clause la privant de ce droit serait nulle. Ainsi, la victime, après avoir accepté une transaction, peut-elle adresser aux régleurs, dans le délai de 15 jours de sa conclusion, un courrier recommandé avec A.R dénonçant celle-ci, et reprendre dès lors sa liberté en saisissant, notamment, la justice. Ce droit de rétractation s'exerce librement et la victime n'a pas à s'en expliquer. Passé ce délai, la transaction a l'autorité de la chose jugée. Elle ne peut plus être discutée en justice, sauf cas exceptionnel. Bien entendu, la transaction ne concerne pas l'aggravation d'un dommage qui peut, quant à elle, toujours être indemnisable.

Cette réglementation de la transaction est particulièrement importante si l'on considère avéré que plus de 90 % des litiges en matière d'accident de la circulation font l'objet d'un accord amiable, que la victime contracte seule ou avec l'assistance d'un avocat. Cette transaction peut être préjudiciable aux victimes d'un dommage corporel qui ne sont compétentes ni en matière médicale, ni en matière juridique, et qui peuvent aussi être mal conseillées. Une telle transaction peut les pénaliser toute leur vie, en portant atteinte à leur avenir, à leur sécurité et à leur dignité. Faute d'avoir été dénoncées dans le délai légal de 15 jours, ces transactions sont définitives, et l'avocat qui est consulté par la suite ne peut que constater avec impuissance que les droits des victimes n'ont pas été pleinement reconnus et pris en compte.

C'est dans ces conditions que la Cour d'Appel d'Aix-en-Provence a eu à connaître de deux transactions conclues en 1989 et 1993, qui ont lésé les droits d'un jeune garçon de 13 ans, victime d'un gravissime accident, ayant entraîné un traumatisme crânien qui a justifié un taux d'I.P.P. de 100 % (lire cet article). Dans cette affaire, la victime était assistée d'un avocat et les transactions, qui évaluaient le préjudice total à la somme de 841.900€, avaient été homologuées par le Juge des Tutelles. La convention ne comprenait aucune concession réciproque majeure. La Cour d'Appel d'Aix-en-Provence avait jugé par arrêt du 14 avril 2004 que les transactions attaquées ne pouvaient être qualifiées de transaction : *« Dépourvus de la moindre concession de la part de* [XXX] *tenue par les dispositions de la loi du 5 juillet 1985 d'indemniser* [YYY] *et ce, dans toutes des composantes de son préjudice et dans un délai plus bref et empreints de concessions majeures de la part des époux* [YYY], *ces deux contrats de 1989 et 1993 ne peuvent être qualifiés de transaction et dès lors ne sont pas revêtus de l'autorité de la chose jugée, l'autorisation du Juge des Tutelles ou la présence d'un conseil étant inopérants au regard de la requalification ».* La compagnie d'Assurances introduisit un pourvoi en Cassation à l'encontre de cet arrêt.

Entretemps, la Cour d'Appel d'Aix-en-Provence, par arrêt en date du 18 mai 2005, statuait sur la liquidation du dommage et évaluait le préjudice de la victime à la somme de 2.806.811€, à laquelle s'ajoutait une rente trimestrielle de 28.470€ pour couvrir l'assistance d'une tierce personne. La décision de la Cour de Cassation était très attendue, car à défaut de cassation, cette jeune victime pouvait aussi obtenir une réparation intégrale de son préjudice. Dès lors, un grand nombre de transactions pouvaient être à nouveau discutées judiciairement. Les représentants de la victime sollicitaient la nullité des transactions, notamment pour violation de l'ordre public et défaut de concessions réciproques.

Cette décision, rendue par la 2ème Chambre Civile de la Cour de Cassation le 16 novembre 2006, a cassé l'arrêt du 14 avril 2004 de la Cour d'Appel d'Aix-en-Provence en considérant uniquement : *« Qu'en statuant ainsi, alors que la loi du 5 juillet 1985 instituant un régime d'indemnisation en faveur des victimes d'accident de la circulation, d'ordre public, dérogatoire au droit commun, qualifie de transaction la convention qui se forme lors de l'acceptation par la victime de l'offre de l'assureur et que cette transaction ne peut être remise en cause à raison de l'absence de concessions réciproques, la Cour d'Appel a violé les textes susvisés ».* Le caractère dérisoire de l'indemnisation payée transactionnellement permettait d'écarter ces transactions dépourvues de cause réelle et sérieuse, et qui ne présentaient aucune concession.

La Cour de Cassation en a jugé autrement et a considéré que la loi du 5 juillet 1985 instituait un régime d'indemnisation spécifique qui est d'ordre public, et doit donc recevoir application. Ainsi la transaction est stipulée valable dès lors que la victime a accepté l'offre et que le délai de rétractation de 15 jours est expiré. Cette transaction spécifique de par la loi ne peut être remise en cause en raison de l'absence de concessions réciproques. On peut cependant observer qu'une convention, même spécifique, doit être exécutée de bonne foi. Les victimes, dans le cadre de la loi Badinter qui régit les accidents de la circulation, négocient leur préjudice corporel dans plus de 90 % des cas au moyen d'une transaction. Il leur est, dès lors, d'autant plus recommandé de se faire assister d'un avocat spécialisé que leurs dommages corporels sont d'une certaine importance. L'erreur n'est plus envisageable après la signature de la transaction, et passé le délai de rétractation de 15 jours, les dispositions de celle-ci s'appliqueront sans discussion. Espérons alors que la victime ne le sera pas deux fois.

Me Catherine MEIMON NISENBAUM

Avocate à la Cour d'Appel de PARIS

www.meimonnisenbaum.com – 03/2007

www.yanous.com 03/2007

Assurances : contester une transaction

Deux Cours d'Appel ont récemment rendu des arrêts ouvrant droit à contester une transaction d'indemnisation d'un accident de la circulation. Analyse.

Une transaction est une convention par laquelle les parties entendent arrêter une contestation et se consentent des concessions réciproques. Elle a autorité de la chose jugée. Dans le cadre d'un accident corporel de la circulation, la victime qui conclut une transaction arrête définitivement le montant de ses indemnités, et peut la dénoncer en la forme d'une lettre recommandée avec avis de réception dans les 15 jours de sa conclusion. En outre, toute transaction concernant une personne mineure ou majeure mise sous tutelle doit être autorisée par le Juge des Tutelles ou le Conseil de famille. Ce délai de rétractation de 15 jours est court, les victimes reviennent rarement sur leur décision dans les formes et délais requis.

Cependant, deux arrêts de Cour d'appel, l'un d'Aix-en-Provence et l'autre de Paris, ont jugé qu'une transaction n'avait de valeur juridique que si la compagnie d'assurances respectait les dispositions légales lui incombant ; à défaut, malgré le délai de 15 jours de rétractation, les victimes pouvaient saisir valablement la justice pour obtenir une intégrale réparation de leurs dommages.

En l'espèce, un jeune garçon de 13 ans avait été victime d'un gravissime accident de la circulation, son incapacité permanente partielle était de 100 %. En 1989, ses parents avaient conclu une première transaction avec une compagnie d'assurances, puis un avenant en 1993 portant le montant total de l'indemnisation à la somme de 841.900 €. Cette transaction fut attaquée en justice et ce malgré un délai de rétractation expiré depuis longtemps.

Par arrêt du 14 avril 2004, la 10e Chambre de la Cour d'Appel d'Aix-en-Provence a jugé que ce contrat n'était pas une transaction bien que la victime fut assistée d'un avocat et que la transaction eut été approuvée par le Juge des Tutelles, ledit contrat ne présentait aucune concession réciproque majeure et les dispositions légales (des articles L 211-9 et L 211-10 du Code des Assurances) n'avaient pas été respectées par la compagnie d'assurances. Par un deuxième arrêt en date du 18 mai 2005, la Cour d'Appel d'Aix-en-Provence évaluera le préjudice corporel à la somme de 2.806.000 € ; on est loin de la somme de 841.900 € réglée à titre transactionnel par la Compagnie d'Assurances à cette jeune victime présentant un taux d'I.P.P. de 100 % ! Cette évaluation judiciaire correspond à la réparation d'un préjudice corporel d'une jeune victime gravement handicapée. La Compagne d'assurances a introduit un pourvoi en cassation.

La 17e Chambre de la Cour d'Appel de Paris, par arrêt du 24 octobre 2005, a rendu une décision tout aussi remarquable. La Cour a jugé que le non-respect par la compagnie d'assurances de ses obligations légales édictées par le Code des Assurances rendait nulle la transaction conclue plusieurs années auparavant avec la victime. La Cour stipule : *« Considérant que l'assurance Y était tenue, par application de l'article L 211-9 du Code des Assurances, de présenter dans un délai maximum de huit mois à compter de l'accident une offre d'indemnité aux victimes ayant subi une atteinte à leur personne ; que par application de l'article L 211-10 du Code des Assurances, à l'occasion de sa première correspondance avec les victimes, elle était tenue, à peine de nullité de la transaction qui pourrait intervenir, d'informer les victimes qu'elles pouvaient obtenir de sa part, sur simple demande, la copie du procès-verbal d'enquête de police ou de gendarmerie et de leur rappeler qu'elles pouvaient à leur libre choix se faire assister d'un avocat et, en cas d'examen médical, d'un médecin ; que l'assurance Y ne verse aux débats aucun document justifiant qu'elle a satisfait à ses obligations légales : qu'en conséquence, les transactions sont nulles ».*

Faute pour la compagnie d'assurances de respecter les dispositions légales, la transaction n'existe pas. S'agissant de victimes, il est incontestable que leurs droits doivent être inlassablement défendus. Et l'arrêt de la Cour de Cassation à intervenir dans ces deux affaires est attendu avec le plus grand intérêt.

Me Catherine MEIMON NISENBAUM

Avocate à la Cour d'Appel de PARIS

www.meimonnisenbaum.com – 03/2006

www.yanous.com 03/2006

PS : (Mai 2024)

Voir article : « *Accidents, une transaction définitive* » www.meimonnisenbaum.com – 03/2007)

La loi Badinter institue un régime d'indemnisation spécifique en faveur des victimes d'accidents de la circulation, qui est dérogatoire au droit commun. A ce titre, la Cour de Cassation a jugé par arrêt du 16 novembre 2006 que la transaction ne peut être remise en cause à raison de l'absence de concessions réciproques.

VICTIMES PAR RICOCHET : LA FAMILLE

Indemnisations et décès d'un proche

Le décès d'un proche, qu'il soit dû à un accident de la route, une agression, un accident médical, sportif ou autre, ouvre droit à réparation du préjudice subi par les victimes indirectes ou par ricochet.

Cependant il faut rappeler, d'une part, que ce droit à indemnisation des proches sera fonction des droits de la victime décédée. Si la victime décédée ne peut être indemnisée ou que partiellement, ses proches seront indemnisés de la même manière. En cas de faute ou exclusion du droit à réparation de la victime directe, celle-ci sera opposable à la victime indirecte. Par proche il faut entendre toutes personnes entretenant avec le défunt une relation particulière, lien du sang, amour, amitié (conjoint, concubin, enfant, sœur, frère, petits-enfants, fiancé, ami...). Plus le lien est fort, plus la qualité de proche sera reconnue et l'indemnisation importante.

Ce sont les Compagnies d'Assurances, les Mutuelles et le Fonds de Garantie qui doivent réparer l'entier dommage dû au décès de la victime directe et de la victime indirecte ou victime par ricochet. D'autre part, il convient de rappeler que les préjudices patrimoniaux sont toujours soumis au recours des tiers payeurs. Il faut donc savoir aussi apprécier ce dernier. Ainsi, dans la mesure où la victime décédée aurait eu le droit d'être indemnisée si elle avait survécu, ses proches peuvent solliciter l'indemnisation de leur préjudice et en ce cas il convient de distinguer deux situations.

I/ La victime décède immédiatement suite à ses blessures :

Il s'agit d'indemniser les préjudices propres des victimes indirectes, ou victimes par ricochet, du fait du décès de leur proche. Si la victime décède immédiatement des suites de ses blessures, ses proches ne pourront solliciter que l'indemnisation de leurs propres préjudices.

1) Préjudices patrimoniaux :

a) Préjudice économique du fait du décès : Si la personne décédée exerçait une activité professionnelle, les personnes qui étaient à sa charge (généralement enfant vivant sous le même toit et conjoint, partenaire, concubin...) subissent une perte de revenus du fait du décès et donc de la cessation d'activité du défunt. Ils peuvent alors demander la réparation de leur préjudice économique, qui tiendra compte des revenus annuels et charges du foyer, de la part de consommation du défunt, ainsi que la part de consommation des autres membres du foyer. Il s'agit ici de calculer la part de revenus dont bénéficiait chacun des proches. Une fois cette perte calculée, il convient de la capitaliser pour tenir compte de ce préjudice dans le temps. Là encore, il faut savoir calculer ce préjudice et choisir le barème de capitalisation le mieux approprié.

Souvent, les tiers payeurs (organismes sociaux, mutuelles, assurances) peuvent, mais pas toujours, exercer un recours sur ce préjudice lorsqu'ils versent des prestations du fait du décès. Que, de même, se pose souvent la question de savoir si la pension de réversion est déductible ou non de ce poste de préjudice. Le préjudice économique est capital, il faut savoir parfaitement l'indemniser, car il va permettre aux proches du défunt de continuer à vivre après son décès. Il faudrait éviter que s'ajoute à la douleur des proches des difficultés financières. Il convient aussi de retenir que l'indemnisation peut être versée en capital ou en rente. L'assistance d'un avocat spécialisé est souvent nécessaire pour pouvoir calculer au mieux le préjudice économique des victimes indirectes.

b) Pertes de revenus des proches : Souvent, les proches, éprouvés par la peine, interrompent temporairement leurs activités professionnelles. Ils sont en droit de solliciter l'indemnisation de ces pertes de revenus propres, pour une durée raisonnable.

c) Frais d'obsèques : Les frais d'obsèques exposés par les proches de la victime peuvent, s'ils ne sont pas déjà pris en charge par une assurance ou mutuelle, être remboursés.

d) Autres frais matériels des proches : Les frais matériels des proches, tels que les frais de déplacement, d'hébergement, de restaurations notamment, causés par le décès, peuvent être indemnisés sur production de justificatifs.

2) Préjudices extra-patrimoniaux : préjudice moral :

Ce préjudice est le plus fréquemment invoqué. Il est certain que cette souffrance est établie sans discussion et sans qu'il convienne d'apporter la preuve de justificatifs entre les membres d'une même famille. En revanche, des justificatifs sont nécessaires lorsqu'il s'agit par exemple du décès d'un ami. En moyenne, pour le décès d'un enfant, l'indemnité allouée à chaque parent est de l'ordre de 20.000€ à 40.000€ chacun, selon que l'enfant était mineur ou non, vivait au domicile des parents ou non, était enfant unique ou non.

Le décès d'un père ou d'une mère est en moyenne indemnisé de 10.000€ à 40.000€, selon que l'enfant vivait au domicile de ses parents ou non, qu'il était mineur ou non. De même, pour le décès d'un conjoint, concubin, l'indemnité au titre du préjudice moral est en moyenne de 20.000€ à 40.000€ selon la durée de vie commune. Pour le décès d'un frère ou d'une sœur, l'indemnité est en moyenne de 3.000€ à 12.000€ selon qu'ils vivaient ensemble ou non et selon le nombre d'enfants.

Pour le décès d'un petit enfant, les grands-parents peuvent obtenir une indemnité au titre de leur préjudice moral en moyenne de 2.000€ à 10.000€, selon qu'ils le voyaient régulièrement ou non. Pour le décès d'un grand-parent, les petits enfants peuvent obtenir une indemnité en moyenne de 2.000€ à 10.000€, selon qu'ils les voyaient régulièrement ou non.

II/ La victime survit puis décède du fait de ses blessures :

Dans ce cas, la victime ne meurt pas immédiatement suite à l'accident ou l'agression, elle survit, quelques heures ou plusieurs années, puis meurt des suites de ses blessures. Les victimes indirectes peuvent être en droit de prétendre aux indemnisations décrites ci-dessus (préjudice économique du fait du décès, pertes de revenus des proches, frais d'obsèques, autres frais matériels des proches, préjudice moral), et peuvent dans ce cas aussi solliciter en plus, l'indemnisation d'autres préjudices, décrits ci-après :

a) Préjudice d'accompagnement : Ce préjudice moral vise le bouleversement subi par les proches de la victime qui sont restés à ses côtés jusqu'à son décès, et qui l'ont accompagnée jusqu'à la fin. Cette douleur, qui consiste à voir souffrir et mourir lentement un proche, parfois dans d'atroces souffrances psychiques et physiques, constitue pour ceux qui l'aiment un préjudice moral distinct qui doit être indemnisé.

b) L'action successorale : Ici, la victime dispose d'un droit propre, l'indemnisation de son préjudice corporel du jour de l'accident jusqu'au jour de son décès. Si l'indemnisation finale de la victime directe n'a pas encore eu lieu avant son décès, ses héritiers ou légataires universels bénéficient d'une action dite successorale. Mais, ici encore, il convient de distinguer. Si la victime est décédée avant la consolidation de ses blessures, ses proches ne pourront solliciter que l'indemnisation des postes de préjudices temporaires de la victime. Si la victime est décédée après sa consolidation, mais avant que son indemnisation finale ait eu lieu, ses proches pourront solliciter l'indemnisation des postes de préjudices temporaires de la victime mais aussi permanents, mais uniquement jusqu'au jour de son décès. En tout état de cause, les frais de successions et notariaux sont toujours à la charge de la succession. Là encore, ce droit est spécifique et relève de la compétence d'un avocat spécialisé.

Quelques définitions :

Les préjudices patrimoniaux : ils regroupent tous les préjudices qui ont un caractère patrimonial (ou pécuniaire), en général il s'agit de pertes subis ou de gains manqués, à titre d'exemple on peut citer : le préjudice économique du fait du décès, les pertes de revenus des proches, les frais d'obsèques, la tierce personne, le préjudice professionnel, la perte de retraite, les frais de logement adapté, les frais de véhicule aménagé, les aides techniques...

Les préjudices extra patrimoniaux : ils regroupent tous les préjudices qui n'ont pas un caractère patrimonial mais personnel, à titre d'exemple on peut citer : le préjudice moral, le déficit fonctionnel permanent, les souffrances endurées, le préjudice d'agrément, le préjudice sexuel...

Les postes de préjudices temporaires : ils regroupent tous les préjudices extra patrimoniaux et patrimoniaux avant la consolidation.

La consolidation : c'est le moment où les lésions, malgré les soins médicaux prodigués, se fixent et persistent durablement, de sorte que l'état de santé n'est plus susceptible d'amélioration, et qu'il peut être retenu un degré d'invalidité permanente.

Me Catherine MEIMON NISENBAUM

Me Nicolas MEIMON NISENBAUM

Avocats à la Cour d'Appel de PARIS

www.meimonnisenbaum.com – 06/2013

www.yanous.com - 06/2013

Les victimes par ricochet

Plusieurs demandes d'indemnisation du préjudice moral d'enfants et petits-enfants qui n'étaient pas nés au moment de l'accident d'un de leurs parents devenus handicapé ont été récemment rejetées.

Le préjudice moral des victimes par ricochet, notamment les enfants et petits-enfants, fait l'objet d'indemnisations dans le cadre de la réparation du préjudice corporel, dont le montant est faible au regard des souffrances qui vont pénaliser souvent toute leur vie. Deux décisions importantes ont restreint le droit à indemnisation de ces victimes par ricochet lorsqu'elles ne sont pas nées avant l'accident qui a provoqué le dommage de la victime principale. Leur droit à réparation sera purement et simplement rejeté par les tribunaux. Deux exemples récents :

I – Trois enfants nés postérieurement à l'accident de la circulation intervenu en 1974 à la suite duquel leur père avait conservé un handicap, ont saisi la justice d'une demande en réparation de leur préjudice moral, dans le cadre de la loi du 5 juillet 1985 (loi Badinter). Ils estimaient « n'avoir jamais pu établir des relations ludiques et affectives normales avec leur père dont ils vivaient au quotidien la souffrance du fait de son handicap ». La Cour d'Appel de Riom (63) avait retenu le bien-fondé du préjudice moral des trois enfants et avait condamné la compagnie d'assurances du responsable de l'accident de leur père à réparer ce préjudice aux motifs que « *le handicap de Monsieur X a empêché ses enfants de partager avec lui les joies normales de la vie quotidienne* ». Pourtant la Cour de Cassation, dans un arrêt de février 2005, retient une motivation lapidaire pour casser cet arrêt au seul motif *« qu'il n'existait pas de lien de causalité entre l'accident et le préjudice allégué* ». Cependant le préjudice moral des enfants découlait bien du handicap de leur père, qui était consécutif à l'accident de la circulation. La compagnie d'assurances soutenait que les enfants n'étaient pas nés lors de l'accident et que par conséquent leurs actions n'étaient pas recevables. Certes, mais les enfants subissaient un préjudice actuel découlant directement de l'accident de la circulation qui avait causé un handicap à leur père. Il faut tout de même relever qu'il n'était pas « interdit » à leur père d'avoir des enfants et que, dès lors, ces derniers étaient en droit de demander réparation de leur dommage actuel au responsable de l'accident, sans la faute duquel le handicap n'aurait jamais existé.

II – Un arrêt de la Cour d'Appel de Papeete (Polynésie) de février 2006 a également rejeté la demande de dommages et intérêts de petits-enfants nés après l'accident de la circulation ayant entraîné la mort de leur grand-père aux motifs « *qu'ils n'avaient pas connu leur grand-père, ce qui exclut les enfants nés après son décès, ces enfants n'ayant pas pu développer de relations affectives avec le défunt* ». Cependant, ces petits-enfants n'ayant pas connu leur grand-père, n'ont pas pu connaître ce lien affectif exceptionnel qui existe entre les petits-enfants et les grands-parents, du fait de l'accident mortel de leur grand-père. Ce lien affectif est un droit qui n'a pas pu exister uniquement en raison du décès du grand-père causé par l'accident de la circulation.

A une époque où l'on considère que les relations familiales et affectives sont essentielles pour le développement de la personnalité (alors qu'elles tendent à disparaître), il faudrait reconnaître le préjudice moral des enfants et petits-enfants – préjudice actuel – lorsque ceux-ci sont des victimes par ricochet nées après le décès de leur proche et ce sans minimiser leurs souffrances vécues.

Me Catherine MEIMON NISENBAUM

Avocate à la Cour d'Appel de PARIS

www.meimonnisenbaum.com – 10/2006

www.yanous.com - 10/2006

Le préjudice moral des victimes et de leurs proches

Le préjudice moral, dans le cadre de la réparation du préjudice corporel, fait partie des préjudices personnels, non soumis au recours des Caisses de la Sécurité Sociale.

C'est la jurisprudence qui a consacré le préjudice moral, lequel a certes évolué mais ne donne pas lieu à l'attribution de montants importants au regard de la souffrance de ceux qui subissent un dommage d'une certaine gravité. La Doctrine a souvent critiqué ce préjudice essentiel de la réparation estimant que, d'une part, d'un point de vue éthique une somme d'argent ne pouvait compenser la souffrance, et d'autre part, que l'évaluation de ce préjudice était subjective et donc difficilement quantifiable. Pour la victime, le préjudice moral est un droit fondamental qui est très fréquemment évoqué mais rarement indemnisé. Ne pas reconnaître pleinement ce préjudice en l'indemnisant totalement, c'est en partie nier le Droit fondamental de la réparation intégrale du préjudice de la victime.

Récemment, la 1ère Chambre de la Cour d'Appel de Paris a rendu trois arrêts allouant aux victimes gravement endommagées par l'amiante des indemnités au titre du préjudice moral qui étaient conséquentes, soit 76.000 €, mais le taux d'Incapacité Physique Permanente (I.P.P) était de 100% ! De rares décisions ont alloué des indemnités au titre du préjudice moral à des victimes estimant que *« la perte irréversible et majeure de la qualité de vie personnelle et sociale »* justifiait l'allocation d'une indemnité distincte de celle allouée au titre des autres préjudices comme le *pretium doloris*.

Ces jurisprudences sont importantes puisqu'elles reconnaissent le Droit à la personnalité, à la qualité de la vie, à la vie sociale, à l'identité perdue de la victime surtout lorsque l'image de soi est modifiée, déformée ou brisée. La perte de la qualité de vie pour une personne handicapée est un Droit essentiel que l'on ne peut que reconnaître et indemniser largement pour faire droit à la réparation intégrale de son préjudice. L'évolution de cette jurisprudence est donc à suivre.

Par ailleurs, pour les proches de la victime que l'on appelle les victimes par ricochet, la réparation de leur préjudice moral est prise en compte par les Tribunaux ; cependant les montants alloués sont faibles au regard des réelles souffrances endurées. Les proches sont : les parents, les enfants, sœurs et frères, fiancé(e), concubin(e). Ce sont donc les tiers liés à la victime par des liens de parenté, d'alliance ou d'affection particulière.

Il est certain que l'on ne peut *« commercialiser la douleur »*. La douleur qu'elle soit physique ou morale ne s'achète pas, ne se vend pas. L'homme de loi dans ce domaine délicat doit veiller à ne pas utiliser des mots à connotation péjorative au regard d'une certaine éthique. La douleur morale causée à quelqu'un ne peut être réparée, mais tout au moins apaisée par une indemnité conséquente. Les Tribunaux allouent, en moyenne, en cas de décès, à titre d'indemnisation du préjudice moral, les sommes suivantes :

– Décès du conjoint : de 10.0000 à 20.000 €

– Décès enfant : de 5.000 à 25.000 €

– Décès père/mère : de 5.000 à 25.000 €

– Décès frère/sœur : de 3.000 à 8.000 €

Le préjudice moral pour les proches de la victime s'analyse comme la douleur consécutive à la perte d'un être cher ou à la vue de la victime dans un état de souffrance morale et/ ou physique, conséquences dommageables d'un accident, d'une infraction, d'un acte médical ou autres. Que de même, lorsqu'une victime souffre moralement et/ ou physiquement, ses proches, dans leur vie quotidienne ressentent cette souffrance et la subissent aussi fortement que la victime elle- même.

La reconnaissance du préjudice moral pleinement indemnisé constitue aussi pour les victimes et leurs proches, la garantie d'une réparation intégrale de leurs préjudices, selon les vœux de la Cour de Cassation.

Me Catherine MEIMON NISENBAUM

Avocate à la Cour d'Appel de PARIS

www.meimonnisenbaum.com – 01/2005

www.yanous.com - 01/2005

Un droit pour les proches des victimes

La loi a inscrit dans ses textes le droit à réparation pour les victimes par ricochet : conjoint, parents, enfants et autres proches des victimes. Si la Cour de Cassation interprète la loi dans un sens de plus en plus favorable aux victimes, elle renforce également le droit à indemnisation par ricochet.

La loi a inscrit dans ses textes le droit à réparation pour les victimes par ricochet : conjoint, parents, enfants et autres proches des victimes. Si la Cour de Cassation interprète la loi dans un sens de plus en plus favorable aux victimes, elle renforce également le droit à indemnisation par ricochet.

Beaucoup d'articles ont été écrits sur la réparation des dommages corporels des victimes, cependant, la loi permet, également, la réparation du préjudice des victimes par ricochet qui sont en général :

- les personnes ayant un lien de parenté ou d'alliance : le conjoint, les enfants, les descendants (enfants et petits-enfants), les ascendants (père, mère, grands-parents) les collatéraux et alliés (gendres, belles-filles, belles-sœurs, beaux-frères).
- A ces personnes s'ajoutent celle avec qui la victime partageait sa vie et son affection (concubin, fiancé, parents nourriciers, etc.) ce qui a permis à une concubine d'obtenir réparation de son dommage (Cour de Cassation Chambre mixte arrêt du 27/02/1970).

Ces victimes par ricochet peuvent subir des atteintes très différentes dans leurs droits :

- en général dans les accidents ou infractions qui ont engendré un dommage corporel relativement important, les proches sont très touchés, dans la mesure où ils sont seuls à appréhender l'importance du dommage, l'importance de la douleur et surtout l'état médical de la victime et avoir une idée assez précise des graves séquelles dont elle sera atteinte.

La réparation du préjudice moral :

Le préjudice moral consiste essentiellement dans le préjudice d'affection cela peut être la perte d'un être cher ou encore la douleur de voir la personne handicapée dans un état de délabrement moral et/ou physique. Il est toujours difficile d'admettre que le préjudice moral puisse être réparable pécuniairement, cependant, il n'existe pas d'autre mode de réparation.

Il convient cependant d'observer que souvent les Tribunaux refusent en matière de référé d'allouer une provision à la victime par ricochet au titre du préjudice moral et juge qu'elle devra attendre la réparation au fond, ce qui peut mettre plusieurs années dans le cas des personnes handicapées graves telles que les traumatisés crâniens dont la consolidation des blessures s'étend sur plusieurs années.

Ce fait doit être contesté, la victime par ricochet souffre, son préjudice est immédiat et non contestable, il doit être réparé immédiatement, aussi, des provisions doivent lui être allouées.

En moyenne, les indemnités consécutives à un décès qui sont allouées au titre du préjudice moral sont très variables (voir tableau). Certes, on ne peut pas quantifier exactement un préjudice moral.

Certains auteurs prétendent que l'on ne peut « commercialiser » le prix de la douleur, néanmoins admettre qu'une telle douleur soit « minimisée » n'est pas plus acceptable.

- un conjoint : 9.147 à 18.293 € (60.000 F à 120.000 F)
- un concubin : 4.573 à 12.196 € (30.000 F à 80.000 F)
- un enfant : 3.049 à 21.343 € (20.000 F à 140.000 F)
- un petit enfant : 1 524 à 4.573 € (10.000 F à 30.000 F)
- frère/sœur : 3 049 à 7 622 € (20.000 F à 50.000 F)

La réparation du préjudice économique :

Le préjudice économique est celui qui concerne les ressources de la victime, les gains manqués, les pertes de ressources, pertes d'avantages en nature, les chances de promotions etc…

Par le décès, les proches peuvent être amenés à subir une perte pécuniaire, le niveau de vie peut chuter avec la perte du de cujus. En général, cette perte s'indemnise judiciairement en capitalisant le revenu annuel et l'indexant sur un barème de rentes indemnitaires.

Selon la Cour de Cassation il n'y a pas lieu de tenir compte des avantages successoraux et lorsqu'une mère décède et qu'elle ne travaillait pas mais qu'elle contribuait matériellement à l'entretien de son enfant, il y avait lieu à indemnisation sur la base en général du SMIC horaire pour pallier à l'entretien de son enfant.

Également, lorsqu'une personne handicapée est blessée au cours d'un accident de la circulation ou autres et qu'elle est hospitalisée dans un lieu éloigné du domicile, les victimes par ricochet qui lui rendent visite sont fondées à réclamer au tiers responsable le remboursement des frais divers de déplacement qu'elles ont dû supporter, (indemnités kilométriques, paiement d'autoroute, hôtel etc.).

La jurisprudence estime que ces frais doivent être remboursés lorsque ces visites ont un intérêt thérapeutique pour la victime.

Quant aux frais d'obsèques, ils comprennent les frais de sépulture, d'inhumation, de cérémonie civile ou religieuse et sont dus à la victime par ricochet.

Ceux-ci peuvent être soit des proches de la victime et comme tel ils bénéficient à la fois du « préjudice par ricochet » que nous venons de voir et/ou un parent éloigné voire un héritier testamentaire. Dans l'un comme dans l'autre cas, ils peuvent prétendre, également, en leur seule qualité d'héritier du défunt, à la réparation de son préjudice.

Le droit à réparation des héritiers :

Il convient de ne pas perdre de vue qu'en cas de décès, les proches bénéficient par cumul de deux actions en réparation de leur préjudice, celle tirée du préjudice par ricochet et celle qui prend sa source en leur qualité d'héritier.

En conclusions, les victimes par ricochet bénéficient d'un droit à réparation.

Bien qu'établi, il est seulement regrettable qu'au niveau de la charge de la preuve, celles-ci soient contraintes de prouver devant les tribunaux l'évidence de leurs liens d'affection, leur souffrance, et que les montants qu'elles obtiennent sont souvent très faibles, au regard de leur vie brisée.

Pour la victime, le handicap est parfois difficilement apprécié, tandis que les proches souffrent de voir la vie de la victime et la leur brisées.

Or, cette souffrance que l'on appelle en droit la réparation du droit moral est hélas mal indemnisé ; peut-être parce que mal comprise, difficile à évaluer, la douleur n'est pas mesurable. Elle peut, tout au plus, être qualifiée.

L'atteinte morale ou matérielle :

Les victimes par ricochet, sont contraintes souvent d'effectuer plusieurs kilomètres pour rendre visite à la personne handicapée hospitalisée ou hébergée loin de leur domicile. Cette situation entraîne des frais importants tels qu'indemnités kilométriques, frais autoroutiers, frais d'hébergement, de restauration etc. ...Sans compter les pertes de salaires ou autres avantages pécuniaires et les frais d'obsèques.

Ainsi, peuvent être réparés les préjudices moraux et matériels consécutifs au décès d'une victime, mais également les conséquences de la survie de celle-ci dans des conditions difficiles.

On comprend par exemple que les parents d'un enfant puissent être indemnisés des préjudices moraux et économiques que peut leur causer le décès de leur enfant. Que de même, ces parents pourraient en cas de survie de leur enfant dans des conditions difficiles, obtenir, également, la réparation des préjudices de toutes sortes générées par le handicap.

La loi du 5 juillet 1985

La loi n°85-677 du 5 juillet 1985, tendant à l'amélioration des victimes d'accidents de la circulation dite loi BADINTER dispose en son article 6 que les préjudices subis par « *un tiers du fait des dommages causés à la victime directe d'un accident* » sont des victimes par ricochet, et doit tenir compte de la « *limitation ou exclusion* » qui est applicable aux victimes eux-mêmes.

Ainsi, si une victime a commis une faute qui par exemple limitera son droit à réparation de 1/3, les victimes par ricochet verront, également, leur indemnisation limitée à 1/3.

Cependant, la loi dispose également en son article 3 que les victimes âgées de moins de «*16 ans ou de plus de 70 ans ou bien quel que soit son âge, elles sont titulaires au moment de l'accident d'un titre leur reconnaissant un taux d'incapacité permanente ou d'invalidité au moins égal à 80 p100...* », ne peuvent se voir opposer leurs fautes mêmes inexcusables, dans ce cas, les victimes par ricochet bénéficient également de cette exonération.

Que de même, en application des articles 706-3 à 706-15 et R 50-1 à R 50-28 du Code de Procédure Pénale qui régissent la C.I.V.I (Commission d'Indemnisation des Victimes d'Infractions), le droit à réparation des victimes par ricochet est également admis.

Ce droit à réparation concerne les victimes par ricochet d'accident de la circulation, d'infraction, et d'erreur médicale.

Les dispositions judiciaires :

La Cour de Cassation interprète la loi, dans un sens de plus en plus favorable aux victimes. Elle a jugé depuis plusieurs années que :

- « *le préjudice subi par les tiers du fait de dommages causés à la victime directe d'un accident de la circulation doit être réparé sans autres exclusions que celles qui auraient pu être opposées à cette victime* »

Cependant, cette même Cour vient de rendre un arrêt le 13 juillet 2000 qui renforce encore plus le droit à indemnisation des victimes par ricochet.

Le cas d'espèce est le suivant : un conducteur perd le contrôle de son véhicule, un accident important en découle : les 4 personnes transportées sont tuées, dont ses parents. Il assigne la compagnie d'Assurances du véhicule pour obtenir la réparation de son préjudice moral résultant du décès de ses parents et des frais d'obsèques des quatre victimes. La Cour de Cassation lui donne gain de cause, car il était, certes, conducteur donc auteur des dommages, néanmoins, il avait également la qualité de victime par ricochet des personnes transportées.

En l'espèce, il ne pouvait être reproché aucune faute aux victimes transportées limitant leurs droits à réparation, ainsi la faute du conducteur ne pouvait être retenue pour limiter son droit en sa qualité de victime par ricochet.

La Cour de Cassation a une vision moderne du droit de la responsabilité, elle interprète dans un sens large la loi, afin d'en faire bénéficier le plus grand nombre de victimes. Cependant, le montant des indemnisations échappant à son contrôle (la Cour de Cassation dit le droit et non le fait) elles sont nettement insuffisantes.

Me Catherine MEIMON NISENBAUM

Avocate à la Cour d'Appel de PARIS

www.meimonnisenbaum.com – 2001

MNH – Mutuelle Nationale des Hospitaliers n°132 – 05/2001 - www.mnh.fr

VIE QUOTIDIENNE

Indemnisation du dommage corporel : la solidarité nationale égale les assurances

La plus haute juridiction civile étend aux victimes des règles jusqu'alors réservées à l'indemnisation assurantielle.

Le 8 février 2023, la première chambre civile de la Cour de Cassation a rendu un arrêt important en réparation du dommage corporel, favorable aux victimes, qui consacre trois points. La Cour censure notamment, pour violation de la loi et du principe de réparation intégrale, un arrêt rendu par la Cour d'Appel d'Aix en Provence le 23 septembre 2021.

Les faits de l'espèce étaient les suivants : à l'issue du remplacement d'une prothèse de genou en 2011, une patiente avait présenté une infection qui conduisit à l'ablation de la prothèse, puis à l'amputation de sa jambe au niveau de la cuisse. Une expertise médicale a été ordonnée et l'indemnisation des préjudices a été mise à la charge de l'Office National d'Indemnisation des Accidents Médicaux, des Affections Iatrogènes et des Infections Nosocomiales (ONIAM) qui représente la solidarité nationale s'agissant d'un accident médical non fautif.

Diverses sommes ont été allouées à la victime, toutefois la Cour d'Appel a refusé d'allouer une somme au titre de la tierce personne temporaire pendant les périodes d'hospitalisation. Elle a également refusé d'allouer une somme au titre du logement adapté, poste pourtant reconnu par l'expert, faute pour la victime de choisir la solution la moins onéreuse et d'apporter les éléments justifiant le préjudice. Enfin elle a refusé de tenir compte, pour le véhicule adapté, du surcoût lié au chargement d'un fauteuil électrique, faute pour la victime, là encore, de justifier du montant de son préjudice.

La Cour de Cassation casse et annule l'arrêt. Elle consacre le principe important et récent selon lequel la victime hospitalisée peut tout à fait avoir un besoin d'assistance par tierce personne. Elle censure également la Cour d'Appel pour déni de justice en ce qu'elle a refusé d'évaluer les postes de préjudice du logement adapté et véhicule aménagé reconnus par l'expert et alors même qu'elle en avait constaté l'existence.

Sur la possibilité d'être indemnisée au titre de la tierce personne temporaire pendant la période d'hospitalisation.

La Cour d'Appel a refusé à la victime toute indemnisation de l'assistance par une tierce personne pendant les périodes d'hospitalisation au motif qu'elle

« tend en soi à suspendre les contraintes de la vie quotidienne du patient et à lui garantir un niveau élevé de sécurité : la rétribution supplémentaire d'une tierce personne pendant la période du déficit fonctionnaire temporaire total est donc sans objet. »

Comme il fallait s'y attendre, la Cour de cassation a jugé au visa de l'article L1142-1, II du Code de la santé publique que le rejet, par principe, de toute indemnisation de l'assistance par tierce personne pendant les périodes d'hospitalisation violait le principe de réparation intégrale du préjudice : « *L'assistance par une tierce personne ne se limite pas aux seuls besoins vitaux de la victime, mais* ***indemnise sa perte d'autonomie*** *la mettant dans l'obligation de recourir à un tiers pour l'assister dans l'ensemble des actes de la vie quotidienne.* »

Le 10 novembre 2021, la deuxième chambre civile de la Cour de Cassation avait déjà consacré le principe et étendu le droit à réparation de la victime hospitalisée à l'aide apportée par ses proches pour pallier sa perte d'autonomie dans les actes de la vie courante. La Cour de Cassation, par le présent arrêt, confirme sa jurisprudence. Ainsi les actes de la vie courante de la victime hospitalisée, pris en charge par des tiers aidants doivent être indemnisés au titre de l'assistance par une tierce personne. Cette décision fait preuve également de bon sens puisque même hospitalisées, les victimes doivent réaliser certains actes de la vie quotidienne ou actes administratifs qui ne sont pas assurés par l'hôpital.

Cette décision est importante pour les victimes, et ce d'autant plus que la Cour de Cassation a rendu cet arrêt dans le cadre d'une indemnisation par l'ONIAM, la solidarité nationale. Elle étend donc le principe et consacre une égalité de traitement entre les victimes indemnisées par des assurances et les victimes indemnisées par la solidarité nationale. Les deux chambres ont ainsi uniformisé leur jurisprudence, ce qui était souhaitable.

Sur le déni de justice opéré par la Cour d'Appel de refuser d'évaluer le poste du logement adapté.

Le juge d'appel avait rejeté la demande d'indemnisation de l'acquisition d'un bien immobilier aux motifs que la victime en fauteuil roulant et en location ne « justifie pas avoir saisi son bailleur social aux fins d'attribution d'un nouveau logement, que la surface de l'ancien logement n'est pas communiquée et que le devis concernant la maison n'en précise pas la commune de localisation. »

De ce fait, bien que l'expert reconnaisse la nécessité d'un logement adapté, la Cour a estimé, faute de justificatifs, de ne pas être en mesure de chiffrer ce poste. Comme il fallait s'y attendre et au visa de l'article 4 du Code civil relatif au déni de justice et du principe de réparation intégrale des préjudices, la 1ère Chambre civile censure l'arrêt et rappelle que « le juge ne peut refuser d'évaluer un préjudice dont il constate l'existence. » Dès lors que la Cour d'Appel a constaté que le logement de la victime était inadapté, elle n'avait pas à solliciter que la victime choisisse la solution la moins onéreuse pour se reloger, à savoir la demande d'un nouveau logement en location, impossible en pratique à obtenir, et fasse peser sur elle la production excessive de pièces injustifiées.

Cette décision est dans le prolongement de nombreuses décisions en la matière concernant les victimes en location au moment de leur accident. Il est de jurisprudence constante que les frais d'acquisition d'un logement adapté doivent être mis à la charge de l'assureur dès lors que la victime n'a pu regagner son ancien logement qui s'avère inadapté à son handicap et ne peut être aménagé (Cour de cassation, 2ème chambre civile, 3 mars 2016 et 18 mai 2017). Les victimes ne sont absolument pas tenues de choisir la solution la moins onéreuse pour l'assurance afin de se reloger. L'arrêt qui consacre donc la Jurisprudence habituelle en la matière est rassurant pour les victimes.

Sur le déni de justice opéré par la Cour d'Appel de refuser d'évaluer intégralement le poste du véhicule adapté

Une fois de plus au visa de l'article L1142-1, II, cumulé au principe de réparation intégrale sans perte ni profit pour la victime, la 1ère Chambre a également cassé l'arrêt ayant limité les frais de véhicule adapté. La cour d'appel avait en effet refusé de prendre en compte, outre la nécessité d'avoir une boite automatique, celle d'avoir un véhicule adapté aux fauteuils électriques, pourtant indispensable à la victime selon l'expert.

La Cour de cassation rend ici encore une fois une décision favorable aux victimes d'accidents médicaux qui n'ont pas à produire une multitude de pièces justificatives de leurs préjudices, dès lors que le poste a été constaté par expertise et qu'il existe. Du bon sens s'imposait.

Me Catherine MEIMON NISENBAUM

Avocate à la Cour d'Appel de PARIS

www.meimonnisenbaum.com – 06/2023

www.yanous.com 06/2023

Victimes surveillées par des détectives privés !

Une pratique s'instaure dans le cadre de la réparation du dommage corporel qui ne respecte plus la vie privée des victimes, personnes handicapées : des enquêtes de détectives privés sont versées aux débats par les régleurs pour discuter et minimiser le montant des indemnisations.

Dans le cadre de l'indemnisation du dommage corporel, le règlement des préjudices coûte très cher aux compagnies d'assurances et aux fonds de garantie, qui n'hésitent pas à mandater des enquêteurs privés payés par eux pour suivre les victimes à l'extérieur de leur domicile pendant plusieurs jours pour déterminer leurs modes de vie, déplacements, comportements, et plus exactement pour démonter leur autonomie. Ils tentent alors, à l'appui de ces rapports d'enquêtes qu'ils versent aux débats, de discuter et minimiser lors des expertises médicales – amiables ou judiciaires – différents postes de préjudice et notamment ceux qui leur coûtent le plus cher : les besoins en tierce personne, le préjudice professionnel, et le taux d'invalidité.

Cette pratique est nouvelle, elle est inadmissible, elle n'aurait pas dû voir le jour il y a quelques années, elle ne s'explique que par les changements de mentalité et par l'importance que les juges et les médecins experts lui accordent. C'est en réalité le reflet d'une perte de pouvoir du monde judiciaire et du monde médical, la banalisation d'un monde qui ne défend même plus la vie privée des personnes handicapées et qui, mieux encore, leur inflige une expertise et un jugement inéquitables.

La minimisation d'un handicap dit « invisible » :

L'indemnisation des victimes, notamment les personnes traumatisées crâniennes, est en effet difficile à mettre en œuvre car ce handicap ne se voit pas d'emblée ou, plus exactement, on ne peut voir réellement les conséquences de celui-ci dans la vie quotidienne qu'en vivant avec elles. Les problèmes de mémoire et d'orientation dans le temps et dans l'espace, le manque d'initiative, les besoins de stimulation et d'encadrement sont vécus par les familles, les proches, et toujours discutés par les compagnies d'assurances et les Fonds de Garantie qui minimisent le règlement des postes qui déterminent l'avenir de ces victimes, ce qui coûte le plus cher, leur autonomie à travers la réparation des besoins en tierce personne, mais aussi le préjudice professionnel et le taux d'invalidité.

En effet, ce handicap dit « invisible » profite souvent aux régleurs, d'où l'importance de faire appel à des avocats et médecins conseils de victimes spécialisés. Cette remarque est également vraie pour tous les handicaps importants, notamment pour les personnes blessées médullaires, puisque les régleurs contestent avec plus de véhémence ce qui leur coûte cher, il faut comprendre qu'ils défendent avant tout leurs droits.

C'est ainsi que depuis peu, pour les dommages corporels importants, les compagnies d'assurance et Fonds de garantie font appel fréquemment à des détectives privés, ce qui est des plus choquants. Ils versent ainsi aux débats des rapports d'enquêtes qu'ils paient à des professionnels pour discuter des préjudices et tenter d'établir que la victime est plus autonome que ce qu'elle a montré ou déclaré lors des expertises médicales.

Une pratique légale…

Malgré que ce soit fort discutable, cette pratique est légale. Alors qu'il est certain qu'en tout état de cause, un détective privé mandaté et payé par une compagnie d'assurances ou un Fonds de garantie ne peut à l'évidence apprécier un handicap : il n'est pas médecin, il prend des photos et des films, il ne reproduit pas les discussions, il décrit ce qu'il voit et ce qu'il comprend. Ses conclusions sont personnelles et souvent hâtives et, surtout, pas médicales. Payé par la partie adverse – le régleur -, non contradictoire, et non médical, on ne comprend pas comment un tel procédé peut être retenu et même être discuté lors des expertises médicales. Pourtant, ces enquêtes deviennent la principale discussion pour l'évaluation des postes de préjudices.

Les médecins experts ont à leur disposition les pièces médicales – qui sont très nombreuses dans ce type de pathologie, les imageries, les bilans neuropsychologiques, les bilans des orthophonistes, des ergothérapeutes et des kinésithérapeutes – les rapports de médecins conseils des parties, leur propre examen et diagnostic : ont-ils besoin d'un rapport de détective privé pour remplir leur mission et évaluer les préjudices des victimes ? Ils sont médecins et nous sommes dans le cadre d'une expertise médicale, c'est à n'y rien comprendre.

A l'évidence, on doit retenir les pièces médicales, le parcours médical de la victime, sa pathologie, et non les éléments disparates, triés, non qualifiés et non contradictoires, tel qu'un rapport d'enquête privée. A défaut, il n'est plus nécessaire de désigner des médecins experts qui, au surplus, sont souvent spécialisés pour évaluer les séquelles médicales des victimes, et les juges devraient – ce qu'ils ne font pas – désigner ou adjoindre des enquêteurs privés dénués de toute compétence médicale pour évaluer avec les médecins les besoins, notamment en autonomie, des victimes.

Des rapports non contradictoires :

Il ne faut pas non plus perdre de vue que ces rapports non contradictoires ne sont pas objectifs, ce sont des morceaux choisis et triés par la partie adverse de la vie des victimes. On ne sait même pas si, en réalité, des journées d'enquête ne sont pas communiquées, quand la victime ne sort pas de chez elle, ou seule, ou fatiguée, avec un comportement montrant ses difficultés. Des constatations qui existent mais n'ont pas été produites par la partie adverse. On sait, surtout lorsque l'on est médecin et que l'on connaît ces pathologies très lourdes, qu'une personne gravement handicapée a aussi ses bons et ses mauvais jours, mais pour elle, les mauvais jours seront beaucoup plus importants, plus longs et bien plus difficiles à surmonter et à vivre qu'une personne valide. C'est une honte de se servir d'une partie de sa vie privée, par morceaux triés et non contradictoires, contre elle pour l'évaluer. Il est inadmissible que l'évaluation du dommage corporel de victimes gravement handicapées soit notamment fondée sur un rapport d'enquête de détective privé non contradictoire payé par les régleurs et qui n'est pas médecin.

Pourtant lors des expertises médicales, mêmes lorsqu'elles sont judiciaires, les experts judiciaires qui sont des médecins, discutent et prêtent de l'importance à ces enquêtes privées pour l'évaluation de la tierce personne notamment et de l'autonomie en général. Les déclarations de la victime et de ses proches sont alors remises en cause, ils sont en accusation, on ne discute plus que du rapport d'enquête et on oublie de rappeler et de prendre en compte le dossier médical, le parcours médical de la victime, les rapports et diagnostics, la pathologie. Les régleurs ont gagné, ils ont semé le trouble avec un rapport d'enquête et des photographies. Des photographies remplacent alors le diagnostic médical, ce qui est plus grave encore pour les personnes traumatisées crâniennes qui ont des troubles cognitifs et comportementaux. Leurs paroles et discussions ne sont mêmes pas reproduites dans ces rapports, on juge et on évalue leur autonomie sur des photos… Alors, pourquoi demander à un médecin, mieux encore spécialisé, de faire autant d'années d'études si finalement son diagnostic et son évaluation des postes de préjudices essentiels sont photographiques et non contradictoires.

La France a bien changé. On parle beaucoup du respect de la vie privée, des droits des personnes handicapées, des droits de l'homme… paroles et paroles, mais dans la réalité des indemnisations, lors des expertises médicales, on assiste à un déballage honteux de la vie privée des personnes handicapées qui sont fliquées par des détectives privés durant deux ou trois jours, avec vidéographies à l'appui, ce qui est inadmissible, et les régleurs s'en prévalent pour discuter les besoins des victimes, pour diminuer voire exclure leurs besoins en tierce personne notamment.

Qu'en est-il du respect de la vie privée ?

Les médecins experts amiables ou judiciaires ne devraient jamais oublier leurs compétences et leurs missions, leur rôle de spécialiste, l'examen des pièces médicales, le parcours de la victime, les imageries, leur examen et diagnostic, et arrêter de discuter et de visualiser ces enquêtes privées non contradictoires. Ils sont médecins et non inspecteurs, ni enquêteurs. Les victimes et leurs familles qui subissent ces expertises sont dégoûtées ; elles sont victimes et elles se trouvent en accusation, devant justifier des images et leur vie sur un à trois jours alors que le dommage corporel est vécu par elle sur plusieurs années. Il faut être sérieux et arrêter cette pratique qui ne devrait pas avoir sa place dans le cadre d'une expertise médicale notamment.

Ces discussions sur la vie privée des personnes handicapées révèlent un malaise très grave dans notre société. Et surtout, on occulte le fait que, tant qu'elles ne sont pas indemnisées, les personnes handicapées vivent comme elles le peuvent, avec des provisions, qu'elles ont peur de l'avenir. Au stade de l'expertise médicale, elles savent qu'elles doivent encore attendre le jugement ou la transaction pour obtenir leur indemnisation, rien n'est dit. Ainsi, on confond souvent leurs besoins réels avec leurs possibilités immédiates, on les évalue sur du provisoire sans retenir leurs réels besoins qui découlent de leur pathologie et qui correspondent à la mission médicale de l'expert ; et qui ne se définit pas sur un rapport d'enquête.

Les médecins savent, au surplus, que l'attitude, les réactions et les besoins des personnes handicapées dépendent aussi de leur degré de fatigue, de leurs prescriptions médicamenteuses, de leurs réactions et situations souvent en opposition, et on ne peut pas se faire une idée médicale sérieuse de leur autonomie sur un rapport d'enquête privée, une vidéo et des photos non contradictoires et non médicales, payés par les régleurs et prises exclusivement à l'extérieur de leur domicile. Ces victimes ne vivent pas dans la rue, et comment alors apprécier leurs besoins à domicile, par déduction de ce qui est vu sur un montage photos et commenté par un enquêteur prive. Pauvres victimes !

La nécessité d'une vision médicale à long terme :

Enfin, et à l'évidence, les besoins d'une personne handicapée ne peuvent s'évaluer uniquement sur son mode de vie à un moment précis de quelques jours. Que dire d'une victime dont les proches ne peuvent s'occuper pleinement car ils ont aussi leur vie privée, leur travail, leurs difficultés et indisponibilités. Alors si l'enquête privée établit que l'on ne s'occupe pas de cette victime, qui est laissée seule tout ou partie de son temps, peut-on en conclure dans l'évaluation que ses besoins en tierce personne sont faibles ou inexistants, et qu'elle peut rester à l'abandon sans aide humaine, comme sur les photographies produites par l'enquêteur ? Cela n'a aucun sens et ne correspond à aucune justice. Surtout, ce n'est pas médicalement exact. Les besoins de la victime doivent être évalués en raison de sa pathologie, c'est la mission du médecin expert.

Il faut que les médecins rétablissent aussi la balance de la justice, et remplissent leur mission sans parasitage. Leur compétence médicale est la meilleure des garanties pour les victimes. Il est inadmissible que les médecins ne discutent que très peu du dossier médical, du parcours médical de la victime et que son évaluation se polarise sur un rapport d'enquête d'un détective privé.

Une pratique légale… mais à combattre :

Certaines compagnies d'assurances n'hésitent pas non plus à visualiser les comptes Facebook, Instagram, les publications intimistes des victimes, à en verser des extraits aux débats lors des expertises médicales. Où allons-nous ? Je déplore ces pratiques d'un autre temps et je ne cesserai de les dénoncer et de les combattre. La victime d'un dommage corporel doit être évaluée par les médecins experts uniquement sur ses pièces, son parcours médical, sa pathologie, son examen et son diagnostic. Les victimes d'un grave dommage corporel, ne l'oublions jamais, ont droit à tout notre respect et le montant des indemnisations qui leur sont dues, qui sont importantes, ne doivent pas pour autant permettre une violation inadmissible de leur vie privée, non contradictoire et sans fondement.

Me Catherine MEIMON NISENBAUM

Avocate à la Cour d'Appel de PARIS

www.meimonnisenbaum.com – 12/2019

www.yanous.com 12/2019

La 500e de Yanous...

Avocate spécialisée dans l'indemnisation du préjudice corporel, Catherine Meimon Nisenbaum réaffirme la nécessité d'être bien défendu pour obtenir ses droits, et revivre.

Bravo d'exister et de m'avoir permis en toute liberté de relater le droit et la jurisprudence relatifs au droit du dommage corporel depuis 2004 pour permettre une meilleure information aux personnes en situation de handicap !

Indiscutablement, la France en matière d'indemnisation d'un dommage corporel a une jurisprudence riche, évolutive et qui protège le droit des victimes. Cependant, on peut déplorer que pour celles qui ne sont pas indemnisées, les aides financières et autres sont beaucoup trop faibles pour leur permettre de vivre correctement ou plus exactement décemment. Et pour les personnes qui sont indemnisées, on ne peut que regretter la longueur des procédures, qui certes est nécessaire pour apprécier l'intégralité du dommage corporel lors de la consolidation, mais devrait être compensée par l'allocation de provisions beaucoup plus conséquentes, pour permettre aux victimes de patienter sereinement, et par le prononcé d'une exécution provisoire totale.

Il est en effet anormal que les victimes vivent avec peu de moyens et donc avec de faibles provisions pendant plusieurs années avant la liquidation définitive de leur dommage corporel alors qu'au moment de la liquidation, leur préjudice est bien indemnisé. La justice sur ce point est frileuse, elle ne veut pas préjuger sur la suite du procès ; certes on le comprend, mais la justice sait aussi apprécier un dommage corporel.

On peut également déplorer l'attitude d'un certain nombre d'experts judiciaires et médecins de compagnies d'assurances, mutuelles et fonds, qui minimisent l'évaluation du dommage corporel des victimes, et ne permettent pas ensuite de bien indemniser ces dernières. On parle beaucoup des différentes jurisprudences des multiples tribunaux, mais par le jeu de la procédure, on peut aussi éviter les juridictions qui indemnisent moins bien et on peut aussi les faire évoluer, précisément en leur expliquant des décisions plus favorables que les leurs, et en arrivant à les convaincre : c'est le rôle de l'avocat spécialisé. Par contre, on ne peut discuter une expertise médicale en arguant du résultat d'autres expertises et d'appréciations d'autres experts alors que les différences sont notables, comme d'ailleurs les comportements.

Enfin, on peut regretter de voir des dossiers de dommage corporel traités par des avocats non spécialistes en la matière, et déplorer de ne pouvoir plus rien faire pour mieux indemniser ces victimes mal conseillées. Les juges, les experts, les avocats, nous avons tous une part de responsabilité dans l'évaluation des indemnisations allouées aux victimes, afin que celles-ci ne soient deux fois victimes, de leurs lésions et de nos incompétences et faiblesses.

Me Catherine MEIMON NISENBAUM

Avocate à la Cour d'Appel de PARIS

www.meimonnisenbaum.com – 12/2017

www.yanous.com 12/2017

Gérer les biens d'un enfant

Si la loi octroie aux parents le droit de gérer les biens et le patrimoine de leurs enfants, notamment après l'indemnisation d'un préjudice, ils peuvent toutefois être amenés à rendre des comptes : explications.

Les parents disposent sur les biens de leur enfant mineur d'un droit de jouissance légale. Ce droit, qui est un usufruit, appartient aux parents en leur qualité d'administrateur légal des biens de leurs enfants. Cela signifie que les parents perçoivent les revenus du patrimoine de leur enfant mineur, à charge pour eux de satisfaire à leur entretien et à leur éducation. Le père ou la mère qui a un droit de jouissance légale, dispose des droits et pouvoirs de l'usufruitier pour la gestion des biens du mineur. Il peut donc directement bénéficier de tous les loyers, fermages, bénéfices d'un fonds de commerce ou d'une société.

C'est pourquoi, l'administrateur légal qui ouvre un compte en banque au nom de l'enfant mineur et gère son compte, peut retirer seul les fonds qui y sont déposés et profiter des intérêts du capital et des primes. Cette liberté de gestion est telle, qu'il a été jugé qu'une banque n'avait pas l'obligation de se renseigner sur la destination des fonds retirés par l'administrateur légal sur le compte du mineur. Ce droit de jouissance légale a cependant des exceptions, il ne porte pas sur :

Les biens acquis par le travail du mineur ;

Les biens donnés ou légués sous la condition expresse que les pères et mères n'en jouissent pas ;

Les biens provenant d'une succession dont le père ou la mère a été écarté comme indigne ;

Les sommes perçues par un mineur aux seules fins de réparation d'un préjudice extra patrimonial.

Ce droit de jouissance légale existe jusqu'à l'âge de 16 ans du mineur. Ainsi, le droit de jouissance légale est une prérogative de l'autorité parentale, elle ne peut donc être transférée. La jouissance légale appartient à l'exercice conjoint des deux parents, par le père ou la mère et au service de l'aide sociale à l'enfance.

Depuis la réforme du 15 novembre 2015, qui est entrée en vigueur le 1er janvier 2016, le parent qui exerce seul l'autorité parentale, n'a plus à solliciter le Juge pour accomplir la plupart des actes de disposition. Cette ordonnance législative met en place un régime unique d'administrateur légal qui appartient, soit aux deux parents, qui est l'autorité parentale, soit à celui qui a seul l'autorité parentale. Le parent seul n'a donc plus à demander l'accord du Juge, il peut exercer seul les actes administratifs mais également les actes de disposition, chose qu'il ne pouvait faire avant la réforme de 2015. Cependant, il existe des exceptions, les actes suivants doivent être autorisés par le Juge des tutelles :

La vente de gré à gré ;

L'apport en société d'un immeuble du mineur ;

Contracter un emprunt en son nom ou renoncer à un de ses droits.

Par ailleurs, le nouvel article 387-1 du Code Civil liste les actes soumis à l'autorisation du Juge des Tutelles :

Conclusion d'une transaction au nom du mineur ;

Le compromis au nom du mineur ;

L'acceptation d'une succession pure et simple pour le mineur ;

L'achat ou la location d'un bien du mineur par l'administrateur légal ;

La constitution gratuite d'une sûreté au nom du mineur ;

La réalisation d'actes portant sur des valeurs mobilières, s'ils engagent le patrimoine du mineur pour le présent ou l'avenir.

Le Juge des Tutelles reste toujours compétent pour statuer sur le désaccord entre les administrateurs légaux. Les parents ne sont pas à l'abri d'un recours en cas de mauvaise gestion, le contrôle du Juge des Tutelles est *a posteriori.*

Dans le cadre de la réparation du dommage corporel d'un mineur, le parent qui ne justifie pas de l'emploi des fonds versés, encourt une condamnation de restitution des sommes mal administrées, et dans ce cas le Juge peut, au surplus, prononcer la déchéance du droit de jouissance des parents. Il ne faut pas omettre aussi, que le mineur devenu majeur, peut poursuivre ses parents pour mauvaise gestion ou gestion indue devant les juridictions civiles et pénales. La prescription est alors quinquennale : le mineur devenu majeur a cinq ans, à compter de sa majorité ou de son émancipation, pour intenter son action en responsabilité afin d'obtenir la condamnation des administrateurs légaux à la restitution des sommes. Ces derniers ne peuvent échapper à la condamnation que s'ils prouvent que les fonds ont bien été utilisés pour l'éducation et l'entretien du mineur et non pas notamment pour leurs besoins personnels.

Il ne faut pas omettre aussi que les administrateurs légaux ne sont pas à l'abri de sanctions pénales en cas de détournement de fonds ou de biens du mineur, ou en cas d'utilisation abusive de ses biens. Ils peuvent être poursuivis pour les délits d'abus de confiance ou d'abus de faiblesse, tous deux réprimés par une peine d'emprisonnement de trois ans et une amende de 375.000€.

On peut en conclure que :

Avant 16 ans : Affectation présumée pour l'ensemble à l'entretien du mineur.

De 16 à 18 ans : La perception des biens et revenus mais les parents sont comptables de l'affectation et du supplément éventuel.

A 18 ans : Disparition de la jouissance légale. A sa majorité, le mineur peut demander des comptes à ses parents pendant les cinq années suivant sa majorité.

Les parents ont souvent le sentiment qu'ils sont à l'abri des lois, car il s'agit de leur enfant, certes, mais la gestion des biens du mineur est légalement encadrée, et les parents ne peuvent disposer comme ils le veulent des biens de leur enfant mineur, surtout pour leur compte personnel. Il faut donc être très vigilant.

Me Catherine MEIMON NISENBAUM

Avocate à la Cour d'Appel de PARIS

www.meimonnisenbaum.com – 09/2016

www.yanous.com 09/2016

PS : (Mai 2024)

L'ordonnance du 15 septembre 2021 portant réforme du droit des sûretés dispose concernant l'hypothèque légale qu'elle est accordée aux majeurs sous tutelle et aux mineurs sous administration légale sur ses biens immobiliers.

Accompagnement sexuel, préjudice indemnisable ?

Activité de fait clandestine en France, l'accompagnement sexuel des personnes lourdement handicapées devrait pourtant entrer de plein droit dans le cadre du préjudice sexuel dont l'indemnisation est reconnue par la jurisprudence.

L'accompagnement sexuel est défendu par un certain nombre d'associations en France (dont l'APPAS présidée par Marcel Nuss) qui militent en faveur des personnes en situation de handicap pour qu'elles puissent accéder à la dimension sexuelle par le biais de massages, caresses, tendresse, toucher, voire même l'acte sexuel en lui-même. Ces associations craignent d'être assimilées à un acte de proxénétisme, interdit par la loi, puisque l'association formatrice de l'accompagnant sexuel sert d'intermédiaire entre la personne en situation de handicap, qui serait « *un client* » et l'accompagnant sexuel qui serait « *un prostitué* ». Il faut rappeler que le proxénétisme est un délit grave qui peut être punissable de 7 ans d'emprisonnement et de 150.000€ d'amende, sans compter la loi du 13 avril 2016 qui a voté la pénalisation pour les clients des prostitués à raison d'une amende de 1.500€.

Cependant, on peut également considérer, dans le cadre de la réparation d'un dommage corporel, que l'accompagnant sexuel ne peut être assimilé à « *un prostitué* » lorsqu'il est sollicité par une personne en situation de handicap grave, qui ne peut faire autrement que de solliciter ses services pour répondre au besoin fondamental qui est un des plaisirs de la vie et aussi de la santé, qui est l'acte sexuel.

Il faut rappeler que l'Organisation Mondiale de la Santé (OMS) en 2002 a donné la définition suivante du concept de santé sexuelle : « *Un état de bien-être physique, émotionnel, mental et social en relation avec la sexualité et non pas simplement l'absence de maladies, de disfonctionnement ou d'infirmités [...] afin d'atteindre et de maintenir la santé sexuelle, les droits sexuels de toutes les personnes doivent être respectés, protégés et assurés* ». La santé sexuelle de toute personne implique donc la possibilité d'avoir des expériences sexuelles qui soient sources de plaisir et donc la nécessité implique aussi que les droits sexuels soient respectés, protégés et assurés.

L'OMS définit la santé comme un complet bien-être physique, mental, social qui inclut la sexualité. Le droit d'entretenir des relations sexuelles est reconnu comme un droit fondamental consacré par la notion d'autonomie personnelle, composante du droit au respect de la vie privée et familiale. C'est pourquoi l'accompagnant sexuel doit être compris comme réalisant un besoin de bonne santé sexuelle et donc de bonne santé en général, et que sa prise en charge est possible dans le cadre de la réparation du dommage corporel.

En effet, les personnes gravement handicapées, qui ont subi un dommage corporel consécutif notamment à un accident de voiture, une agression ou un acte médical, doivent pouvoir obtenir réparation de leur préjudice sexuel qui inclut les frais occasionnés pour utiliser les services d'un accompagnant sexuel. Il est certain que les personnes qui subissent un handicap grave n'ont pas souvent la possibilité de se déplacer facilement, mais surtout, elles subissent le regard des autres, qui ne facilite pas les relations sexuelles, ainsi elles peuvent avoir recours à un accompagnant sexuel. Par ses massages et son toucher, l'accompagnant sexuel va participer à l'épanouissement de la personne gravement handicapée, à son bien-être et à sa santé et lui permettre de retrouver son droit à la sexualité d'une manière générale.

La nomenclature Dintilhac qui est utilisée couramment, pour ne pas dire exclusivement, dans des litiges en réparation d'un dommage corporel, définit le préjudice sexuel notamment comme suit : *« Ce poste concerne la réparation des préjudices touchant à la sphère sexuelle. Il convient de distinguer trois types de préjudice de nature sexuelle [2] le préjudice lié à l'acte sexuel lui-même qui repose sur la perte du plaisir lié à l'accomplissement de l'acte sexuel (perte de l'envie ou de la libido, perte de la capacité physique de réaliser l'acte, perte de la capacité à accéder au plaisir)* ». Il est indiscutable que cette définition très complète du préjudice sexuel permet d'inclure l'accompagnant sexuel dans le cadre de la réparation.

En effet, dans le cadre d'un handicap grave « *l'acte sexuel lui-même qui repose sur la perte de plaisir lié à l'accomplissement de l'acte sexuel (perte de la libido...)* » peut être en cause et celui-ci est pris en compte par l'accompagnant sexuel qui tente de remédier à cette perte de plaisir. Il convient d'indiquer que la Cour de cassation, dans un arrêt du 17 juin 2010 retient aussi cette définition très large du préjudice sexuel, qui est l'atteinte sous toutes ses formes à la vie sexuelle : « *Le préjudice sexuel comprend tous les préjudices touchant à la sphère sexuelle à savoir le préjudice morphologique lié à l'atteinte aux organes sexuels primaires et secondaires résultant du dommage subi, le préjudice lié à l'acte sexuel lui-même qui repose sur la perte du plaisir lié à l'accomplissement de l'acte sexuel, qu'il s'agisse de la perte de l'envie ou de la libido, de la perte de la capacité physique de réaliser l'acte ou de la perte de la capacité à accéder au plaisir, le préjudice lié à une impossibilité ou à une difficulté à procréer. »*

Dans ces conditions, les personnes en situation de grave handicap ou de perte d'autonomie conséquente peuvent subir un préjudice sexuel et notamment une perte de plaisir lié à l'accomplissement de l'acte sexuel et peuvent donc être contraintes de solliciter un accompagnant sexuel qui fait partie intégrante de leur droit à réparation. L'accompagnant sexuel de par sa pratique et la pédagogie apprise, va pouvoir tenter de redonner du plaisir à ces personnes gravement handicapées par le biais de sa pratique.

Dès lors on peut envisager la prise en charge de l'accompagnant sexuel au titre du préjudice sexuel dans le cadre de la réparation du dommage corporel, uniquement pour les personnes gravement handicapées qui n'ont pas d'autre solution qu'avoir recours à l'accompagnant sexuel. Il existe donc un besoin ou une fonction qui a été endommagé par un accident de la voie publique, une agression ou un acte médical par exemple qui peut être indemnisé. En effet, le recours à ce tiers pourrait rentrer dans la définition du préjudice sexuel et donc une indemnisation à ce titre pourrait être envisagée dans le cadre de la réparation du dommage corporel.

Le droit à la santé sexuelle se développe de plus en plus, alors pourquoi ne pas concevoir aussi, pour des personnes gravement handicapées, qui ont un besoin essentiel à assouvir et qui sont des victimes, de pouvoir être indemnisées également pour ce poste de préjudice. Cela serait une avancée jurisprudentielle possible puisque prévue dans la définition même du préjudice sexuel. Il serait temps d'accepter sans pudibonderie un préjudice qui fait essentiellement partie de toute vie.

Me Catherine MEIMON NISENBAUM

Avocate à la Cour d'Appel de PARIS

www.meimonnisenbaum.com – 06/2016

www.yanous.com 06/2016

Aménagements et crédit d'impôt

Pour être retenue par l'Administration et bénéficier d'un crédit d'impôt, l'installation au domicile d'équipements adaptés doit être spécifiquement conçue pour permettre l'utilisation par une personne handicapée. Explications.

Les conditions pour bénéficier d'un crédit d'impôt conformément à l'article 200 quater A du Code Général des Impôts, en cas d'installation ou de remplacement des équipements spécialement conçus pour les personnes âgées ou handicapées, sont appréciées de façon très restrictive par les juridictions administratives. Tel est l'apport de l'arrêt rendu par la Cour Administrative d'Appel de Lyon le 9 février 2016.

En l'espèce, un couple de personnes âgées a procédé en 2008 par le biais d'une entreprise à la réfection de leur salle de bain en remplaçant uniquement leur baignoire par une douche. Estimant que ces travaux entrent dans le champ de l'article 200 quater A du code général des Impôts, ils ont sollicité le bénéfice d'un crédit d'impôt de 25% du montant de la facture acquittée. Suite à un contrôle sur pièces, l'administration fiscale a remis en cause le bénéfice de ce crédit d'impôt et a accepté à hauteur de 200 euros les dépenses uniquement afférentes à la pose de barres d'appui. Le tribunal administratif de Clermont-Ferrand, par jugement en date du 8 juillet 2014, a prononcé la décharge partielle des impositions litigieuses et a jugé que ces dépenses entraient bien dans le champ du crédit d'impôt.

Le ministre des Finances et des Comptes Publics a interjeté appel du jugement. Par le biais de cet appel, le couple de personnes âgées a fait un appel incident et a sollicité la décharge totale de l'imposition litigieuse. Le jugement est annulé et la Cour Administrative d'Appel, par arrêt du 9 février 2016, censure la décision des juges de première instance :

Le couple de personnes âgées ne justifie nullement que l'équipement installé dans sa globalité a été spécialement conçu pour les personnes âgées ou handicapées ;

Quant au raisonnement des juges de première instance d'isoler certains travaux pour les faire rentrer dans le bénéfice du crédit d'impôt, la Cour administrative d'Appel le censure. « La base du crédit d'impôt comprend le coût des pièces, fournitures et systèmes destinés à s'intégrer ou à constituer une fois réunis, l'équipement spécialement conçu pour les personnes âgées ou handicapées », une décharge partielle n'est pas admissible.

Le couple est ainsi rétabli au rôle de l'impôt sur le revenu à hauteur des droits et pénalités dont la décharge a été prononcée. Les juridictions administratives apprécient donc très restrictivement les équipements rentrant dans le bénéfice du crédit d'impôt et cette position est justifiée au regard des dispositions légales en vigueur. En effet, aux termes de l'article 200 Quater A du code général des impôts :

« Les contribuables propriétaires, locataires ou occupants à titre gratuit d'un logement situé en France, affecté à leur habitation principale, peuvent bénéficier d'un crédit d'impôt sur le revenu au titre des dépenses d'installation ou de remplacement d'équipements spécialement conçus pour les personnes âgées ou handicapées :
1/ Payés entre le 1er janvier 2005 et le 31 décembre 2017 dans le cadre de travaux réalisés dans un logement achevé ;

2/ Intégrés à un logement acquis neuf entre le 1er janvier 2005 et le 31 décembre 2017 ;

3/ Intégrés à un logement acquis en l'état futur d'achèvement ou que le contribuable fait construire, achevé entre le 1er janvier 2005 et le 31 décembre 2017[...]

5/ Le crédit d'impôt est égal à :

- *a)* *25 % du montant des dépenses mentionnées au 1 ;*
- *b)* *a bis) 40 % du montant des dépenses mentionnées au 1 bis.*
- c) *6/ Les travaux et les dépenses d'acquisition, d'installation ou de remplacement mentionnés aux 1 et 1 bis s'entendent de ceux figurant sur la facture d'une entreprise ou, le cas échéant, dans les cas prévus aux 2° et 3° du 1, des dépenses figurant sur une attestation fournie par le vendeur ou le constructeur du logement. Les dépenses mentionnées aux 1 et 1 bis ouvrent droit au bénéfice du crédit d'impôt, sous réserve que le contribuable soit en mesure de présenter, à la demande de l'administration fiscale, l'attestation mentionnée au premier alinéa du présent 6 ou les factures, autres que des factures d'acompte, des entreprises ayant réalisé les travaux et comportant, outre les mentions prévues à l'article* 289 *[du CGI], l'adresse de réalisation des*

travaux, leur nature ainsi que la désignation et le montant des équipements et travaux mentionnés aux 1 et 1 bis. »

Cet article ne vise à première vue que les équipements installés dans sa résidence principale par le biais d'une entreprise et spécialement conçues pour les personnes âgées ou handicapées sans autre précision. Pour autant, le code liste de façon très limitative les équipements de ce type. Il s'agit notamment :

des équipements sanitaires attachés à perpétuels demeure tels que éviers et lavabos à hauteur réglable, baignoires à porte latérale escamotable permettant un accès facile à la personne, sur élévateur de baignoire, siphon dévié, cabines de douche intégrales, bacs et portes de douche dont les dimensions non standard permettent une utilisation en fauteuil roulant adapté, sièges de douche muraux se fixant au mur, sur élévateur de WC;

des équipements de sécurité et d'accessibilité attachés à perpétuelle demeure tels que par exemple main courantes, barres de maintien et d'appui, poignées de rappel de portes, rampes fixes.

Par cette liste limitative des équipements éligibles au crédit d'impôt, l'arrêt rendu est conforme à la loi. Il ne suffit pas de remplacer une baignoire par une douche pour bénéficier du crédit d'impôt, encore faut-il que l'installation faite permette une utilisation en fauteuil roulant adapté. En l'espèce, le couple de personnes âgées n'a nullement installé une douche permettant le passage d'un fauteuil roulant. Souffrant uniquement de la hanche, ils se sont contentés d'installer une simple douche avec barre d'appui soulageant son confort et ses douleurs de hanche. L'arrêt est donc ainsi justifié au regard de la loi.

Dans la même hypothèse, les douches à l'italienne sont également exclues du bénéfice de ce crédit d'impôt. Il ne suffit pas d'installer une telle douche, encore faut-il que soient intégrés des éléments spécifiques et indispensables à l'accessibilité et l'utilisation par une personne en fauteuil roulant. Ainsi, installer une simple douche à l'italienne avec des barres d'appui sera insuffisant. Il faut que la douche permette le passage du fauteuil roulant, ce qui ne devait pas être le cas dans l'arrêt d'espèce.

Autre condition indispensable du bénéficie de ce crédit d'impôt : l'installation doit être faite dans son ensemble par une entreprise et non par le contribuable lui-même. Enfin la base du crédit d'impôt sera établie sur le coût des pièces et fournitures qui une fois réunies constituent l'équipement adapté ainsi que sur la main d'œuvre outre les frais administratifs. Dès lors, il n'est pas possible d'isoler certains travaux pour les faire rentrer dans le bénéfice du crédit d'impôt. L'équipement est apprécié dans son ensemble, fournitures et pièces annexes incluses.

Il est donc important pour une personne handicapée, avant d'installer une salle de bain adaptée, de se renseigner sur les équipements et vérifier au préalable qu'ils relèvent des conditions légales d'application et qu'ils sont bien intégrés dans la liste limitative du code général des impôts pour pouvoir bénéficier du crédit d'impôt.

Me Catherine MEIMON NISENBAUM

Avocate à la Cour d'Appel de PARIS

www.meimonnisenbaum.com – 03/2016

www.yanous.com 03/2016

NB : le crédit d'impôt est détaillé par l'administration fiscale sur une brochure qui n'est consultable que via une interface Flash inaccessible aux contribuables aveugles ou malvoyants...

Vie et mort de Vincent Lambert

Dans un arrêt de 50 pages, la Cour Européenne des Droits de l'Homme a jugé que la France ne commettrait pas d'infraction à ses engagements internationaux si l'alimentation et l'hydratation artificielles de Vincent Lambert étaient arrêtées. Analyse.

1/ Sur les décisions antérieures :

Vincent Lambert a été victime d'un grave accident de la voie publique le 29 septembre 2008, à l'âge de 32 ans, à la suite duquel il a subi un traumatisme crânien grave. Tétraplégique et entièrement dépendant, il est hospitalisé à l'unité des patients en état pauci relationnel du Centre Hospitalier Universitaire de Reims (Marne) et bénéficie d'une hydratation et d'une alimentation artificielle par voie entérale. En juillet 2011, le Coma Science Group (service spécialisé de l'université de Liège en Belgique) conclut qu'il était dans un état neurovégétatif chronique qualifié de « *conscience minimale plus* », et préconisa des séances quotidiennes de kinésithérapie et d'orthophonie, qui ne donnèrent aucun résultat ni ne permirent l'établissement d'un code de communication.

En 2012, ayant cru percevoir des signes de plus en plus marqués d'opposition aux soins et à la toilette par Monsieur Lambert, l'équipe médicale engagea début 2013, avec l'épouse de ce dernier, la procédure collégiale prévue par la loi du 22 avril 2005, dite *Léonetti,* relative aux droits des malades et à la fin de vie. Le 10 avril 2013, au terme de la procédure collégiale, le Docteur K., médecin de Vincent Lambert et chef de service du CHU de Reims, décidait d'arrêter sa nutrition et de réduire son hydratation. Le 9 mai 2013, les parents ainsi qu'une sœur et un demi-frère de Monsieur Lambert sollicitaient en référé devant le Tribunal Administratif de Châlons-en-Champagne (Marne) l'injonction sous astreinte du Centre Hospitalier de rétablir son alimentation et son hydratation et de lui prodiguer les soins nécessités par son état de santé. Par ordonnance de référé du 11 mai 2013, le Juge, constatant que Vincent Lambert n'avait pas rédigé de directives anticipées ni désigné de personne de confiance et que ses parents n'avaient pas été associés à la procédure collégiale alors qu'ils s'opposaient à la décision prise par le médecin, considéra que ce manquement procédural caractérisait une atteinte grave et manifestement illégale à une liberté fondamentale, et enjoignit en conséquence au Centre Hospitalier de rétablir son alimentation et son hydratation et de lui prodiguer les soins nécessités par son état de santé.

A compter de septembre 2013, une nouvelle procédure collégiale fut engagée au cours de laquelle le Docteur K. consulta notamment six médecins choisis respectivement par les parents, l'épouse et l'équipe médicale, dont cinq se déclarèrent favorables à l'arrêt du traitement. Il réunit deux conseils de famille avec l'épouse et six des huit frères et sœurs qui se prononcèrent pour l'interruption de l'alimentation et de l'hydratation artificielle, ainsi que les parents de Vincent Lambert et deux de ses frères et sœurs qui se prononcèrent pour son maintien. Le 11 janvier 2014, au terme d'un rapport motivé de treize pages lues à la famille, le Docteur K. annonça son intention, sous réserve d'une saisine du Tribunal Administratif, d'interrompre la nutrition et l'hydratation artificielles. Ce rapport constatait que la situation de Vincent Lambert se caractérisait par la nature irréversible des lésions cérébrales, que le traitement apparaissait inutile, disproportionné et n'ayant d'autre effet que le maintien artificiel de la vie et qu'il était certain qu'il ne souhaitait pas avant son accident vivre dans de telles conditions. Selon le Docteur K., la prolongation de sa vie par la poursuite de traitements de nutrition et d'hydratation artificielles relevait d'une obstination déraisonnable. Le 13 janvier 2014, les parents ainsi qu'une sœur et un demi-frère de Vincent Lambert sollicitaient devant le Tribunal Administratif de Châlons-en-Champagne qu'il soit fait interdiction au Centre Hospitalier et au médecin de supprimer l'alimentation et l'hydratation de Monsieur Vincent Lambert et d'ordonner son transfert immédiat dans une unité de vie spécialisée.

Siégeant en formation plénière de neuf juges, le Tribunal suspendit le 16 janvier 2014 la décision du Docteur K. et rejeta la demande de transfert de Monsieur Vincent Lambert au motif que :

L'article 2 de la Convention Européenne des Droits de l'Homme ne s'oppose pas à ce qu'un Etat règlemente la possibilité pour un individu de s'opposer à un traitement qui pourrait avoir pour effet de prolonger sa vie, ou à un médecin, en charge d'un patient hors d'état d'exprimer sa volonté ;

Il résulte des dispositions du code de la santé publique que l'alimentation et l'hydratation artificielles par voie entérale, ont pour objet d'apporter des nutriments spécifiques aux patients dont les fonctions sont altérées et constituent un traitement ;

Le Docteur K. avait apprécié de manière erronée la volonté de Vincent Lambert, d'une part en retenant qu'il avait exprimé la volonté de ne pas être maintenu en vie dans cette hypothèse, alors que non confortée par des directives anticipées ni par la désignation d'une personne de confiance, cette affirmation ne constituait pas une manifestation formelle d'une volonté expresse. D'autre part en retenant comme manifestation de volonté les relations conflictuelles de Vincent Lambert avec ses parents dont il ne partageait pas les valeurs morales et les engagements religieux, enfin en déduisant de ses manifestations d'opposition aux soins une volonté univoque quant à la volonté de rester ou non en vie ;

Selon le rapport établi en 2011 par le CHU de Liège, Monsieur Vincent Lambert était dans un état pauci relationnel, impliquant la persistance d'une perception émotionnelle et l'existence de possibles réactions à son environnement et que dès lors l'alimentation et l'hydratation artificielles n'avaient pas pour objet de le maintenir artificiellement en vie ;

L'absence de contraintes ou souffrances engendrées par le traitement ne permettait pas de le qualifier d'inutile ou disproportionné.

L'affaire fut portée devant le Conseil d'Etat notamment par l'épouse de Monsieur Lambert, qui renvoya l'affaire devant une formation plénière de 17 membres. L'Union Nationale des Associations de Familles de Traumatisés Crâniens (UNAFTC) intervenait également à l'instance. Le Conseil d'Etat estima nécessaire d'ordonner une expertise médicale confiée à des praticiens disposant de compétences reconnues en neurosciences afin de lui donner notamment toutes indications utiles sur les perspectives d'évolution de l'état de santé de Monsieur Lambert, et sur ses possibilités de communication. Après l'avoir examiné à neuf reprises, le collège d'expert rendit son rapport le 26 mai 2014, dont les conclusions étaient les suivantes :

L'état clinique correspondait selon eux à un état végétatif sans signe de conscience minimale, avec troubles de la déglutition, atteinte motrice très sévère des quatre membres et aggravation de l'état de conscience depuis l'évaluation faite à Liège en 2011 ;

Ils conclurent par ailleurs, eu égard à la durée des soins et la nature des lésions que celles-ci étaient irréversibles et que le pronostic clinique était mauvais ;

Ils indiquèrent enfin que Vincent Lambert n'était pas en mesure d'établir une communication fonctionnelle avec son entourage et que la réaction aux soins ou stimulations douloureuses ne correspondait pas à une réponse consciente susceptible d'interprétation sur la volonté que soit arrêté ou poursuivi son traitement.

Le Conseil d'Etat invita par ailleurs l'Académie Nationale de Médecine, le Comité Consultatif National d'Ethique et le Conseil National de l'Ordre des Médecins ainsi que le député Jean Leonetti, rapporteur de la loi du 22 avril 2005, à lui présenter des observations écrites sur les notions d'obstination déraisonnable et de maintien artificiel de la vie en particulier au regard des personnes dans un état pauci relationnel.

Le Conseil National de l'Ordre des Médecins précisa qu'en employant le terme « seul maintien artificiel de la vie » dans le code de la santé publique (article L.1110-5), le législateur avait voulu viser la situation des personnes chez lesquelles le maintien de la vie n'est assuré que par le recours à des moyens et techniques de substitution de fonctions vitales essentielles, mais aussi celles pour lesquelles est constatée une altération profonde et irréversible des fonctions cognitives et relationnelles, et qu'en l'absence de signe d'amélioration des états pathologiques chroniques, la poursuite de ces moyens et techniques pouvait être considérée comme une obstination déraisonnable.

Jean Leonetti rappela que la loi ne s'applique pas nécessairement aux personnes « *en fin de vie* » et que la notion de « *maintien artificiel de la vie* » est utilisée lorsqu'il s'agit de « *patient présentant des lésions cérébrales majeures et irréversibles et que son état ne présente plus de possibilité de conscience de soi et de vie relationnelle* ». Il ajouta par ailleurs que la responsabilité de la décision d'arrêt de traitement pèse sur le médecin et non pas sur la famille. L'Académie Nationale de Médecine rappela l'interdit fondamental pour le médecin de donner délibérément la mort à autrui, qui est la base de la relation de confiance entre le patient et le médecin. Le Comité Consultatif National d'Ethique préconisa une réflexion sur le processus de délibération collective et la possibilité d'une médiation en l'absence de consensus.

Lors de l'audience devant le Conseil d'Etat, le rapporteur public souligna notamment « *à ceux dont la vocation [est] de soigner, le législateur [n'] a pas voulu imposer de franchir le fossé existant entre laisser la mort faire son œuvre, lorsque plus rien ne peut l'empêcher, et celui de l'infliger directement par l'administration d'un produit létal. En interrompant un traitement, le médecin ne tue pas, il se résout à se retirer lorsqu'il n'y a plus rien à faire* ».

En premier lieu, le Conseil d'Etat affirma que les dispositions du code de la santé publique qui permettent à un médecin de prendre, à l'égard d'une personne hors d'état d'exprimer sa volonté, une décision de limitation ou d'arrêt de traitement susceptible de mettre sa vie en danger que sous la double et stricte condition que la poursuite de ce traitement traduise une obstination déraisonnable et que soient respectées les garanties tenant à la prise en compte des souhaits éventuellement exprimés par le patient et à la consultation d'au moins un autre médecin et de l'équipe soignante ainsi que de la personne de confiance et de la famille ou d'un proche, avec possibilité d'un recours juridictionnel pour s'assurer du respect de ces conditions, ne sont pas contraires aux dispositions des articles 2 et 8 de la Convention Européenne des Droits de l'Homme.

Il indiqua ensuite que l'alimentation et l'hydratation artificielles constituent bien des traitements susceptibles d'être interrompus lorsque leur poursuite traduirait une obstination déraisonnable, mais que le seul fait d'en être tributaire ne la caractérise pas à elle seule. Il précisa que le médecin qui envisage de prendre une telle décision doit se fonder sur un ensemble d'éléments médicaux (parcours médical, séquelles et évolution de l'état de santé, souffrance…) et non médicaux (avis de la personne de confiance et de la famille) dont le poids respectif ne peut être prédéterminé, mais relève de la singularité de chaque situation.

En toute hypothèse, le médecin doit accorder une importance particulière à la volonté qu'aurait pu exprimer le patient de quelque façon que ce soit, et lorsque celle-ci est inconnue, ne pas présumer qu'elle consiste en un refus d'être maintenu en vie. Le médecin doit toujours être guidé « *par le souci de la plus grande bienfaisance à son égard* ». En l'espèce, le Conseil d'Etat jugea le 24 juin 2014 que la décision du médecin n'était pas illégale et rejeta la demande des parents. Il considéra que la procédure préalable à l'adoption de la décision d'arrêt de traitement n'était entachée d'aucune irrégularité formelle en ce que le médecin avait parfaitement respecté l'ensemble de la procédure. D'un point de vue médical, le Conseil d'Etat releva que le rapport d'expertise collégiale dont les conclusions étaient unanimes confirmait celles du Docteur K. Enfin, il releva que le médecin avait tenu compte du souhait de Monsieur Lambert, plusieurs fois exprimé, de ne pas être maintenu artificiellement en vie dans l'hypothèse où il se trouverait dans un état de grande dépendance, et que l'absence d'unanimité entre les membres de la famille n'était pas de nature à faire obstacle à sa décision.

2/ Sur la décision de la CEDH :

La Cour Européenne des Droits de l'Homme par arrêt du 5 juin 2015 rappela que les dispositions du code de la santé publique concernées, à savoir les articles L.1110-1 et suivants, insérées par la loi du 22 avril 2005 dite Léonetti, n'autorisent en droit interne ni l'euthanasie, ni le suicide assisté, et ne permettent au médecin d'interrompre un traitement que si sa poursuite manifeste une obstination déraisonnable (c'est-à-dire relève de l'acharnement thérapeutique) et au terme d'une procédure réglementée.

La Cour releva que les députés Jean Leonetti et Alain Claeys ont déposé à l'Assemblée Nationale le 21 janvier 2015 une proposition de loi, adoptée par cette dernière le 17 mars 2015 puis par le Sénat le 23 juin suivant, contenant des modifications de la loi du 22 avril 2005 (ce texte sera prochainement examiné en seconde lecture par l'Assemblée Nationale). La Cour rappela aussi qu'un certain nombre de textes qui ont été adoptés par le Conseil de l'Europe à ce sujet.

La Cour rappela encore qu'en droit comparé concernant 39 des 47 états membres du Conseil de l'Europe, il n'existe pas de consensus pour autoriser l'arrêt d'un traitement n'ayant d'autre objet que la seule prolongation artificielle de la vie. Dans une majorité d'Etats, l'arrêt est possible sous certaines conditions fixées soit par les textes contraignants (loi) ou non (codes de déontologie) soit par la jurisprudence (Italie). Un consensus existe sur le rôle primordial de la volonté du patient dans la prise de décision, et il est prévu la consultation des proches sans nécessairement de hiérarchie parmi eux, même si certains Etats font prévaloir l'avis du conjoint. L'étude menée par la clinique des Droits de l'Homme conclut qu'il n'existe, à l'heure actuelle, aucun consensus au sein des Etats membres du Conseil de l'Europe pour autoriser ou non le suicide assisté ou l'euthanasie, mais qu'il y a en revanche un consensus pour encadrer strictement les modalités de l'euthanasie passive dans les Etats qui l'autorisent.

En droit, la Cour considère que ni les parents ni l'épouse de Monsieur Lambert n'ont qualité pour représenter ce dernier devant la Cour, mais que la requête de ses parents sera examinée au fond dans la mesure où les questions invoquées l'ont été en leur nom propre.

a/ Les arguments des parties et des tiers intervenants :

Les requérants considéraient que l'arrêt de l'alimentation et de l'hydratation artificielles de Monsieur Lambert était contraire aux obligations découlant pour l'Etat de l'article 2 de la Convention, et contestaient le processus ayant abouti à la décision d'arrêt de traitement. Selon eux, cette décision constitue un acte d'euthanasie dans la mesure où Monsieur Lambert n'est ni malade ni en fin de vie, mais gravement handicapé, que l'alimentation artificielle dont il bénéficie n'est pas un traitement susceptible d'être arrêté et que sa situation médicale ne relève pas de l'obstination déraisonnable. Ils reprochaient par ailleurs à la loi de ne pas tenir compte de la situation particulière du désaccord entre les membres d'une même famille.

Le gouvernement français soutint que la loi du 22 avril 2005 concilie le droit au respect de la vie et le droit du patient de consentir à un traitement ou de le refuser. La définition de l'obstination déraisonnable repose sur les principes éthiques de bienveillance et non-malfaisance, sur les fondements desquels les professionnels de santé ne peuvent délivrer que des traitements appropriés et doivent être guidés par le seul bénéfice du patient pour l'évaluation duquel doivent être pris en compte des éléments médicaux et non médicaux et notamment la volonté du patient. L'hydratation et l'alimentation artificielles constituent des traitements, ces derniers étant définis comme les moyens et interventions qui répondent à une insuffisance fonctionnelle du patient et qui supposent la mise en œuvre de techniques médicales intrusives. Le

Gouvernement souligna que la loi française prévoit un certain nombre de garanties procédurales (volonté du patient, avis de la personne de confiance, de la famille ou des proches, procédure collégiale) et la décision du médecin est soumise au contrôle du Juge.

Rachel Lambert souleva notamment que lorsque le patient n'a pas désigné de personne de confiance ni rédigé de directives anticipées, sa volonté doit être recherchée en sollicitant l'avis de sa famille. Le frère et la sœur de Monsieur Lambert soutinrent que l'incapacité de ce dernier à s'alimenter et s'hydrater seul, qui causerait son décès, caractérise bien la notion de traitements ne tendant plus qu'au seul maintien artificiel de la vie, et qu'en l'espèce la procédure collégiale a été parfaitement respectée.

L'UNAFTC estima que les patients en état végétatif chronique et en état pauci relationnel ne sont pas en fin de vie et ne sont pas maintenus artificiellement en vie, et que lorsque leur pronostic vital n'est pas engagé, l'alimentation et l'hydratation artificielles ne doivent pas être considérés comme un traitement susceptible d'être arrêté. Elle considère par ailleurs que la volonté du patient ne peut être rapportée par des propos oraux rapportés par une partie de la famille, que le doute doit toujours profiter à la vie et qu'une décision d'arrêt de traitement ne peut être prise en l'absence de consensus familial.

b/ Appréciation de la Cour :

La Cour a constaté qu'il n'existe pas de consensus entre les Etats Membres du Conseil de l'Europe pour permettre l'arrêt d'un traitement maintenant artificiellement la vie, même si une majorité d'Etats semble l'autoriser, et qu'il existe en tout état de cause un consensus sur le rôle primordial de la volonté du patient dans la prise de décision, quel qu'en soit le mode d'expression. En conséquence, la Cour a considéré que dans ce domaine qui touche à la fin de vie, il y a lieu d'accorder une marge d'appréciation aux Etats non seulement quant à la possibilité de permettre ou pas l'arrêt d'un traitement maintenant artificiellement la vie et à ses modalités de mise en œuvre, mais aussi quant à la façon de ménager un équilibre entre la protection du droit à la vie du patient et celle du droit au respect de sa vie privée et de son autonomie personnelle, mais que cette marge d'appréciation n'est toutefois par illimitée.

La Cour a indiqué, d'une part, qu'il résulte d'une décision du Conseil d'Etat en date du 14 février 2014 que les dispositions de la loi du 22 avril 2005 ont une portée générale et s'appliquent à tous les usagers du système de santé que le patient soit ou non en fin de vie. Mais également que la notion de traitements susceptibles d'être arrêtés ou limités inclut l'ensemble des actes qui tendent à assurer de façon artificielle le maintien des fonctions vitales du patient, dont font partie l'alimentation et l'hydratation artificielles.

D'autre part, la Cour a relevé que selon le droit français, un traitement est constitutif d'une obstination déraisonnable lorsqu'il est inutile, disproportionné ou qu'il n'a d'autre effet que le seul maintien artificiel de la vie. Sur ce dernier critère, utilisé dans l'affaire de Monsieur Lambert, la Cour constate que le Conseil d'Etat a détaillé les éléments à prendre en compte par le médecin pour apprécier si les conditions de l'obstination déraisonnable étaient réunies, et énoncé deux garanties importantes relatives à l'absence de présomption d'obstination déraisonnable lorsque le malade est privé de conscience ou d'autonomie le rendant tributaire d'un tel mode d'alimentation et d'hydratation, et à l'impossibilité, lorsque l'avis du malade n'est pas connu, de présumer un refus d'être maintenu en vie.

La Cour a donc conclu que les dispositions de la loi du 22 avril 2005 telles qu'interprétées par le Conseil d'Etat constituent un cadre législatif suffisamment clair et qu'elle encadre « *de façon précise la décision du médecin dans une situation telle que celle-ci* ». En l'espèce, elle a cependant relevé que le processus décisionnel a été mené de manière longue et très rigoureuse, excédant même les conditions posées par la loi, et que cette procédure a donc respecté les exigences de l'article 2. La Cour a souligné que le patient, même hors d'état d'exprimer sa volonté, est celui dont le consentement doit rester au centre du processus décisionnel, notamment par les souhaits qu'il aurait pu exprimer précédemment et confiés oralement à un membre de la famille ou un proche. Elle indique que les éléments de droit comparé dont elle dispose montrent qu'en l'absence de directives anticipées, la volonté présumée du patient doit être recherchée selon des modalités diverses (déclarations du représentant légal, de la famille, autres éléments témoignant de la personnalité, convictions du patient, etc.).

Dans ces conditions, elle a conclu que le Conseil d'Etat a pu estimer que les témoignages qui lui étaient soumis étaient suffisamment précis pour établir quels étaient les souhaits de Monsieur Lambert quant à l'arrêt ou au maintien de son traitement. La Cour a indiqué en « *considérations finales* » que son rôle a consisté à examiner le respect par l'Etat de ses obligations positives découlant de l'article 2 de la Convention, à savoir prendre les mesures nécessaires à la protection de la vie des personnes relevant de sa juridiction. Qu'en l'espèce, la Cour a considéré conformes aux exigences de cet article le cadre législatif prévu par le droit interne Français, tel qu'interprété par le Conseil d'Etat, ainsi que le processus décisionnel, mené en l'espèce d'une façon méticuleuse. Par ailleurs, la Cour a conclu, s'agissant des recours juridictionnels dont ont bénéficié les requérants, que l'affaire avait fait l'objet d'un examen approfondi où tous les points de vue avaient pu s'exprimer et tous les aspects avaient été mûrement pesés, au vu tant d'une expertise médicale détaillée que d'observations générales des plus hautes instances médicales et éthiques.

En conséquence, la Cour arrive à la conclusion que les autorités internes se sont conformées à leurs obligations positives, découlant de l'article 2 de la Convention compte tenu de la marge d'appréciation dont elles disposaient en l'espèce, et qu'il n'y a donc pas de violation de cet article.

La Cour a déclaré, à l'unanimité, la requête recevable quant au grief tiré par les requérants de l'article 2 en leur nom propre, rejeté à l'unanimité la demande de Rachel Lambert visant à représenter Vincent Lambert en qualité de tiers intervenant, et dit par douze voix contre cinq qu'il n'y aurait pas de violation de l'article 2 de la convention en cas de mise en œuvre de la décision du Conseil d'Etat du 24 juin 2014.

3/ Sur l'opinion en partie dissidente commune aux juges Hajiyev, Sikuta, Tsotsoria, De Gaetano et Gritco :

Pour résumer la décision de la Cour, l'opinion dissidente émise par cinq des dix-sept magistrats indique que finalement « ce qui est proposé revient ni plus ni moins à dire qu'une personne lourdement handicapée, qui est dans l'incapacité de communiquer ses souhaits quant à son état actuel, peut, sur la base de plusieurs affirmations contestables, être privée de deux composants essentiels au maintien de la vie, à savoir la nourriture et l'eau, et que de plus la Convention est inopérante face à cette réalité. » L'opinion dissidente est en désaccord avec la décision sur le rejet de la demande des parents et de l'épouse de Monsieur Lambert de représenter ce dernier devant la Cour. Elle précise qu'il se trouve dans un état végétatif chronique, en état de conscience minimale voire inexistante, mais qu'il n'est pas en état de mort cérébrale, et peut respirer seul et digérer la nourriture et surtout rien ne prouve qu'il ressente de la douleur.

A cet égard, l'opinion minoritaire cite les observations des requérants indiquant que Vincent Lambert est susceptible d'être levé, habillé, placé dans un fauteuil, sorti de sa chambre et que de nombreuses personnes dans un état similaire peuvent passer le weekend ou quelques jours en famille, notamment grâce à leur alimentation entérale. Par ailleurs, il est souligné que selon les éléments soumis à la Cour l'alimentation par voie entérale occasionne une atteinte minimale à l'intégrité physique, ne cause aucune douleur au patient et peut être administrée par la famille ou un proche, et qu'en ce sens l'alimentation et l'hydratation par voie entérale de Monsieur Lambert sont proportionnées à son état. Sur ce point, l'opinion dissidente dit ne pas comprendre pourquoi le transfert de Monsieur Lambert dans une clinique spécialisée a été bloqué par les autorités. Après ce constat, elle conclut que

« Vincent Lambert est vivant » et s'interroge : « *Qu'est ce qui peut justifier qu'un Etat autorise un médecin [à] cesser ou à s'abstenir de le nourrir et de l'hydrater, de manière à, en fait, l'affamer jusqu'à la mort ?* »

L'opinion minoritaire rappelle que selon elle, on ne sait pas si Monsieur Lambert, infirmier, souhaite ou même souhaitait réellement la poursuite de l'alimentation et de l'hydratation dans la situation où il se trouve actuellement, ce dernier n'ayant rédigé aucune directive anticipée ni désigné de personne de confiance. Ainsi, la décision du Conseil d'Etat, qui s'est basée sur des discussions informelles qu'il aurait eues avec son épouse et son frère, et rapportées par eux, ne permet pas d'avoir une certitude absolue de ses souhaits. A cette occasion, il est cité les observations des requérants qui ont fait valoir que celui qui ne souhaite pas vivre ne survit pas 31 jours sans manger et avec une hydratation réduite à 500 ml par jour, ce qui a été le cas pour Monsieur Lambert. L'opinion minoritaire rappelle qu'il ne se trouve pas dans une situation de fin de vie et que son alimentation, qui a pour but de le maintenir en vie, quelle que soit sa qualification de soin ou de traitement, demeure un moyen ordinaire de maintien de la vie qui doit en principe être poursuivi.

La véritable question est dès lors de savoir si « *l'hydratation et l'alimentation produisent un bénéfice pour le patient sans lui causer une douleur ou une souffrance indue ou une dépense excessive de ressources* ». Dans l'affirmative, l'Etat a l'obligation positive de préserver la vie du patient. Au contraire, si la charge excède les bénéfices, l'obligation de l'Etat cesse. A ce titre, il n'y a aucun doute en l'espèce sur le fait que Monsieur Lambert est vivant et toute personne se trouvant dans son état a une dignité humaine fondamentale et doit recevoir les soins ou traitements ordinaires et proportionnés ce qui inclut l'apport d'eau et de nourriture.

L'opinion dissidente consent l'existence d'une distinction entre euthanasie et suicide assisté d'une part, et abstention thérapeutique d'autre part. En l'espèce, elle considère cependant qu'il s'agit « *d'une affaire d'euthanasie qui ne veut pas dire son nom* » dès lors que les critères de la loi Léonetti appliqués à une personne inconsciente et soumise à un traitement qui relève du soin, ont pour résultat de précipiter un décès qui ne serait pas survenu autrement dans un avenir prévisible. Elle rappelle que le fait d'alimenter une personne, même par voie entérale, est un acte de soins qui, en cas d'abstention, entraine inévitablement la mort.

Me Catherine MEIMON NISENBAUM

Avocate à la Cour d'Appel de PARIS

www.meimonnisenbaum.com – 08/2015

www.yanous.com – *08/2015*

PS : (Mai 2024)

Dans le prolongement de l'arrêt CEDH commenté du 5 juin 2015 aux termes duquel la CEDH a jugé qu'il n'y avait pas de violation de l'article 2, les parents de Vincent Lambert avaient formé une demande de révision qui a été rejeté arrêt (CEDH en Grande Chambre du 06/07/2015).

Par la suite, il y a eu un nouveau responsable du service de soins palliatifs au CHU de Reims, le Dr SANCHEZ, qui a mis en place une nouvelle procédure collégiale ayant abouti à une nouvelle décision d'arrêt des traitements le 9 avril 2018, qui a été contestée par les parents :

- devant le Tribunal Administratif de Châlons en Champagne en requête référé liberté rejetée par jugement 31 janvier 2019 et confirmé par arrêt CE du 24 avril 2019 (n°428117) qui a validé l'arrêt des traitements ;

- saisine de la CEDH qui a rejeté la demande par arrêt du 30 avril 2019 ;

- plainte devant le Comité des droits des personnes handicapées (CDPH) de l'ONU qui a enjoint l'Etat français à prendre les mesures nécessaires pour veiller à ce que l'alimentation et l'hydratation de Monsieur Vincent LAMBERT ne soient pas suspendues pendant le traitement de son dossier. La France indique dans son mémoire en réponse du 10/05/2019 qu'elle n'est pas en mesure de mettre en œuvre de mesure conservatoire ;

- saisine du Défenseur des droits qui a estimé par décision du 17 mai 2019 qu'il ne lui appartenait pas de résoudre un éventuel conflit des normes ;

- saisine du juge des référés administratifs qui a rejeté par ordonnance du 15 mai 2019 la demande tendant à faire constater que le refus du gouvernement français de faire respecter les mesures provisoires constituaient une atteinte manifestement illégale au droit à la vie ;

- saisine en référé du Tribunal de Grande Instance de PARIS qui s'est déclaré incompétent pour connaître du litige par ordonnance du 17 mai 2019, Appel de cette décision et arrêt de la Cour d'Appel de PARIS du 20 mai 2019 qui s'est déclarée compétente pour se prononcer, en constant l'existence d'une voie de fait, et a ordonné la reprise des traitements jusqu'à la décision de la CDPH. Introduction d'un pourvoir en cassation qui par Assemblée plénière du 28 juin 2019 (19-17.330 et 19-17342) : prononce une cassation de l'arrêt d'appel au motif que la décision prise par l'Etat de ne pas déférer à la demande de mesures provisoires formulée par le CPDH ne portait pas atteinte à la liberté individuelle et que cette décision n'était pas manifestement insusceptible d'être rattachée à un pouvoir lui appartenant, de sorte que les conditions de la voie de fait n'étaient pas réunies.

Décès de Vincent Lambert le 11 juillet 2019 après nouvel arrêt de la nutrition et de l'hydratation mises en place le 2 juillet 2019 et la déclaration des parents qu'ils renonçaient à une nouvelle procédure judiciaire.

Au service de la victime d'un dommage corporel

Matière complexe aux enjeux considérables, le droit de l'indemnisation des victimes d'accidents, délits ou agressions entraînant des préjudices corporels repose sur des professionnels, dont l'avocat. Plaidoyer.

L'assistance d'un avocat spécialisé pour défendre les intérêts de la victime d'un dommage corporel important, qui conditionne notamment sa vie personnelle et/ou professionnelle, son autonomie, son mode de vie, sa dignité et sa sécurité, est primordiale. L'avocat spécialisé prendra en charge la défense de tout son dossier et ce tout au long du parcours d'indemnisation, qu'il soit amiable ou judiciaire.

L'avocat spécialisé doit être présent dans toutes les phases du processus indemnitaire et assister la victime lors de l'expertise médicale (amiable ou judiciaire) et technique (logement adapté, véhicule adapté, aides techniques), et ce d'autant plus que c'est l'avocat qui conseille le médecin-conseil de victimes qui assistera son client aux expertises, qui assure le choix et la communication des pièces des dires, et qui surtout discutera après l'expertise le droit applicable et le montant de l'indemnisation du dommage corporel en fonction de la jurisprudence.

Mais surtout lorsqu'ils sont importants, les dommages corporels sont de plus en plus contestés, la moindre faille est soulevée par les assureurs et les fonds de garantie, qui contestent le droit à indemnisation totale ou partielle. C'est l'avocat qui défendra le dossier. C'est aussi l'avocat spécialisé qui connaît le Droit et la Jurisprudence de cette matière très spécifique concernant notamment le Droit de la réparation du dommage corporel, le Droit médical, le Droit des assurances, pour la réparation notamment les accidents de la circulation en France ou à l'étranger, les agressions en France ou à l'étranger, les accidents médicaux, sportifs, domestiques…

Un avocat spécialisé est toujours préférable pour assister une victime, car il a la compétence de ces droits spécifiques, mais aussi et surtout il en a la pratique. La pratique permet à l'avocat spécialisé de comprendre son client, ses douleurs, ses besoins, sa vie, de savoir l'écouter et surtout le guider et le conseiller pour son avenir. La pratique permet notamment à l'avocat spécialisé de choisir le médecin-conseil de victimes en fonction du caractère spécifique du handicap de son client, de l'assister aux réunions d'expertises, de connaître les experts judiciaires et ceux des compagnies d'assurances et des fonds de garantie, pour mieux apprécier le dossier, et les Tribunaux et les Cours pour apprécier leurs jurisprudences, afin de mettre en place la meilleure défense possible.

Tout d'abord, l'avocat spécialisé connaît le mieux le dossier de la victime et décide avec elle s'il faut choisir de le régler à l'amiable ou judiciairement, au mieux des intérêts de la victime et de sa famille. Il connaît ces droits spécifiques et la pratique. Il sait analyser et orienter les discussions lors des expertises médicales et traduire les besoins de la victime conformément au droit en vigueur, qui ne relève pas de la compétence des médecins conseils. Il sait mettre en place la procédure d'indemnisation et tente d'obtenir toujours la meilleure évaluation du dommage corporel de son client en analysant au mieux les nombreux postes de préjudices patrimoniaux et extra patrimoniaux.

L'avocat spécialisé doit aider la victime à faire le choix entre la mise en place d'une procédure amiable (transaction) ou judiciaire (procès). Il en résultera souvent la mise en place d'une expertise médicale ou technique amiable ou judiciaire. La mise en place d'une procédure amiable en droit du dommage corporel n'est pas toujours possible en raison de la nature du droit applicable. Par exemple, dans le cadre des accidents de la circulation, de la faute médicale, de l'accident de la vie domestique ou sportive, un règlement amiable du litige peut être choisi dès le début de l'indemnisation par la victime, alors que tel n'est pas le cas par exemple pour la réparation d'une agression avec le fonds de garantie.

Par ailleurs, ce choix des procédures amiables ou judiciaires est impossible lorsque le droit à réparation est contesté totalement par l'assureur ou le fonds de garantie. La victime n'a dès lors pas d'autre possibilité que de saisir la justice pour faire reconnaître, s'il y a lieu, son droit. Il en est de même lorsque ce droit est contesté partiellement, la victime ayant alors intérêt, si elle le peut, à contester le pourcentage de responsabilité qui lui est imputé, voire aussi à le contester totalement, car son indemnisation sera plus importante.

Surtout, le choix de la mise en place d'une procédure amiable ou contentieuse dépend de la spécificité du dossier, du droit applicable, de la jurisprudence, du tribunal compétent pour trancher le litige, de l'importance du dommage corporel, de l'offre de l'assureur ou du fonds de garantie, du choix du médecin conseil de l'assureur ou du fonds de garantie avec qui il peut être difficile de concevoir une juste évaluation du dommage corporel. Toutes ces composantes, qui sont déterminantes, ne peuvent être discutées pleinement qu'avec un avocat spécialisé qui pratique au quotidien la défense des victimes d'un dommage corporel et qui est assisté de médecins conseils de victimes.

Enfin, la mise en place d'une procédure amiable, qui aboutit à une transaction et non à la mise en place d'un procès, est présentée souvent comme plus simple, plus rapide, ce qui n'est pas toujours exact. Il est préférable d'opter pour la procédure qui répare le mieux la victime car, une fois la réparation définitive, on ne peut revenir en arrière. Cet aspect est essentiel car, mal réparée, la victime vivra toute sa vie avec une mauvaise indemnisation, et par cela elle sera doublement victime.

Il faut aussi rappeler que pour indemniser un accident corporel consécutif notamment à un accident de la circulation, à une infraction, à une erreur médicale, à un accident sportif ou domestique notamment, il existe deux phases, l'une étant l'évaluation médicale du dommage corporel lors de l'expertise médicale, et l'autre la discussion du droit applicable et l'évaluation indemnitaire dudit dommage. Dans la première phase, l'avocat spécialisé et le médecin conseil de victimes doivent collaborer ensemble ; dans la deuxième phase, seul l'avocat est présent et assure la défense de son client.

Il est donc difficile de comprendre pourquoi certaines victimes d'un dommage corporel relativement important notamment, se défendent seules devant les professionnels que sont les compagnies d'assurances, les mutuelles et les fonds de garantie. Sont-elles avocat et médecin ? Pourtant, dans la vie de tous les jours la victime comprend facilement qu'elle doit recourir à un médecin spécialiste, comme notamment un cardiologue, un ophtalmologue, un neurologue… car un médecin ne peut pas tout savoir avec précision. En droit, le même problème se pose : la victime choisit un avocat pour se défendre, mais l'avocat ne peut pas tout savoir et connaître tous les droits et toutes les pratiques. Il faut mesurer ses limites, surtout dans le cadre d'un dommage corporel relativement important qui conditionne la vie, l'avenir, la sécurité et la dignité des victimes. Mais aussi, quand on est une victime d'un dommage corporel, prendre un avocat de victimes qui n'a pas de liens ou d'accords avec des assureurs ou des fonds de garantie peut être préférable.

Il ne faut jamais croire que pour un avocat spécialisé dans la défense des victimes, tout est simple. Tout est aussi complexe pour lui : il doit comprendre son client, essayer de le conseiller au mieux de la situation juridique de son dossier et de sa vie personnelle, il doit tenter d'obtenir des provisions importantes pour lui permettre de patienter et de vivre dignement et en toute sécurité jusqu'à la fin de l'indemnisation et de réussir au mieux celle-ci.

L'avocat doit voir la douleur de son client et de sa famille, la comprendre et la transcender pour lui permettre de défendre au mieux leurs intérêts. Ce n'est pas chose facile de se rendre dans les hôpitaux, les centres de rééducation fonctionnelle, les Maisons d'Accueil Spécialisé et les foyers, et au domicile de ses clients pour appréhender toute cette souffrance, la vivre avec ses clients tout le long du processus d'indemnisation et surtout garder les idées claires et maintenir le cap.

Un avocat spécialisé a une sensibilité comme tout un chacun, c'est un spécialiste certes, mais il ne peut défendre ce qu'il ne comprend pas, ce qu'il ne sent pas, ce qu'il ne voit pas. Il lui arrive très souvent d'avoir mal, de ne pas pouvoir dormir à l'image de certaines scènes, mais le problème n'est pas là, ou plus exactement, c'est aussi sa pratique, son cœur, son caractère, ses valeurs et sa propre vie qui lui permettent d'assurer au mieux la défense de ses clients : le rejet de l'injustice, l'amour et le respect de l'humain.

La victime doit toujours s'informer et ne pas se presser dans ses choix, car la réparation d'un dommage corporel est un processus long, qui peut conditionner sa vie et celle de sa famille. Il faut toujours avoir confiance en son avocat car à défaut, il est difficile de concevoir une bonne défense.

Me Catherine MEIMON NISENBAUM

Avocate à la Cour d'Appel de PARIS

www.meimonnisenbaum.com – 05/2014

www.yanous.com – *05/2014*

A la mémoire d'André Meimon

Catherine Meimon Nisenbaum rend hommage à son père récemment disparu, qui a guidé ses pas dans la vocation d'avocat dédié à la défense des victimes d'accidents corporels.

A mon père, Maître André Meimon, qui a exercé pendant 56 ans sa profession, avocat spécialisé au Barreau de Paris dans la réparation du préjudice corporel, qui toute sa vie n'a défendu que les victimes d'un dommage corporel et qui fut un pionner dans cette spécialisation.

Sa profession d'avocat était toute sa vie, il l'a aimée et défendue avec force et vigueur jusqu'à l'extrémité de ses possibilités.

Il y a plus de trente ans – j'étais avocat stagiaire au cabinet de mon père à cette époque -, cette spécialisation n'était que balbutiement, mais il avait déjà arrêté les points essentiels pour défendre ses clients atteints d'un dommage corporel. Il fallait toujours tenter de rétablir, disait-il inlassablement, l'équilibre si difficile entre les deux plateaux de la balance de la Justice, entre les droits des victimes et les droits des compagnies d'assurances.

Aussi Maître André Meimon était-il toujours l'avocat des victimes. Il ne fallait pas mélanger les genres, on ne pouvait être l'avocat de victimes un jour et l'avocat d'une compagnie d'assurances, d'une mutuelle, d'un fonds, un autre jour.

Déontologiquement, l'amalgame est autorisé : un avocat doit défendre toutes les causes. Mais mon père avait choisi la sienne et n'a jamais failli, et j'en ai fait de même avec fierté.

Maître André Meimon était toujours présent pour ses clients, il leur rendait visite dans les centres de rééducation fonctionnelle, dans les hôpitaux, à domicile. Il était présent, car ses dossiers étaient longs et il savait que le contact avec son client était essentiel. Il avait une grande humanité.

Maître André Meimon estimait aussi que l'assistance à l'expertise médicale était primordiale. Très tôt, il organisait des expertises médicales où ses clients étaient assistés par un médecin-conseil choisi par lui (donc un médecin-conseil de victimes) et il assistait aussi son client aux expertises médicales amiables ou judiciaires. Cette bonne pratique est aujourd'hui essentielle pour l'indemnisation d'un préjudice corporel. La victime ne doit pas être seule à une expertise, elle doit être assistée selon le dossier par deux professionnels, un avocat spécialisé et un médecin-conseil de victimes. Cela aussi, mon père l'avait compris depuis longtemps.

Par ailleurs, Maître André Meimon transigeait très peu, car il estimait que les tribunaux étaient plus à même d'apprécier et d'évaluer un dommage corporel. L'évolution de la jurisprudence lui a donné ô combien raison.

Aujourd'hui, si un avocat spécialisé peut effectivement transiger avec une compagnie d'assurances, une mutuelle ou un fonds, c'est bien en raison de la jurisprudence que les régleurs redoutent. Cette jurisprudence n'existerait plus si les avocats transigeaient tous leurs dossiers sans se battre devant les tribunaux pour faire valoir encore et encore les droits des victimes.

Maître André Meimon avait foi en la Justice. Il a beaucoup contribué à l'évolution de la jurisprudence, surtout en ce qui concerne la tierce personne. Il aimait plaider devant la 19ème Chambre du Tribunal et la 17ème de la Cour d'appel de Paris. Il avait un immense respect notamment pour les Présidentes et Juges de ces deux Chambres, et c'était toujours pour lui un honneur de plaider devant elles. Ces chambres spécialisées ont une compétence exceptionnelle en la matière.

Maître André Meimon plaidait très bien, parfois un peu trop longuement, à l'ancienne, mais toujours avec conviction, force et respect.

Pionnier dans la réparation du préjudice corporel, il l'était indiscutablement.

Maître André Meimon était aussi un travailleur acharné. Il avait beaucoup d'humour et était d'une grande bonté humaine.

Mon père aimait son prochain pour lui-même et non pour soi-même.

Après 7 ans de stage, j'ai créé mon propre cabinet, emmenant avec moi tous ses acquis, tous ses trésors de conseils et d'amour. J'exerce mon métier d'une manière différente avec ma personnalité, mais la base reste et restera celle que mon père m'a apprise.

Après avoir exercé son métier pendant 56 années, il était depuis cinq ans avocat honoraire. Au lieu de profiter de sa retraite, chaque jour, il venait à mon cabinet pour continuer à vivre son métier à travers mes dossiers, c'était sa vie.

Je lui dois de m'avoir appris mon métier, ma spécialisation et surtout de ne jamais abdiquer. Mon père ne renonçait jamais, il était de ces avocats qui vont toujours de l'avant : il ne renonçait jamais à une cause à laquelle il croyait.

Pour être avocat, il faut bien sûr obtenir des diplômes, mais aussi avoir de l'étoffe, avoir l'audace d'aller jusqu'au bout des défenses que l'on nous a confiées.

Maître André Meimon était un procédurier dans l'âme. Il avait été avoué, il connaissait donc parfaitement la procédure qu'il m'a enseignée.

Lorsqu'il assurait la défense d'un dossier compliqué, il examinait toutes les failles de celui-ci et il savait souvent qu'il faudrait plusieurs années pour obtenir gain de cause, mais il avait la conviction qu'il y arriverait, et qu'il gagnerait.

Je lui dois ce que je suis, je lui dois de m'avoir toujours aidée, et de m'avoir aimée.

Aujourd'hui, mon père nous a quittés. Rien ne peut être dit, si ce n'est que je ne l'oublierai jamais, et que chaque jour j'entends sa voix et ses conseils amicaux et confraternels.

Merci de m'avoir tout donné et de m'avoir appris aussi à aimer.

Aujourd'hui, un des piliers de ma vie s'est effondré. Heureusement, mon fils et confrère Nicolas Meimon Nisenbaum est là, près de moi, il est maintenant mon unique conseiller.

Mon père ne voulait pas quitter la barre, il ne voulait pas s'en aller. Maintenant, chaque matin, avec Nicolas, nous l'entendons franchir avec joie la porte du cabinet.

Ta fille et Confrère Catherine.

Me Catherine MEIMON NISENBAUM

Avocate à la Cour d'Appel de PARIS

www.meimonnisenbaum.com – 11/2011

www.yanous.com – *11/2011*

Accidents du travail : une révolution

Le Conseil Constitutionnel considère que les victimes d'un accident du travail en cas de faute inexcusable de l'employeur doivent bénéficier d'une réparation intégrale de leurs préjudices.

Il convient de rappeler que, pour les accidents du travail et les maladies professionnelles, la loi fait bénéficier les salariés d'une réparation certes automatique, mais hélas forfaitaire. Ainsi, les victimes d'un accident du travail sont-elles moins bien indemnisées que celles du droit commun qui bénéficient d'une réparation intégrale de leurs préjudices. Cependant, la loi a reconnu pour ces victimes ou leurs ayants droit une réparation complémentaire, lorsqu'il existe une faute inexcusable à la charge de l'employeur (personne physique ou morale), mais non intégrale. Grâce à l'évolution de la jurisprudence, la notion de faute inexcusable est largement entendue : elle se définit comme une obligation de sécurité de résultat. Ainsi, en application de l'article L.452-3 du Code de la Sécurité Sociale, l'indemnisation liée à la faute inexcusable comprend :

– la majoration de la rente ;

– la réparation du préjudice causé par les souffrances physiques et morales endurées ;

– la réparation du préjudice esthétique et d'agrément ;

– la réparation du préjudice résultant de la perte ou de la diminution des possibilités de promotion professionnelle ;

– et en outre, pour la victime atteinte d'un taux d'incapacité permanente de 100%, une indemnité forfaitaire égale au montant du salaire minimum légal en vigueur à la date de consolidation.

Mais cette énumération est limitative, et de ce fait, même dans le cadre de la faute inexcusable, les victimes d'un accident du travail ou de maladies professionnelles sont fortement lésées. Cette différence d'indemnisation devant la loi est anormale, voire inconstitutionnelle. En effet, alors qu'elles sont des victimes, les personnes concernées ne peuvent ni prétendre à la réparation intégrale de leur dommage, ni solliciter contre leur employeur les chefs de préjudices suivants :

– l'assistance par tierce personne, ô combien indispensable ;

– l'incidence professionnelle ;

– le logement adapté ;

– le véhicule adapté ;

– les appareillages et les aides techniques ;

– le préjudice sexuel ;

– le préjudice d'établissement ;

– le déficit fonctionnel temporaire ;

– le déficit fonctionnel permanent.

Cette injustice a été combattue par de nombreuses associations et notamment la FNATH. Un projet de loi a été récemment rejeté. C'est dans ce contexte que le Conseil Constitutionnel, interrogé par la Cour de Cassation sur une question prioritaire de constitutionalité, vient de rendre une mémorable décision n°2010-8 QPC du 18 juin 2010 portant « sur la conformité aux droits et libertés que la Constitution garantit des articles L 451-1 et L452-1 à L452-5 du Code de la Sécurité Sociale ».

Le Conseil constitutionnel « dans sa séance du 17 juin 2010, où siégeaient M. Jean-Louis Debré, Président, MM. Jacques Barrot, Guy Canivet, Michel Charasse, Renaud Denoix de Saint Marc, Mme Jacqueline de Guillenchmidt, MM. Hubert Haenel, Jean-Louis Pezant et Pierre Steinmetz a considéré dans son article 18 que « *pour réparer une atteinte disproportionnée au droit des victimes d'actes fautifs* » :

« *18. Considérant, en outre, qu'indépendamment de cette majoration, la victime ou, en cas de décès, ses ayants droit peuvent, devant la juridiction de sécurité sociale, demander à l'employeur la réparation de certains chefs de préjudice énumérés par l'article L. 452-3 du code de la sécurité sociale; qu'en présence d'une faute inexcusable de l'employeur, les dispositions de ce texte ne sauraient toutefois, sans porter une atteinte disproportionnée au droit des victimes d'actes fautifs, faire obstacle à ce que ces mêmes personnes, devant les mêmes juridictions, puissent demander à l'employeur réparation de l'ensemble des dommages non couverts par le livre IV du code de la sécurité sociale* ».

Ainsi, les victimes d'un accident du travail ou de maladies professionnelles qui ont obtenu la reconnaissance d'une faute inexcusable à la charge de leur employeur, peuvent désormais demander à leur employeur la réparation des préjudices non prévus à l'article L.452-3 du Code de la Sécurité Sociale (énumérés plus haut) et donc solliciter **la réparation intégrale de leurs préjudices.** Cette décision s'applique aux instances en cours. Il est dès lors capital pour les victimes d'un accident du travail ou de maladies professionnelles de compléter leurs demandes et de solliciter la réparation intégrale de leurs préjudices, et ce devant toutes juridictions (TASS, Cour d'Appel...) mais aussi lors de l'expertise judiciaire.

Il convient de rappeler que, le Juge ne pouvant pas statuer sur une demande non formulée par une victime, celle-ci doit donc impérativement solliciter la réparation intégrale de ses dommages.

Il va falloir attendre l'application de cette décision par la jurisprudence des Tribunaux pour apprécier l'ampleur de cette révolution initiée par la Conseil Constitutionnel. Une proposition de loi a été déposée dans ce sens le 6 juillet 2010 « *visant à instaurer la réparation intégrale des préjudices subis par les victimes d'un accident du travail et de maladies professionnelles en cas de faute inexcusable de l'employeur* ».

L'assemblée de l'ANADAVI a décidé le 9 juillet 2010 d'inviter tous les acteurs de l'indemnisation à se mettre en rapport avec les avocats de l'association pour obtenir les informations nécessaires pour l'élaboration des missions d'expertises et les techniques d'indemnisation intégrale. La loi a permis à l'employeur de s'assurer dans le cadre d'une faute inexcusable. On ne doit jamais oublier que, si l'indemnisation d'un dommage corporel a un coût, le handicap, lui, est une charge exceptionnelle pour celui qui le vit, surtout lorsque la victime a besoin de l'assistance d'une tierce personne pour assurer sa sécurité, sa dignité et tout simplement sa vie.

Me Catherine MEIMON NISENBAUM

Me Nicolas MEIMON NISENBAUM

Avocats à la Cour d'Appel de PARIS

www.meimonnisenbaum.com – 09/2010

www.yanous.com – *09/2010*

PS : (Mai 2024)

Evolution jurisprudentielle :

Par deux arrêts rendus le 20 janvier 2023 (*Cass Plen 20 janvier 2023, n° 20-23.673 et 21-23.947*), la Cour de Cassation a opéré un revirement de jurisprudence qui était attendu de longue date.

Jusqu'à présent, la Cour de Cassation considérait que la rente prévue par le Code de la Sécurité Sociale, versée aux victimes d'accidents du travail en cas de faute inexcusable de leur employeur ou de maladies professionnelles, indemnisait à la fois les pertes de gains professionnels, l'incidence professionnelle et le déficit fonctionnel permanent.

Pour obtenir en sus une réparation de leurs souffrances physiques et morales, les victimes devaient rapporter la preuve que leur préjudice n'était pas déjà indemnisé au titre de ce déficit fonctionnel permanent, ce qui était particulièrement difficile à démontrer.

La Cour de Cassation a jugé que la rente versée par la Caisse de Sécurité Sociale aux victimes d'un accident du travail ou d'une maladie professionnelle et qui est établie par rapport à leur salaire de référence et au taux d'incapacité permanente défini à l'article L 434-2 du Code de la Sécurité Sociale, ne répare pas le déficit fonctionnel permanent.

C'est une avancée considérable pour les victimes d'un accident du travail ou d'une maladie professionnelle qui pourront désormais obtenir une réparation complémentaire au titre de leur déficit fonctionnel permanent.

Autre avancée non négligeable : puisque la rente AT ne répare pas le DFP, cette rente ne pourra plus désormais s'imputer sur le poste du déficit fonctionnel permanent.

Accident du travail : une réparation forfaitaire

Une réparation forfaitaire... qui peut devenir intégrale dans le cadre d'un accident de la circulation.

L'article 411-1 du code de la sécurité sociale « *considère comme un accident du travail, quelle qu'en soit la cause, l'accident survenu par le fait ou à l'occasion du travail à toute personne salariée ou travaillant, à quelque titre ou en quelque lieu que ce soit, pour un ou plusieurs employeurs ou chefs d'entreprise* ». Cette définition s'applique également aux accidents de trajet survenus aux salariés lors de leurs déplacements entre leur domicile et leur lieu de travail. En règle générale, la réparation d'un accident du travail est forfaitaire, et ne couvre pas intégralement le préjudice corporel subi par la victime.

En revanche, la faute inexcusable de l'employeur ou de ses employés, si elle est établie, permet à la victime d'un accident du travail d'obtenir une majoration de rente et une indemnisation de préjudices complémentaires. La faute intentionnelle de l'employeur ou de ses employés, si elle est établie par la victime, permet à celle-ci de solliciter la réparation de l'intégralité de son dommage. Enfin, la faute intentionnelle de la victime exclut toute indemnisation.

Dans le cadre de l'amiante, plusieurs arrêts ont été rendus par la Cour de Cassation, le 28 février 2002, qui a affirmé l'existence d'une obligation de sécurité incombant à l'employeur en vertu du contrat de travail.

La législation en matière d'accident du travail est extrêmement complexe. Aussi nous n'en évoquerons ci-après que quelques aspects :

– Sauf faute intentionnelle de la victime salariée, le droit à réparation est acquis.

– La victime doit procéder à la déclaration de l'accident à son employeur au plus tard dans les 24 heures de sa survenance.

– Pour le règlement des indemnités journalières, il n'existe pas de délai de carence (le jour de l'accident doit être payé par l'employeur).

– Pour la détermination du salaire servant de base de calcul à l'indemnité journalière, il faut tenir compte du salaire net augmenté des cotisations de toute nature et aussi, notamment, des heures supplémentaires, des congés payés, des pourboires, du 13e mois, de la prime de bilan, etc.

– L'indemnité journalière est égale à 60 % du salaire journalier pour les 28 premiers jours d'incapacité. A partir du 29e jour, elle est majorée et peut être portée à 80% du salaire journalier de base.

– À la date de consolidation des blessures, s'il en résulte une incapacité permanente, les indemnités journalières sont remplacées par une rente.

– Si le taux d'incapacité permanente est inférieur à 10%, la victime a droit à une indemnité en capital. Si le taux d'incapacité permanente est égal ou supérieur à 10%, elle a droit à une rente calculée sur son salaire annuel et tenant compte de son taux d'incapacité.

– Pour le calcul de la rente, le taux d'incapacité est réduit de moitié pour la partie de ce taux inférieure à 50 % et augmenté de moitié pour la partie excédant 50 %, soit à titre d'exemples : taux d'I.P.P notifié à 40 % si le salaire annuel est de 20.000€, la valeur annuelle de la rente sera de 4.000€ (le taux est de 20 %); taux d'I.P.P notifié à 65 % si le salaire annuel est de 20.000€, la valeur annuelle de la rente sera de 9.500€ (le taux est de 47,5 %).

– Le tribunal compétent pour connaître des litiges en la matière est celui des Affaires de Sécurité Sociale (TASS).

Il convient de souligner que la réparation d'un accident du travail ou de trajet est en principe forfaitaire, et que de ce fait tous les préjudices ne sont pas réparés. La rente, notamment, ne correspond qu'à une partie du salaire annuel de la victime.

La loi a prévu que, en cas de faute inexcusable de l'employeur, la victime puisse certes obtenir une réparation complémentaire, mais que celle-ci est partielle, à savoir d'une part une majoration de la rente, et d'autre part une prise en compte des préjudices complémentaires tels que les souffrances physiques et morales endurées, le préjudice esthétique, le préjudice d'agrément, la perte ou la diminution des possibilités de promotion professionnelle. Ainsi, même dans le cadre d'une faute inexcusable de l'employeur, la victime d'un accident du travail n'obtiendra jamais la réparation intégrale de tous ses préjudices corporels. Cette situation est particulièrement grave notamment dans le cas d'un handicap lourd. Il y aura, certes, une majoration de rente pour tierce personne, mais elle sera bien inférieure à la rente 24 heures sur 24 pour tierce personne que la victime peut obtenir en droit commun. De même, sont notamment exclus la prise en charge du logement adapté, les aides techniques, et le véhicule adapté.

La faute intentionnelle de l'employeur, qui permet une réparation intégrale, est rare et non sécurisée.

Il est indispensable de rappeler que, dans le cadre des accidents de la circulation (loi du 5 juillet 1985), la victime retrouve son droit à indemnisation totale, lorsqu'il s'agit d'un accident de trajet. Elle est alors indemnisée sur le fondement de la loi sur les accidents de la circulation, et obtient ainsi la réparation intégrale de ses préjudices. Bien entendu la réparation n'est intégrale que si la victime n'a pas engagé sa responsabilité.

Me Catherine MEIMON NISENBAUM

Avocate à la Cour d'Appel de PARIS

www.meimonnisenbaum.com – 01/2008

www.yanous.com – *01/2008*

PS : (Mai 2024)

Evolution jurisprudentielle :

Par deux arrêts rendus le 20 janvier 2023 (*Cass Plen 20 janvier 2023, n° 20-23.673 et 21-23.947*), la Cour de Cassation a opéré un revirement de jurisprudence qui était attendu de longue date.

Jusqu'à présent, la Cour de Cassation considérait que la rente prévue par le Code de la Sécurité Sociale, versée aux victimes d'accidents du travail en cas de faute inexcusable de leur employeur ou de maladies professionnelles, indemnisait à la fois les pertes de gains professionnels, l'incidence professionnelle et le déficit fonctionnel permanent.

Pour obtenir en sus une réparation de leurs souffrances physiques et morales, les victimes devaient rapporter la preuve que leur préjudice n'était pas déjà indemnisé au titre de ce déficit fonctionnel permanent, ce qui était particulièrement difficile à démontrer.

La Cour de Cassation a jugé que la rente versée par la Caisse de Sécurité Sociale aux victimes d'un accident du travail ou d'une maladie professionnelle et qui est établie par rapport à leur salaire de référence et au taux d'incapacité permanente défini à l'article L 434-2 du Code de la Sécurité Sociale, ne répare pas le déficit fonctionnel permanent.

C'est une avancée considérable pour les victimes d'un accident du travail ou d'une maladie professionnelle qui pourront désormais obtenir une réparation complémentaire au titre de leur déficit fonctionnel permanent.

Autre avancée non négligeable : puisque la rente AT ne répare pas le DFP, cette rente ne pourra plus désormais s'imputer sur le poste du déficit fonctionnel permanent.

La notion d'aggravation dans le cadre de la réparation du dommage corporel pour les grands handicapés et les tétraplégiques

Le vieillissement des grands handicapés et notamment des tétraplégiques pose une difficulté juridique dans le cadre de la réparation du dommage corporel en cas d'aggravation des lésions.

La victime d'un dommage corporel obtient réparation de son dommage en principe devant les tribunaux ou par voie transactionnelle.

Lorsqu'un jugement est définitif et qu'il a fixé une indemnisation à une victime d'un dommage corporel, l'action de ce dernier est éteinte.

Cependant, la loi n°85-677 du 5 juillet 1985 relative aux victimes d'accident de la circulation en son article 22 dispose que :

« *La victime peut dans le délai prévu par l'article 2270-1 du Code Civil, demander la réparation de l'aggravation du dommage qu'elle a subi à l'assureur qui a versé l'indemnité* ».

On doit relever que ce texte ne s'applique que pour les accidents corporels de la circulation routière, ce qui est regrettable, une loi devrait intervenir dans les autres cas.

Ainsi, en cas d'aggravation, la victime retrouve ses droits afin d'être indemnisée de son dommage aggravé même si un jugement définitif a déjà statué sur sa demande en indemnisation.

Cette notion d'aggravation n'est, certes, pas facile à cerner dans la mesure où elle peut recouvrir notamment :

Une aggravation ou une diminution d'un état antérieur : l'état d'un tétraplégique peut s'améliorer pour certaines lésions et s'aggraver pour d'autres.

Une aggravation de l'état initial.

Une aggravation due à son vieillissement.

Cette notion d'aggravation est donc délicate à mettre en place.

On sait, que pour un tétraplégique le taux d'I.P. P peut être évalué entre 70% et 85 %. Dès lors, il n'est pas aisé de calculer une aggravation effective et significative avec des taux aussi élevés.

Mais surtout, le vieillissement devrait être pris en compte lors de l'évaluation initiale du dommage. Il est certain qu'un jeune tétraplégique est déjà une victime fragilisée qui perdra son autonomie plus rapidement.

En vieillissant ses problèmes ne vont que s'aggraver, il conviendrait d'en tenir compte, soit dans la théorie de l'aggravation, soit dans l'évaluation initiale de son préjudice, notamment en lui allouant des heures de tierce personne plus conséquentes, afin de tenir compte de ses besoins futurs.

Enfin, en application de l'article 2270-1 du Code Civil :

Les actions en responsabilité civile extracontractuelle se prescrivent par dix ans à compter de la manifestation du dommage ou de son aggravation.

Le tétraplégique, ne peut présenter sa demande indemnitaire en aggravation que dans un délai de dix ans, à compter de l'aggravation et doit la notifier à l'assureur qui a versé l'indemnité initiale.

La Cour de Cassation a estimé que la date de consolidation des blessures de la victime faisant courir le délai de la prescription décennale de l'article 2270-1 du Code Civil (Cass 2ème Civ.04/05/2000 n°9721-7-31- Bull Civ II n°75).

Un arrêt récent de la Cour de Cassation concernant la recevabilité de l'action d'une victime en aggravation, après l'accident a considéré que : « *la prescription de l'action en réparation de l'aggravation de l'état de santé de X n'avait commencé à courir qu'à compter de la manifestation de l'aggravation* » (Cass 2ème Civ. 15/11/2001 pourvoi n°00-10-833).

Une fois encore, tout est une question de preuve, mais preuve, ô combien difficile à rapporter pour la victime gravement handicapée qui vieillira plus vite qu'une personne ne connaissant pas un tel handicap.

Il faut donc s'interroger et agir sur le phénomène du vieillissement pour garantir notamment au tétraplégique la prise en charge de la tierce personne durant toute sa vie en tenant compte de la spécificité de son handicap.

Il appartient aux avocats et aux médecins de démontrer et de soutenir ensemble que le vieillissement est à lui seul un facteur aggravant du dommage, notamment, pour l'évaluation du taux d'I.P.P. et la tierce personne.

Me Catherine MEIMON NISENBAUM

Avocate à la Cour d'Appel de Paris

www.meimonnisenbaum.com – 09/2002

La lettre ANMSR 09/2002 N°64 Médecine Physique et de Réadaptation, www.anmsr.asso.fr

Structures éditoriales du groupe L'Harmattan

L'Harmattan Italie
Via degli Artisti, 15
10124 Torino
harmattan.italia@gmail.com

L'Harmattan Hongrie
Kossuth l. u. 14-16.
1053 Budapest
harmattan@harmattan.hu

L'Harmattan Sénégal
10 VDN en face Mermoz
BP 45034 Dakar-Fann
senharmattan@gmail.com

L'Harmattan Cameroun
TSINGA/FECAFOOT
BP 11486 Yaoundé
inkoukam@gmail.com

L'Harmattan Burkina Faso
Achille Somé – tengnule@hotmail.fr

L'Harmattan Guinée
Almamya, rue KA 028 OKB Agency
BP 3470 Conakry
harmattanguinee@yahoo.fr

L'Harmattan RDC
185, avenue Nyangwe
Commune de Lingwala – Kinshasa
matangilamusadila@yahoo.fr

L'Harmattan Congo
219, avenue Nelson Mandela
BP 2874 Brazzaville
harmattan.congo@yahoo.fr

L'Harmattan Mali
ACI 2000 - Immeuble Mgr Jean Marie Cisse
Bureau 10
BP 145 Bamako-Mali
mali@harmattan.fr

L'Harmattan Togo
Djidjole – Lomé
Maison Amela
face EPP BATOME
ddamela@aol.com

L'Harmattan Côte d'Ivoire
Résidence Karl – Cité des Arts
Abidjan-Cocody
03 BP 1588 Abidjan
espace_harmattan.ci@hotmail.fr

Nos librairies en France

Librairie internationale
16, rue des Écoles
75005 Paris
librairie.internationale@harmattan.fr
01 40 46 79 11
www.librairieharmattan.com

Librairie des savoirs
21, rue des Écoles
75005 Paris
librairie.sh@harmattan.fr
01 46 34 13 71
www.librairieharmattansh.com

Librairie Le Lucernaire
53, rue Notre-Dame-des-Champs
75006 Paris
librairie@lucernaire.fr
01 42 22 67 13

www.ingramcontent.com/pod-product-compliance
Lightning Source LLC
LaVergne TN
LVHW011147061026
849535LV00003B/631